信息素养与检索实践

吴贝贝　楚林　姜立之　编

机械工业出版社

本书以提高大学生信息素养为目的，系统阐述了信息素养的基础知识、内涵及发展，如何检索和获取专业的学术数据库和免费开放的互联网信息资源，以及如何规范地开展学术研究和论文写作，同时对提升个人学习效率和质量的个人知识管理和数据素养也有所介绍。书中每章均有基础知识、课堂延伸知识以及课程思政案例，为混合式教学提供了可参考的素材，具有较强的实用性。全书共 8 章：第 1 章信息素养概述；第 2 章信息素养的基础之认知及利用信息；第 3 章信息素养的基础之检索知识；第 4 章利用网络信息资源拓宽研究思路；第 5 章学术研究必备之专业数据库资源；第 6 章个人知识管理；第 7 章数据素养初探；第 8 章学术规范和论文写作。

本书既可作为本科生、研究生信息素养课程的教材，也可作为社会公众了解信息素养、文献检索等知识的参考书。

图书在版编目（CIP）数据

信息素养与检索实践/吴贝贝，楚林，姜立之编. —北京：机械工业出版社，2022.10（2024.1 重印）
ISBN 978-7-111-71399-9

Ⅰ. ①信⋯ Ⅱ. ①吴⋯②楚⋯③姜⋯ Ⅲ. ①情报检索 Ⅳ. ①G254.9

中国版本图书馆 CIP 数据核字（2022）第 148413 号

机械工业出版社（北京市百万庄大街 22 号　邮政编码 100037）
策划编辑：汤　嘉　　　责任编辑：汤　嘉　王　芳
责任校对：张　征　王　延　封面设计：张　静
责任印制：常天培
北京机工印刷厂有限公司印刷
2024 年 1 月第 1 版第 2 次印刷
184mm×260mm・13.75 印张・315 千字
标准书号：ISBN 978-7-111-71399-9
定价：49.00 元

电话服务　　　　　　　　　　网络服务
客服电话：010-88361066　　　机　工　官　网：www.cmpbook.com
　　　　　010-88379833　　　机　工　官　博：weibo.com/cmp1952
　　　　　010-68326294　　　金　书　网：www.golden-book.com
封底无防伪标均为盗版　　　　机工教育服务网：www.cmpedu.com

前　言

过去的几年是极不平凡的几年。人们在尝尽信息时代带来的诸多便利的同时，也深深陷入了巨大的信息漩涡中，这让人们无所适从。2020年上半年，作为一名从事信息素养教育的青年教师，我在朋友圈、微博等各种媒介平台上看到各种真假难辨的发布和转发时，第一次深刻体会到，信息素养于日常生活、于重大突发事件是如此重要。人们沉湎于信息，渴望真理，在海量信息中独立思考的能力是多么宝贵。

自1974年保罗·泽考斯基首次提出信息素养这一概念以来，信息素养的概念和内涵经过了图书情报、计算机及网络、多种素养归于元素养的不同发展阶段，进入了当前向人工智能时代转型的阶段。图书情报时期的信息素养主要关注"图书情报为基础的信息检索技术和能力"。20世纪90年代计算机和网络的普及应用阶段则开始关注"通过计算机和网络获取、评价、处理、利用信息在解决问题和决策中的作用"。21世纪"互联网+"的深入广泛影响，使得人工智能得到迅猛发展并影响深远，信息素养不仅关注技术应用，而且注重"能力和方法的数据素养、媒介素养等元素养，强调利用信息创造新知识，注重信息交流的能力和解决问题的能力"。对于信息素养的表征，社会、媒体、教育等领域依据自身特征已经衍生出信息能力、媒介素养、互联网素养、信息技术素养、数字素养、数字能力等类似概念。从信息素养概念和内涵的发展历程可以发现，信息素养已经从强调技术本身发展到重视综合素养或跨学科素养的阶段。

伴随着信息素养概念的不断革新，以及信息素养标准和框架的改革，我所在的课程团队也在与时俱进、不断变革。课程团队研发的"信息素养与检索实践"课程获得校级重点建设课程以及校级重点在线课程项目。经过两轮校级课程的建设，该课程累积了丰富的教学资源和教学经验，在混合式教学模式改革方面也有所成效，并在2020年成为上海高校市级重点课程。为了增强课程的趣味性，课程团队一直在挖掘贴实际、接地气的教学案例，我和楚林老师在2019年的全国检索课件大赛中获得全国赛区一等奖、上海赛区二等奖，获奖作品主题为华为的5G技术相关研究。彼时正值华为陷入中美贸易的纠纷中，我们希望通过此类案例教学一方面使学生习得知识，另一方面将课程思政在信息素养课中得以充分展现。

在建设课程和本书编写过程中，我们一直在思考如何变革传统的信息素养课堂教学模式，如何利用移动终端活跃课堂气氛，如何应对眼花缭乱、不断变化的工具和平台，如何让课程思政自然地融入信息素养课堂中。为此，本书在编写过程中进行了以下探索：

一是在内容编排上适应了线上与线下混合式教学模式。混合式教学，即将线上教学和传统线下教学的优势结合起来的一种"线上+线下"的教学，通过两种教学组织形式的有机结合，可以把学生的学习由浅到深地引向深度学习。本书有配套教学视频用于开展混合式教学，同时书中每章的内容均分为"课前学习"和"课堂延伸"两部分。"课前学习"部分是每章的基础知识，供学生在线下上课之前提前学习；"课堂延伸"部分是每章知识的延伸和拔高。"课堂延伸"部分提供了课堂互动提问、案例教学以及课堂思考题等教学素材，授课教师可以利用学习通、雨课堂等智慧教学工具与学生互动。本书旨在为选用混合式教学的教师提供一种新的教材视角，同时也可作为传统课堂的教材使用。

二是在内容上有所创新。内容方面新增了在数据时代个人应该掌握的数据素养入门知识，有助于学生打下数据素养的基础。因一些数据库的界面和功能经常会有更新，本书配套视频有关学术数据库的部分也会保持更新。

三是引入了课程思政育人模块。课程思政关系着育人大局。经过多年的信息素养授课、备课以及课程建设，我们发现信息素养教学内容中有很多值得挖掘的课程思政元素。我们希望在培养学生信息素养的同时，也能够潜移默化地在某些价值观方面对其进行积极正向引导。本书在章末都提供了与本章内容相关的课程思政小课堂案例。

本书共8章，教材大纲由吴贝贝初步拟定后，经与楚林、姜立之两位老师共同讨论修订完成。编写分工如下：第1、7章由吴贝贝编写，第2、3、6章由姜立之、吴贝贝编写，第4、5、8章由楚林、吴贝贝编写。

非常感谢上海外国语大学图书馆张静蓓女士在本书编写过程中提供的思路和文字支持。同时也要感谢我的同事袁帆、施栩婕、唐凤，他们三位作为青年教师，为本书的案例以及格式编排等提供了很大帮助。在本书编写过程中，参考了相关的著作和论文，在此对其作者表示由衷的感谢。

由于编者学识有限，加之检索技术、检索工具日新月异，本书难免存在疏漏之处，敬请批评指正。

吴贝贝
2022年3月

目 录

前 言
第 1 章　信息素养概述 …………………… 1
　1.1　信息素养及相关概念 ………………… 2
　　1.1.1　信息素养的提出和发展 ………… 2
　　1.1.2　信息素养的概念 ………………… 4
　　1.1.3　信息素养相关的其他素养 ……… 5
　1.2　信息素养相关模型和标准 …………… 15
　1.3　信息素养的范式演变 ………………… 18
　1.4　高等信息素养教育 …………………… 19
　　1.4.1　高等信息素养教育的主体 ……… 19
　　1.4.2　高等信息素养教育的形式 ……… 19
　思考题 ……………………………………… 21
　参考文献 …………………………………… 21
第 2 章　信息素养的基础之认知及利用
　　　　信息 ……………………………… 23
　2.1　信息及相关概念 ……………………… 23
　　2.1.1　信息、物质与能量 ……………… 23
　　2.1.2　信息的概念和特点 ……………… 24
　　2.1.3　人类的信息传播 ………………… 26
　2.2　信息和信息差 ………………………… 28
　　2.2.1　有关信息的认知 ………………… 28
　　2.2.2　信息的有效利用 ………………… 30
　　2.2.3　信息差的思维模式 ……………… 31
　2.3　信息源 ………………………………… 33
　2.4　信息伦理与个人信息安全 …………… 34
　　2.4.1　信息伦理 ………………………… 34
　　2.4.2　个人信息安全 …………………… 36
　思考题 ……………………………………… 37
　参考文献 …………………………………… 38
第 3 章　信息素养的基础之检索知识 …… 39
　3.1　信息检索的基本知识 ………………… 39
　　3.1.1　检索原理 ………………………… 39
　　3.1.2　检索系统 ………………………… 40
　　3.1.3　检索语言 ………………………… 42

　　3.1.4　检索字段 ………………………… 45
　　3.1.5　检索技术 ………………………… 46
　3.2　检索策略的制定 ……………………… 49
　思考题 ……………………………………… 54
　参考文献 …………………………………… 54
第 4 章　利用网络信息资源拓宽研究
　　　　思路 ……………………………… 55
　4.1　网络信息资源 ………………………… 55
　　4.1.1　网络信息资源的概念和
　　　　　特点 ……………………………… 55
　　4.1.2　网络信息资源的类型 …………… 55
　4.2　搜索引擎 ……………………………… 56
　　4.2.1　搜索引擎的工作原理 …………… 56
　　4.2.2　搜索引擎的分类 ………………… 58
　　4.2.3　搜索引擎的检索技巧 …………… 61
　4.3　学术搜索引擎 ………………………… 66
　　4.3.1　学术搜索引擎的概念 …………… 66
　　4.3.2　常用的学术搜索引擎 …………… 68
　4.4　开放获取资源 ………………………… 70
　　4.4.1　开放获取的起源与发展 ………… 70
　　4.4.2　开放获取机构知识库及
　　　　　联盟 ……………………………… 74
　　4.4.3　开放获取期刊 …………………… 78
　　4.4.4　开放科研数据集成系统 ………… 80
　4.5　其他类型的网络免费学术资源 ……… 85
　思考题 ……………………………………… 86
　参考文献 …………………………………… 87
第 5 章　学术研究必备之专业数据库
　　　　资源 ……………………………… 88
　5.1　常用中文全文数据库 ………………… 88
　　5.1.1　中国知网 ………………………… 88
　　5.1.2　万方数据知识服务平台 ………… 95
　　5.1.3　维普中文科技期刊数据库 ……… 97
　5.2　常用外文全文数据库 ………………… 98

5.2.1　EBSCOhost ·················· 98
　　5.2.2　SpringerLink ················ 101
　　5.2.3　ScienceDirect ················ 104
　　5.2.4　Emerald 全文期刊库 ········ 105
5.3　常用文摘索引型数据库 ············· 107
　　5.3.1　Web of Science ············· 108
　　5.3.2　Scopus ······················· 110
　　5.3.3　Engineering Village ········ 110
　　5.3.4　OCLC FirstSearch ········· 111
　　5.3.5　中文社会科学引文索引数据库
　　　　　（CSSCI） ················ 112
5.4　特种文献数据库 ······················ 113
　　5.4.1　专利文献 ···················· 113
　　5.4.2　标准文献 ···················· 114
　　5.4.3　会议文献 ···················· 116
　　5.4.4　学位论文 ···················· 117
思考题 ·· 119
参考文献 ··· 119

第6章　个人知识管理 ················ 120
6.1　文献管理，高效组织 ················ 121
　　6.1.1　为什么要用文献管理软件 ··· 121
　　6.1.2　常用文献管理软件 ·········· 121
　　6.1.3　文献管理软件的深度应用 ··· 126
6.2　思维导图，厘清思路 ················ 137
　　6.2.1　什么是思维导图 ············ 137
　　6.2.2　常用的思维导图软件 ······· 139
　　6.2.3　思维导图的深度应用 ······· 141
6.3　云笔记软件，记录知识 ············· 146
　　6.3.1　笔记与个人知识管理 ······· 147
　　6.3.2　云笔记软件助力个人知识
　　　　　管理 ·························· 148
　　6.3.3　云笔记软件的深度应用 ···· 163
思考题 ·· 169
参考文献 ··· 170

第7章　数据素养初探 ················ 171
7.1　数据和数据科学 ······················ 171
　　7.1.1　数据的定义 ·················· 171
　　7.1.2　数据科学的本质 ············ 173
7.2　数据素养 ······························· 174
　　7.2.1　数据素养的概念 ············ 174
　　7.2.2　数据素养和信息素养 ······· 178
7.3　数据分析 ······························· 178
　　7.3.1　什么是数据分析 ············ 178
　　7.3.2　数据分析六阶段 ············ 179
7.4　文献计量分析 ························· 182
　　7.4.1　文献计量学概述 ············ 182
　　7.4.2　文献计量分析工具 ········· 188
7.5　科学数据引用 ························· 191
　　7.5.1　科学数据的概念 ············ 191
　　7.5.2　科学数据引用行为 ········· 192
思考题 ·· 194
参考文献 ··· 194

第8章　学术规范和论文写作 ······· 196
8.1　学术规范与学术不端 ················ 196
　　8.1.1　学术规范的相关概念 ······· 196
　　8.1.2　学术研究者应遵守的学术
　　　　　规范 ·························· 198
　　8.1.3　学术不端行为的界定 ······· 199
8.2　学术论文的定义和特点、分类、
　　　结构 ···································· 201
　　8.2.1　学术论文的定义和特点 ···· 201
　　8.2.2　学术论文的分类 ············ 202
　　8.2.3　学术论文的一般结构 ······· 203
8.3　学术论文的写作 ······················ 205
　　8.3.1　学术论文的写作步骤 ······· 205
　　8.3.2　论文的选题 ·················· 207
　　8.3.3　文献综述的写作 ············ 208
8.4　参考文献著录规则 ··················· 209
　　8.4.1　相关术语和定义 ············ 209
　　8.4.2　部分常用文献类型的著录
　　　　　规则 ·························· 210
思考题 ·· 214
参考文献 ··· 214

第 1 章
信息素养概述

爱因斯坦在美国高等教育 300 周年纪念会的演讲——《论教育》中有这样一段话：如果人们忘掉了他们在学校里所学到的每一样东西，那么留下来的就是教育。在今天，爱因斯坦说留下来的"东西"，或许我们可以称之为"核心素养"。关注"核心素养"的培育是目前世界各国基础教育理论研究和实践变革的重大趋势。英国、澳大利亚、经济合作与发展组织（Organization for Economic Co-operation and Development，OECD）和欧盟等国家和国际组织都对"核心素养"进行了理论探究。

2016 年，世界教育创新峰会（WISE 峰会）与北京师范大学中国教育创新研究院共同发布《面向未来：21 世纪核心素养教育的全球经验》研究报告。该报告以中国等 24 个经济体和 5 个国际组织的 21 世纪核心素养框架为分析对象。结果显示，最受各经济体和国际组织重视的七大素养分别是：沟通与合作、信息素养、创造性与问题解决、自我认识与自我调控、批判性思维、学会学习与终身学习、公民责任与社会参与。信息素养排在了 21 世纪核心素养的前列。

同年，北京师范大学发布《中国学生发展核心素养》报告。以培养"全面发展的人"为核心，中国学生发展核心素养被分为文化基础、自主发展、社会参与三个方面，综合表现为人文底蕴、科学精神、学会学习、健康生活、责任担当、实践创新等六大素养，具体细化为 18 个基本要点（见图 1-1）。其中"学会学习"这个素养强调：学生要有良好的信息意识，能自觉、有效地获取、评估、鉴别、使用信息；学生应具有数字化生存能力，主动适应"互联网+"等社会信息化发展趋势，同时要具有网络伦理道德和信息安全意识。此外，该报告还强调应该培养学生的理性思维和勇于批判质疑的科学精神。这些核心素养要素都属于信息素养教育内容的范畴。

在互联网高速发展的信息时代，大力发展公民信息素养已经提升到国家共识层面，我们每个人要成为合格的数字公民，就要投身到信息素养的学习和培育中去。

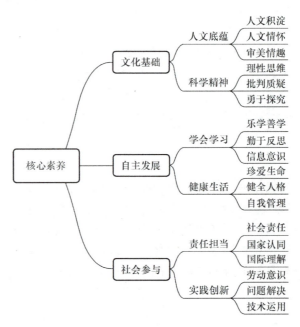

图 1-1 中国学生发展核心素养

> **课堂延伸**
>
> "江"东到底是哪里？
>
> 夏日绝句
>
> ［宋］李清照
>
> 生当作人杰，
> 死亦为鬼雄。
> 至今思项羽，
> 不肯过江东。
>
> 思考题：李清照的《夏日绝句》是我们耳熟能详的一首诗，其中广为流传的一句是"至今思项羽，不肯过江东"，请问诗句中的"江"指的是哪条江？

1.1 信息素养及相关概念

1.1.1 信息素养的提出和发展

20 世纪 70 年代，美国经济一片繁荣，信息产业得到了极大的发展，与此同时图书馆行业也处于欣欣向荣的上升期。美国图书馆界充分利用信息技术发展出了专门的检索技术和检索系统，为与图书馆和信息政策有关的事项向总统和国会提供咨询意见，负责制定充分满足美国公众需求的图书馆和信息服务的总体规划。在美国图书馆事业的黄金时代，美国信息产业协会主席保罗·泽考斯基在《信息服务环境关系与优先事项》报告中提出"信息素养"（Information Literacy，IL）这一概念。保罗·泽考斯基提出的"信息素养"在当时指的是"普遍信息素养"，也就是我们今天所说的"公众信息素养"。

自"信息素养"概念提出以后，美国国家图书馆和信息科学委员会（National Commission on Libraries and Information Science，NCLIS）一直致力于推动美国的信息素养教育。NCLIS一直关注美国公众的信息需求，并致力于将这些需求转化成政府的政策以及图书馆开展公众信息素养教育的实践。为了强调图书馆开展素养教育的迫切性，NCLIS在1979年的图书馆与素养会议上倡议成立美国国家素养委员会（National Commission on Literacy），并在各州成立素养教育的国家资源中心，提出图书馆应成为素养教育机构，拥有素养教育专项资金。

1987年，两个组织机构——美国图书馆协会（American Library Association，ALA）信息素养主席委员会和美国国家信息素养论坛（National Forum on Information Literacy，NFIL）的成立推动了信息素养概念的快速发展。1989年，ALA发布了《美国图书馆协会信息素养主席委员会最终报告》。该报告阐述了信息素养的内涵，即能够判断什么时候需要信息，懂得如何获取信息，如何评价和有效利用所需的信息。该报告中还呼吁要重视信息素养教育，指出了公共图书馆、大学图书馆和中小学图书馆在信息素养教育中的作用。NFIL指出不能再仅将识字视为阅读和记忆知识的能力，还必须包括获取和评价任何情况下所需信息的能力，自由教育所追求的传统的识字要求已不符合社会的需要，应以新的学习方式，即通过高等教育来培养学生的信息素养能力。NFIL将信息素养纳入识字的要求中。

1998年美国学校图书馆协会（American Association of School Librarians，AASL）和教育传播与技术协会（Association for Educational Communications and Technology，AECT）在出版物《信息能力：创建学习的伙伴》中制定了《学生学习的九种信息素养标准》。这一标准从信息素养、独立学习和社会责任等三个方面明确和丰富了信息素养在技能、态度、品德等方面的要求。

2000年1月，美国大学与研究图书馆协会（Association of College and Research Libraries，ACRL）召开美国图书馆协会会议，会上审议并通过了《高等教育信息素养能力标准》。该标准在随后的十几年里被世界上多个国家认可，它们均采用或参照此标准展开本国的信息素养教育。本书在后面章节中将做详细介绍。

进入21世纪，信息素养越来越受到各国政府的重视，"信息素养"这一术语逐渐从美国走向国际。2002年，NCLIS与NFIL合作，在布拉格举行的信息素养专家会议期间向联合国教科文组织（United Nations Educational, Scientific and Cultural Organization, UNESCO）提交了三份重要的白皮书：①《积极与高效市民的信息素养》认为信息素养教育进入正规和非正规教育系统有利于推动公民参与社会和民主进程，而图书馆和其他公共文化机构具有重要责任；②《终身学习与信息素养》阐释了终身学习和信息素养之间不可分割的联系，信息素养教育应融入各类教学活动；③《信息素养促进教育变革：背景文件》指出信息素养教育可以使学生从表面、依赖性学习向深度、独立、自我把控的终身学习转变，有利于推动信息社会向学习社会转变。

为了培养符合新信息背景的新公民，对各国信息素养教育进行战略性指导，UNESCO分别于2003年和2005年召开了以信息素养为主题的世界性大会，并发布了《布拉格宣言》和《亚历山大宣言》。《布拉格宣言》认为，信息素养是一种能力，它能够确定、查找、评估、组织和有效地生产、使用和交流信息，并解决面临的问题。信息素养是人们有效参与信息社会的一个先决条件，信息社会的建立对于21世纪及其后时代的社会、文化和经济发展至关重要。信息素养是人在终身学习方面的一种基本人权，获得信息素养是人的正当权利。《亚历山大宣言》指出，信息素养和终身学习是信息社会的灯塔，照亮了通向发展、繁荣和自由之路。信息素养是终身学习的核心。终身学习可以帮助所有人走向共同发展。信息素养应注重强调识别信息需求的能力，在特定的文化和社会环境中查找、评价、应用和创建信息的能力；信息素养还应拓展现有的技术，使之包括学习技能、批判性思维和跨专业领域的阐释能力，提高个人和团体的能力。

2008年，UNESCO发布了《面向教师的信息与传播技术能力标准》。该标准指出，要在这个日益复杂、信息膨胀的知识型社会中成功地生活、学习和工作，学生和教师必须学会有效地利用信息技术。一个有信息素养的人必须是：①合格的信息技术的使用者；②信息的查询者、分析者和评估者；③问题的解决者和决策者；④生产工具的创造者和有效使用者；⑤沟通者、合作者、发布者和制造者；⑥知晓的、负责任的和有贡献的公民。

1.1.2 信息素养的概念

信息素养自诞生以来，随着时代的变迁和技术的进步，其内涵也在不断扩展和变化，不同时期的人们赋予了信息素养不同的含义。与此同时，很多国际组织和研究机构也将信息素养列为一项重要的研究课题，对其做出了多样化的定义。

1. CILIP

英国图书馆与情报专家学会（Chartered Institute of Library and Information Professionals，CILIP）在2018年给出了信息素养的新定义：信息素养是能够批判性思考并且能对发现和使用的信息进行平衡判断的能力，信息素养让我们作为公众有权利去获得和表达有见识的见解，并且充分融入社会。

在CILIP的定义中，信息素养是一系列技巧和能力的集合，帮助人们完成与信息相关的任务。这些技巧和能力包括发现、获取、理解、分析、管理、创造、沟通、存储和分享信息。除此之外，还包括批判性思维、信息伦理以及信息法律相关的内容。信息素养可以帮助人们理解在利用信息时的伦理和法律问题，比如个人隐私、数据保护、信息自由、开放获取和知识产权等。

2. SCONUL

英国国立和大学图书馆协会（Society of College, National and University Libraries，SCONUL）将信息素养定义为：人们能够以符合伦理道德的方式收集、利用、管理、合成和创造信息及数据的能力，以及高效完成上述任务所需的一系列信息技巧。

3. JISC

日本产业标准调查会（Japanese Industrial Standards Committee，JISC）认为信息素养是一个人在数字化社会中生存、学习和工作所应该掌握的一些能力。

4. UNESCO

联合国教科文组织（UNESCO）认为信息素养是包括与信息需求相关的知识，用来解决问题的识别、定位、评估、组织以及高效创造、利用和交流信息的能力。它是有效参与信息社会的必备条件，是人在终身学习方面的一项基本人权。

5. ACRL

美国大学与研究图书馆（ACRL）在2016年发布了《高等教育信息素养框架》，在这个框架中信息素养被定义为：包括对信息的反思性发现，对信息如何产生和评估的理解以及利用信息创造新知识和合理地参与学习团体的一系列综合能力。

在本书中，我们将信息素养定义为：适应信息社会和信息环境的综合能力，既包括对外部信息环境的响应和应对能力，也包括对各种信息要素的处理和利用能力。信息素养应该落脚在"素养"培育，不能单纯地停留在检索技能培养层面，更重要的是批判性思维、驾驭知识、探寻真相以至最终获得终身学习的能力。

1.1.3 信息素养相关的其他素养

信息素养起源于批判性思维、传统的图书馆和情报查找技能以及学术研究技能。自1974年被提出以后，信息素养推动了很多

大学生信息素养

其他素养和技能的发展，同时信息素养也受到信息社会和数字时代革新的重要影响。2014年8月，国际图书馆协会联合会（International Federation of Library Associations and Institutions，IFLA）年会的信息素养卫星会议指出：信息素养与终身学习正在经历一场变革，Web2.0、移动互联科技、新媒体等数字信息对信息素养提出了新的要求。信息素养正在以崭新的视角被重新定义，衍生出了诸多相关素养。

1. 数字素养

保罗·吉尔斯特在1997年出版的《数字素养》一书中将数字素养描述为对数字时代信息的使用和理解，具体包括网络搜索、超文本阅读、数字信息批判与整合等技能，并强调了数字技术作为"基本生活技能"的重要性。

2004年，以色列学者埃舍特·阿尔卡莱提出数字素养的五大要素，分别是：

1）图片-图像素养，指的是学会理解视觉图形信息的能力。

2）再创造素养，指的是创造性整合信息的能力。

3）分支素养，指的是驾驭超媒体的技能。

4）信息素养，指的是辨别信息适用性的能力。

5）社会-情感素养，指共享知识，进行数字化情感交流的能力，这是所有技能中最复杂、最高级的素养。

英国联合信息系统委员会（Joint Information Systems Committee，JISC）认为"数字素养是个人在数字社会生活、学习和工作中所需的能力"。JISC提出数字素养的七大要素，包括媒体素养、信息素养、信息通信技术素养、交流和合作能力、学习技能、依托数字系统进行学术和科研实践、在线事业和身份管理。

欧盟在数字素养方面的探索已历经了十几年，十分重视公民数字素养的培育，将数字素养视为八大核心素养之一。欧盟于2011年开始实施"数字素养项目"，2016年，欧盟出台《欧洲公民数字素养框架2.0》，提出包括信息域、交流域、内容创建域、安全意识域和问题解决域在内的五大关键领域和21项素养。该框架作为自测工具，能够让人们了解自己的数字素养，明确自己在相关知识、技能和态度方面的差距，帮助人们确立数字素养的发展目标。2018年，联合国教科文组织在《欧洲公民数字素养框架2.0》基础上，发布了包括七大素养领域和26个详细指标的《数字素养全球框架》，详见表1-1。

表1-1 数字素养全球框架

素养领域	含义	具体素养
操作域	理解硬件和软件的基本概念，具有数字设备的基本操作，以及操作用户界面的能力	数字设备的物理操作 数字设备的软件操作

(续)

素养领域	含义	具体素养
信息域	识别信息需求、定位和检索数字信息,判断信息源及内容的相关性,存储、管理和组织数字信息的能力	浏览、检索和过滤数据、信息和数字内容 评估数据、信息和数字内容 管理数据、信息和数字内容
交流域	通过数字技术进行互动、沟通和协作,管理个人的数字身份和声誉,意识到文化和代际多样性,通过数字服务和公民身份参与社会的能力	通过数字技术交流 通过数字技术共享 通过数字技术获得公民身份 通过数字技术合作 网络礼仪 管理数字身份
内容创作域	创建和编辑数字内容,改进和集成信息,理解如何应用版权和许可证,知道如何为计算机系统提供可理解指令的能力	开发数字内容 整合和重新解释数字内容 版权和授权 程序设计
安全伦理域	保护设备、内容、个人数据和隐私、身心健康和社会福利,了解数字技术及其使用对环境造成影响的能力	保护设备 保护个人数据和隐私 保护健康与福利 保护环境
问题解决域	识别需求和发现问题,解决数字环境中的概念性问题,使用数字工具创新流程和产品,并跟上数字发展步伐的能力	解决技术问题 确定需求和技术反应 创造性地使用数字技术 识别数字能力方面的差距 计算思维
职业相关域	在特定业务部门使用数字技术的能力	为特定领域操作专门的数字技术 解释特定领域的数据、信息和数字内容

2. 媒体素养

联合国教科文组织（UNESCO）在 2013 年发布了《全球媒体与信息素养评估框架》（*Global Media and Information Literacy Assessment Framework*），简称《MIL 框架》，将媒体素养和信息素养概念进行融合，提出了媒体与信息素养（Media and Information Literacy，MIL）概念。MIL 被定义为一组能力，这些能力使得公民使用一系列工具，以批判的、道德的和有效的方式，获取、检索、理解、评估和使用、创造、分享所有格式的信息和媒体内容，以参与和从事个性化、专业化和社会化的活动。

2017 年 2 月，联合国教科文组织发布了媒体和信息素养五法则（见图 1-2），法则内容如下。

图 1-2 联合国教科文组织媒体和信息素养五法则

法则 1：信息、传播、图书馆、媒体、科技、互联网以及其他形式的信息提供者应用于批判性的公民参与和可持续发展。他们享有同样的地位，而且没有一个比其他更与媒体信息素养相关或应被视为如此。

法则 2：每个人都是信息或知识的创造者，并携带自己的消息。他们必须被授予获取新的信息或知识和表达自己的权利。男性与女性应共同享有媒体和信息素养。媒体和信息素养也是人权的纽带。

法则 3：信息、知识与消息并不总是价值中立，或始终免受偏见影响。任何对媒体和信息素养的概念化、使用与应用都应保证信息、知识与消息对于所有人都是透明可懂的。

法则 4：每一个人都想知晓与理解新的信息、知识与消息，并与外界进行交流，即使她/他并没有意识到、承认或表达过，然而她/他的权益绝不应受到侵害。

法则 5：媒体与信息素养并不能即刻习得。它是一个动态的具有生命力的经历与过程。只有当这个学习过程包括知识、技能与态度，涵盖获取权、评估、使用、生产、信息的传播、媒体和技术内容时它才能被称为是完整的。

课堂延伸

信息疫情

新冠肺炎疫情暴发以来，社交媒体成为人们获取疫情信息的主要渠道。一方面是各国官方通过网络发布疫情信息汇总，另一方面大量不实信息也在网络上酝酿并传播，由此诞生了一个新名词"信息疫情"（Infodemic）。世界卫生组织指出，"信息疫情"是在传染病疫情背景下，包括谣言、小道消息在内的大量信息通过手机、社交媒体、互联网以及其他通信技术快速传播的现象，导致人们难以发现值得信任的信息来源和可以依靠的指导，并妨碍疫情防控的措施。"信息疫情"最直观的后果，是引发公众非理性的恐惧心理，甚至是大规模的社会恐慌，并最终对社会稳定造成破坏性的影响。

新冠肺炎疫情让政府和公众再次意识到媒体素养的重大短板及其重要性。政府层面，需要将媒体素养的培养纳入国家教育体系中，要提高媒体素养的普及程度。公众层面，首先，公众要建立媒介理性。面对鱼龙混杂的众多信息要有批判思维和辩证思维，要有明辨真伪、是非、良莠、善恶的能力。其次，公众要严守媒介伦理。作为传播者，要尊重客观事实，做到不散布包括虚假信息、恶俗炒作、地域歧视、仇恨言论、欺诈信息、语言暴力等在内的违背道德伦理的内容。最后，公众要担当媒介责任。要尊重社会公益，尊重国家利益，树立媒介使用者的社会责任感，履行相应责任和义务，不随波逐流、人云亦云，积极参与对有害信息的打击、举报，共同营造清朗、健康的网络空间。

思考题：结合疫情期间你遇到的虚假新闻，谈谈自己怎么成为家庭中的谣言粉碎者。

3. 网络素养

随着互联网的快速发展，网络已成为人们生活中必不可缺的一部分。比如人们选择在网上购物、网上学习、网上社交等。随着人们在互联网上的行为越来越多，一些不规范不合理的网络行为随之出现，提升公众的网络素养迫在眉睫。

网络素养就是人们在网络社会中应具备的网络信息辨别能力、应遵守的网络规范及网络道德。在信息技术和网络技术高速发展的当下，网络素养是一种适应互联网时代的基本能力。网络素养是网络相关能力的综合体现，从通晓基本的互联网工具，如搜索引擎、电子邮箱，到能够分类、整理和对比互联网信息，再到参与互联网共建。网络素养不仅包含基本的技能，也包含了具备技能后在一定意识下做出的复杂行为。

网络素养框架内容包含了五个层级。

层级1：工具层级。工具层级是对基础互联网工具的使用，包括了搜索引擎（了解搜索引擎功能、搜索技巧等）、信息管理工具（管理信息来源、选择合适信息源等）和个人管理工具（信息导图、知识管理等）三个方面。

层级2：识别层级。识别层级是指在能够使用基础工具的基础上，对信息有分辨和识别的能力，且具备互联网责任。

层级3：参与层级。参与层级是指能够在互联网世界中找到自己位置的同时，也学会分享和链接更多人。这一层级分为个人与社会两个方面。个人方面是指具有互联网分享精神，并且学会在互联网世界中保护自己的信息。社会层面是指链接他人。

层级4：协作层级。协作层级是指在与更多人发生联系与交互之后，产生更进一步的行动和创造，如参与一次互联网社区的共建。

层级5：智慧网络人。智慧网络人已经能够熟练使用互联网，而且能在虚拟和现实的交互中利用互联网来解决一些复杂的现实问题。这也是未来信息时代每一个人的竞争力所在。

2021年6月1日起，新修订的《中华人民共和国未成年人保护法》正式实施。该法新增"网络保护"专章，首次明确规定"国家、社会、学校和家庭应当加强未成年人网络素养宣传教育，培养和提高未成年人的网络素养，增强未成年人科学、文明、安全、合理使用网络的意识和能力"。2021年5月30日，北京师范大学新闻传播学院与腾讯社会研究中心共同举办"未成年人网络素养高峰论坛"，并成立"未成年人网络素养研究中心"，推动未成年人网络素养教育生态体系的建构与完善。在此次论坛上，北京师范大学新闻传播学院发布了《未成年人网络素养2020年度报告》（简称报告）。《报告》将未成年人网络素养分为上网注意力管理能力、网络搜索利用能力、网络信息分析评价能力、网络印象管理能力、网络安全素养、网络道德素养等六个维度。

课堂延伸

做一个合格的网络参与者

2021年5月，网友上传的一段"为明星打投倒牛奶"的视频曝光。这个由粉丝买奶、打投明星、倒奶、再买奶打投而诱发的全新"产业"，迅速引发社会和相关部门的重点关注，"饭圈"乱象也在无数次声讨中再次浮出水面。几天后，与之相关联的养成综艺宣布暂停录制。5月8日，在国务院新闻办公室举行的2021年"清朗"系列专项行动发布会上，"饭圈"乱象正式列入2021年"清朗"系列专项行动的治理重点。6月15日，中央网信办宣布在全国范围内开展"清朗"专项行动。此次"清朗"系列专项行动重点任务有八个方面，包括整治网上历史虚无主义，整治春节网络环境，治理算法滥用，打击网络水军、流量造假、黑公关，整治未成年人网络环境，整治 PUSH 弹窗新闻信息突出问题，规范网站账号运营，整治网上文娱及热点排行乱象。此次专项行动将针对网上"饭圈"突出问题，重点围绕明星榜单、热门话题、粉丝社群、互动评论等重点环节，全面清理"饭圈"粉丝互撕谩骂、拉踩引战、挑动对立、侮辱诽谤、造谣攻击、恶意营销等各类有害信息。

4. 数据素养

随着信息技术与网络技术的迅速发展，大数据已深刻影响人们的工作与生活，并成为人们分析问题、解决问题的必要工具。从整个国家发展来看，大数据意味着未来的创新方向，各个领域都需要利用数据、分析数据来创造价值。在未来，数据素养不仅是专业研究人员需要掌握的重要技能，也将成为公众适应数字化生活所需的必备素养。

数据素养的介绍详见本书第 7 章。

5. 版权素养

版权是用来表述创作者因其文学和艺术作品而享有的权利的一个法律用语。随着互联网信息技术的发展，公众可以在网络上自由访问、复制和下载他人的作品，由此产生的版权问题也越来越引起重视。在互联网环境下，在版权框架内，公众享有什么样的著作权利，如何才能不侵犯他人的版权，是版权素养教育要解决的核心问题。

版权素养是指公众在数字环境中具备版权意识，能够保护个人版权，能识别受版权保护的作品，能够合理利用他人作品的知识和能力。版权素养的主要内容包括版权基本知识和获取版权信息。

版权素养教育是信息素养教育的一个重要组成部分。ACRL 的《高等教育信息素养能力标准》中要求图书馆员对学生进行"有关信息使用的经济、法律和社会问题的教育，以使学生合乎道德和合法地获取和使用信息"，帮助学生加深对版权问题的理解，并培养以合法的方式使用信息的必要技能，从而培养版权意识。事实上，在信息素养课程的信息伦理和信息道德教学环节，有关尊重知识产权的内容也是非常重要的。

6. 元素养

2015 年 2 月，ACRL 正式发布了《高等教育信息素养框架》

(简称《框架》),《框架》取代了使用 10 余年的《高等教育信息素养能力标准》。《框架》是基于相互关联的概念的一个集合,它不是一套具体的标准,没有规定具体的学习成果和技能,图书馆或相关机构可以根据它灵活设计本单位的信息素养培养框架。《框架》提出了"元素养"这一概念,作为信息素养教育未来的新定位。

2011 年,美国信息素养专家雅各布森和麦基首次提出了元素养概念。元素养要求学习者从行为、情感、认知以及元认知这四个领域参与到信息生态系统中,这四个领域所要达到的目标分别是:①A 情感方面(Affective),学习者需要通过参与学业实现态度或情感的转变;②B 行为方面(Behavioral),学习者需要逐步具备完成学业应当具备的检索技巧和能力;③C 认知方面(Cognitive),学习者需要逐步具备完成学业过程中对问题的理解、组织、应用、评估等能力;④M 元认知方面(Metacognitive),学习者需要具备对自己学习活动的批判性反思的能力。元素养尤其强调元认知,这与"核心素养"要求的"批判式反省"目标是一致的。需要特别指出的是,元素养作为"催生其他素养的素养",仍然以信息素养作为基础和核心,只是在技术的应用、具体的技能等方面有所区别而已。信息素养着重培养获取、评价、分析信息的能力,而元素养则是在此基础上发展通过社交网络和在线社区生产和分享内容的能力,强调社交媒体的参与和嵌入式学习渠道。

元素养的目标和领域见表 1-2。

表 1-2 元素养的目标和领域

目标	内容	领域
目标 1:能批判性地评估不断变化及演化的信息内容和网络情境,比如博客、维基等	将信息源与参与者情境如作者目的、信息格式等结合起来以确定信息的价值	B、C
	从研究者视角区分编辑信息和原始信息,认识到信息的价值及信息创造者的个人理念	C
	判断来自网络信息源的正式或者非正式信息的价值,如学术圈、在线教育资源、用户自创信息等	C
	能积极地评估来自用户的反馈,理解传统网络和社交媒体用户反馈机制和情境的区别	B、C
	理解多渠道获取信息的重要性,尤其是批判性地获取社交媒体中的内容	A

(续)

目标	内容	领域
目标2：在变化的技术环境中理解个人隐私、信息伦理和知识产权等问题	区分原始信息、合成信息及开放信息	C
	区分适合公开复制和分享的信息以及适合在受限环境中传播的信息	C
	使用Web2.0信息技术构建活跃的网络空间	B
	在生产及再创造信息时合理地运用版权和共享许可	B
	分享信息时遵守信息伦理道德	A
目标3：在多元化的参与式信息环境中共享信息并开展协作	切实地参与到协同的信息环境中去	B
	在协同信息环境中承担责任和义务	A
	能区分学术文献、博客、维基等不同格式的信息，并恰当地使用和引用，以生产原创信息	B
	能描述在协同环境中与他人所分享信息的独特之处	A
	根据特定需求对不同信息形式进行转换，将来自不同信息源的信息整合成统一的新形式	C、M
	有效地与他人就个人或专业信息进行沟通，意识到师生角色可以相互转换	A、B
	用多媒体形式生产原创内容	B
	尊重用户自生产的内容并合理评估别人的贡献，认识到自己是信息生产者和使用者	A
	具备全球化视角，能在全球化环境中与他人交流以促进深度学习	A
目标4：具备根据终身学习理念，个人、学业及专业目标规划制定学习和科研策略的能力	根据个人需求设定问题或任务的范围	C
	在过程中继续评估需求及下一步任务	C
	懂得信息需求获取策略和信息工具相匹配的重要性	C
	在学习过程中对自己的知识和学习策略进行反思	M
	在信息情境中进行批判性思考并迁移到新的情境中	M
	持久的、适应性强的、灵活的价值观	M
	在协同环境中进行有效沟通，保持多元化学习视角	M
	认识到学习是一个过程，总结失误和错误能带来新的认识和发现	M
	通过当代信息技术获得全球化视野，开展智慧的自我学习	M
	通过互动和演讲培养信心，能分辨哪些内容可以迁移、转换及教授他人	M
	认识到元素养具有的终身实践的价值	M

元素养的理论是通过元素养教育实践体现和发展的。雅各布森和麦基通过纽约州立大学奥尔巴尼分校的信息素养课程开展了大量的元素养教育实践，主要有以下几种：

1）2012年奥尔巴尼分校图书馆设计了元素养协作学习（Metaliteracy Learning Collaborative），明确提出了元素养教育的目标有四个，将原有的信息素养基础元素如存取、评估、利用、合成和信息伦理，与新技术环境下的多种素养相结合，构建元素养模式下学生的综合素养能力，并且从认知、行为、情感、元认知四个角度设计了具体的教学内容。

2）2013年起奥尔巴尼分校图书馆先后开设了三门元素养MOOC课程（慕课，即大规模开放网络课程）：《元素养》《元素养：在互联网世界中提升自我》《提升自我，成为一名合格的数字公民》。这三门课程都是基于关联和协作主义的学习模式，没有任何需要结构化记忆的内容，课程设计都基于共同的目标：高批判性思维和自我反思能力、以学习者为中心。

3）2014年雅各布森开发了元素养数字徽章系统。数字徽章系统将元素养最终学习目标设计为"元素养数字徽章"，将四个元素养协作学习分目标分别设计为"精明的评估者""数字公民""信息生产者与协作者""自我掌控的学习者"四枚二级徽章，这四枚二级徽章对于学习者的能力要求是逐步提高的，每个二级徽章再根据元素养教学内容的要求伸展出若干等级的小粒度徽章。集齐所有徽章，学习者便可获取一枚"元素养数字徽章"。随后雅各布森和麦基将元素养MOOC课程与数字徽章系统进行了整合，将数字徽章系统的模式嵌入元素养MOOC教育中去，让学生通过闯关模式学会知识内容。

4）纽约州立大学帝国学院图书馆与远程教育中心合作，通过数字故事的方法开展元素养教育，要求学生学习数字故事的基本理论及相关技术，并且根据自身经验来发现故事创意，独立制作数字故事。

5）除了纽约州立大学的这些实践活动外，耶鲁大学、芝加哥大学等学校还采用了"新生馆员"制度，为每位新生配备一名图书馆员，从大一开始就训练学生的元素养，在帮助学生有效获取信息资源的同时，也将批判性思维、创新能力以及新媒体应用等概念融入学生的整个学习生涯。

6）此外，雅各布森和麦基还通过一系列讲座报告和学术成果，将元素养的培养与具体实例结合来说明元素养是如何发挥作用的。在元素养如何帮助用户拒绝虚假新闻的案例中，雅各布森和麦基指出社交网络中充斥着很多虚假新闻，而单纯的数字素养已经不足够帮助用户分辨和拒绝虚假新闻，用户通过移动终端快速接收各种信息使他们不能通过深度阅读和批判性思考辨别虚假新闻，而元素养可以帮助用户通过对信息来源和阅读情感的关注达到辨别虚假新闻的目的。

1.2 信息素养相关模型和标准

信息素养相关的模型和标准为信息素养教育的实践和效果评价提供了借鉴。模型和标准的内容也伴随着信息社会的发展、信息素养内涵的变革而不断更新。为了提高信息素养教育水平,国内外相关的机构和组织制定了一系列的信息素养模型和标准。

1. SCONUL 信息素养七支柱:高等教育核心模型

英国图书馆开展信息素养教育由来已久。为了进一步提高图书馆的地位,将偏重技能的文献检索课程提升到信息素养培育的高度,英国国立和大学图书馆协会(SCONUL)于 1999 年发布了《高等教育信息技能》。2011 年,在此基础上 SCONUL 发布了全新的信息素养标准——《信息素养七支柱标准》(*The Seven Pillars of Information Literacy*)。

(1)《信息素养七支柱标准》的结构 七支柱标准有七大支柱,分别为识别、审视、计划、收集、评估、管理、发布,是基于当代学习者所面临的信息环境而提出的。对于 SCONUL 提出的高等教育核心模型,不同的人可以通过不同的镜头来更准确地理解它的内涵。目前,SCONUL 的七支柱标准已经构建了五个镜头,分别为研究、数字素养、开放教育资源、基于证据的实践医学、毕业生就业能力等,每个镜头下的总体框架和核心模型一致,都包含七个要素,只是具体指标的内容会根据学习者的需要有所差别。

(2)《信息素养七支柱标准》的内容 《信息素养七支柱标准》包括七个要素,每个要素都从理解和能力两个层面做了详细说明。《信息素养七支柱标准》的核心模型,普遍适用于所有高等教育阶段的学生。这七个要素为:

1)识别:能够识别个人对信息的需求。
2)审视:能够评估现有知识并找出差距。
3)计划:可以构造定位信息和数据的策略。
4)收集:可以定位和访问需要的信息和数据。
5)评估:回顾研究过程,比较和评估信息和数据。
6)管理:能专业和合乎道德地组织信息。
7)发布:能够应用所学到的知识介绍自己的研究成果,整合新旧数据和信息,以各种方式创造和传播新知识。

2. CILIP 信息素养模型

英国图书馆与情报专家学会(CILIP)发布了包含八种能力/认知的信息素养模型,分别为:

1)对信息的需求。

2）可获取的资源。
3）如何找到信息。
4）评估结果的需求。
5）如何运用信息。
6）使用信息的伦理和责任。
7）如何交流和共享信息发现。
8）如何管理信息发现。

3. ACRL《高等教育信息素养能力标准》

2000 年，美国大学与研究图书馆（ACRL）发布《高等教育信息素养能力标准》。该标准包括以下内容：

1）具有信息素养能力的学生能确定所需要信息的性质和范围。

2）具有信息素养能力的学生能有效而又高效地获取所需要的信息。

3）具有信息素养能力的学生能评判性地评价信息及其来源，并能把所遴选出的信息与原有的知识背景和价值系统结合起来。

4）具有信息素养能力的学生，无论是个体还是团体的一员，都能有效地利用信息达到某一特定的目的。

5）具有信息素养能力的学生懂得有关信息技术的使用所产生的经济、法律和社会问题，并能在获取和使用信息中遵守公德和法律。

每一个标准下面又有具体的达成此标准所需的知识和技能要求，为信息素养教育的实践和评价提供了参考标准。

4. ACRL《高等教育信息素养框架》

2015 年，ACRL 发布了《高等教育信息素养框架》，作为对上述《高等教育信息素养能力标准》的修订和升级。该框架特意使用了"框架"（Framework）一词，因为它是基于互相关联的核心概念的一个集合，可供灵活选择实施，而不是一套标准，也不是一些学习成果或既定技能的列举。该框架的核心是一些概念性认识，它们将许多信息、研究和学术方面的相关概念和理念融汇成一个连贯的整体。

该框架按六个框架要素编排，每一个要素都包括一个信息素养的核心概念、一组知识技能，以及一组行为方式。这六个框架要素如下：

1）权威的构建性与情境性（Authority is Constructed and Contextual）。

2）信息创建的过程性（Information Creation as a Process）。

3）信息的价值属性（Information Has Value）。

4）探究式研究（Research as Inquiry）。

5）对话式学术研究（Scholarship as Conversation）。

6）战略探索式检索（Searching as Strategic Exploration）。

5. 《澳大利亚和新西兰信息素养框架：原则、标准与实践》

2004年，澳大利亚和新西兰信息素养研究所（Australian and New Zealand Institute for Information Literacy，ANZIIL）参照ACRL《高等教育信息素养能力标准》发布了《澳大利亚和新西兰信息素养框架：原则、标准与实践》（*Australian and New Zealand Information Literacy Framework*：*Principles*，*Standards and Practice*）。该标准提出了信息素养的六个核心要素：

1）意识到信息需求并决定所需信息的性质和程度。
2）有效、高效地发现所需信息。
3）批判性地评价信息及其查找过程。
4）管理所收集或生产的信息。
5）应用原有和新的信息来构建新的概念或创造新的理解。
6）根据自己的理解使用信息，并且知道围绕信息使用所产生的文化、伦理、经济、法律和社会问题。

6. 北京地区高校信息素质能力指标体系

2005年，北京市高等教育学会图书馆工作研究分会提出了《北京地区高校信息素质能力指标体系》。这个指标体系指出高校学生的信息素养要求主要包括四个方面：信息意识、信息知识、信息能力和信息伦理。围绕这四个方面，该指标体系从七个维度对信息素养能力做出具体要求。

维度1：具备信息素质的学生能够了解信息以及信息素质能力在现代社会中的作用、价值与力量。

1）具备信息素质的学生具有强烈的信息意识。
2）具备信息素质的学生了解信息素质的内涵。

维度2：具备信息素质的学生能够确定所需信息的性质与范围。

1）具备信息素质的学生能够识别不同的信息源并了解其特点。
2）具备信息素质的学生能够明确地表达信息需求。
3）具备信息素质的学生能够考虑到影响信息获取的因素。

维度3：具备信息素质的学生能够有效地获取所需要的信息。

1）具备信息素质的学生能够了解多种信息检索系统，并使用最恰当的信息检索系统进行信息检索。
2）具备信息素质的学生能够组织和实施有效的检索策略。
3）具备信息素质的学生能够根据需要利用恰当的信息服务获取信息。
4）具备信息素质的学生能够关注常用的信息源和信息检索系统的变化。

维度4：具备信息素质的学生能够正确地评价信息及其信息

源，并且把选择的信息融入自身的知识体系中，重构新的知识体系。

1）具备信息素质的学生能够应用评价标准评价信息及其信息源。

2）具备信息素质的学生能够将选择的信息融入自身的知识体系中，重构新的知识体系。

维度5：具备信息素质的学生能够有效地管理、组织和交流信息。

1）具备信息素质的学生能够有效地管理、组织信息。

2）具备信息素质的学生能够有效地与他人交流信息。

维度6：具备信息素质的学生作为个人或群体的一员能够有效地利用信息来完成一项具体的任务。

1）具备信息素质的学生能够制订一个独立或与他人合作完成具体任务的计划。

2）具备信息素质的学生能够确定完成任务所需的信息。

3）具备信息素质的学生能够通过讨论、交流等方式，将获得的信息应用到解决任务的过程中。

4）具备信息素质的学生能够提供某种形式的信息产品（如综述报告、学术论文、项目申请、项目汇报等）。

维度7：具备信息素质的学生了解与信息检索、利用相关的法律、伦理和社会经济问题，能够合理、合法地检索和利用信息。

1）具备信息素质的学生了解与信息相关的法律、伦理和社会经济问题。

2）具备信息素质的学生能够遵守在获取、存储、交流、利用信息过程中的法律和道德规范。

1.3 信息素养的范式演变

范式（Paradigm）是美国著名科学哲学家托马斯·库恩提出并在其著作《科学革命的结构》中系统阐述的。范式是科学共同体在某一学科或专业领域内所共同恪守的信念，具有共同的理论、观点或方法。从本质上讲，范式是一种理论体系、理论框架。在该体系、理论框架之内的该范式的理论、法则、定律都被人们普遍接受。

信息素养范式是指在一段时期内信息素养研究者和实践者遵循的共同的理论、观念和方法，涉及信息环境、信息技术、信息素养内涵、框架标准、教育理念和实践等内容。

1. 第一代信息素养

第一代信息素养主要源自于计算机和互联网的发展，主要培养的是通过检索知识解决问题的技能，包括图书馆的纸质资源和电子资源的检索方法和检索技巧。总体上讲，第一代信息素养是注重技能的实用型素养培养。

2. 第二代信息素养

第二代信息素养是多元的、综合性的信息素养，借鉴并包含数字素养、媒体素养、数据素养、元素养等概念（见 1.1.3 小节），以批判性思维、终身学习、创新精神的培养为主体。

1.4 高等信息素养教育

只有被纳入教育体系，信息素养的培育才会得到更有效的成果。信息素养的内涵以及社会的发展，都在要求信息素养教育体系的建构和完善。

1.4.1 高等信息素养教育的主体

高校图书馆由于其得天独厚的优势，成为高等信息素养教育的主要阵地。首先，高校图书馆拥有非常丰富的文献信息资源，其本身就是一个规模大、质量高的信息源，为信息素养教育的开展提供了信息资源保障，同时高校图书馆经过多年的信息化建设，也能够为信息素养教育提供硬件设备支持；其次，高校图书馆的图书馆员是具备专业技能的信息人才，他们大多是图书馆学、情报学、信息管理等专业的人员，对信息素养教育的内容有专业的研究，更适合开展信息素养教学。

1.4.2 高等信息素养教育的形式

自 1974 年信息素养的概念首次被提出至今 40 多年的时间里，信息素养教育在国内外的图书馆学领域中已经成为热点研究问题。进入 21 世纪后，为了提升国民信息素养，国内外相关机构和组织制定了一系列信息素养相关标准，目前国际上比较有影响力的是 ACRL 发布的《高等教育信息素养框架》，推动了信息素养教育作为一项教育改革运动的发展，在国际上引起较大反响。

在我国，教育部于 1984 年发布了《关于在高等学校开设"文献检索与利用"课的意见》的通知，1985、1992 年又相继发布了文献检索课专门指导文件，这些文件为中国高等学校开展以文献检索课为核心的信息素养教育实践提供了政策依据和规范准则，有效推动了信息素养教育的普及和发展。

近年来在信息技术的影响下，信息素养教育实践和理念不断革新。为适应新的信息环境和高等教育发展的需求，促进信息素养教育全面发展，2015 年 12 月，教育部颁布了《普通高等学校图书馆规程》。《规程》的第三十一条提出"图书馆应重视开展信息素质教育，采用现代教育技术，加强信息素质课程体系建设，完善和创新新生培训、专题讲座的形式和内容"。2018年教育部高等学校图书情报工作指导委员会信息素养教育工作组制定《关于进一步加强高等学校信息素养教育的指导意见》，建议高等学校将信息素养教育纳入本校人才培养方案，促进高等学校学生的学习和成长。

我国信息素养教育理念和实践在不断更新与变革从传统的文献检索课发展到网络时代的信息素养课，到如今的慕课；从传统的新生入馆教育发展到网络时代的新生入馆教育系统，再到如今的游戏闯关，从传统的讲座培训发展到网络时代的在线讲座，再到如今的微视频。近几年，随着新技术、新媒体等的出现，部分高校图书馆对信息素养教育进行了改革探索，从传统课堂转向探索线上线下混合式教学、翻转课堂、项目式教学等新的教学模式。

课程思政小课堂

中华人民共和国的国徽是由谁设计的？

中华人民共和国国徽的内容为五星、天安门、齿轮和谷穗（天安门象征国家，齿轮象征工人阶级，谷穗象征农民阶级），象征中国人民自"五四"运动以来的新民主主义革命斗争和工人阶级领导的以工农联盟为基础的人民民主专政的新中国的诞生。

对于国徽，我们都非常熟悉，但是其设计者是谁呢？很多自媒体文章中说林徽因是国徽的设计者，在搜索引擎上进行检索很多检索结果也只提到了知名度更高的梁思成和林徽因。但实际上，国徽是集体智慧的结晶，是由清华大学建筑系梁思成、林徽因、李宗津、莫宗江、朱畅中等人的设计小组与中央美术学院张仃、张光宇等人的设计小组集体创作的。

清华大学设计小组的设计方案以一个璧（或瑗）为主体，以国名、五星、齿轮、嘉禾为主要题材，以红绶穿瑗的结构衬托而形成图案的整体，颜色用金、玉、红三色。中央美术学院设计小组提出一个仿政协会徽形式，以天安门为主要内容的国徽图案，国徽元素包含红色齿轮，金色嘉禾、五星、红带、国名和天安门。设计方案如图1-3所示。

此后国徽图案又经过好几个版本的改进。1950年6月20日，政协国徽审查小组召开会议，会议最终确定清华大学梁思成、林徽因等设计的国徽方案中选。在国徽方案确定后，记有功人员八名，梁思成、张仃、林徽因、张光宇、高庄、钟灵、周令钊等奖励800斤小米，但这些小米最后也被捐到抗美援朝战争中去了。国徽的设计和完成是集体智慧的结晶，也是人民意志的体现。每一个参加国徽设计的人，都永存于中国人民的美好记忆中。

图1-3 国徽设计方案

思 考 题

1. 简述信息素养的概念。
2. 除了信息素养外，还有哪些与信息素养相关的素养？简述这些素养的概念。
3. 联合国教科文组织发布的媒体和信息素养五法则的内容是什么？结合五法则的内容，评估自己的媒体和信息素养。

参 考 文 献

[1] 首份21世纪核心素养全球报告发布［N/OL］．中国青年报，2016-06-04（2）［2021-09-27］．http：//zqb.cyol.com/html/2016-06/04/nw.D110000zgqnb_20160604_6-02.htm.
[2] 潘燕桃，肖鹏．信息素养通识教程［M］．北京：高等教育出版社，2019.
[3] 吕建强，许艳丽．数字素养全球框架研究及其启示［J］．图书馆建设，2020（2）：119-125.
[4] UNESCO. Five laws of media and information literacy［EB/OL］.［2021-10-11］. http：//www.unesco.org/new/fileadmin/MULTIMEDIA/HQ/CI/CI/pdf/Events/mil_five_laws_chinese.png.
[5] 金路遥．传播学视角下的网络社交［J］．记者观察，2019（3）：86-87.
[6] 北京青少年研究所．中国梦与当代青年发展［M］．北京：中国社会科学出版社，2017.
[7] 王美华．网络素养是堂"必修课"［N］．人民日报海外版，2021-06-10（9）．
[8] 张珉．国外版权素养研究：源起、现状与进展［J］．农业图书情报学

报,2021,33(9):83-92.
[9] 吴贝贝,吴珞,卢瑞. 基于元素养的高校图书馆信息素养教育研究[J]. 科技视界,2017(12):37-38;25.
[10] 刘亭亭. 英国高校学生信息素养培养的研究[D]. 上海:华东师范大学,2018.
[11] 彭立伟,高洁. 国际信息素养范式演变[J]. 图书情报工作,2020,64(9):133-141.

第 2 章
信息素养的基础之认知及利用信息

信息是当今社会使用最广泛的词汇之一。我们的世界是由物质、能量和信息等构成的,人类文明史可看作一部信息发展史,信息社会是继原始社会、农业社会、工业社会之后人类社会的新形态。在信息社会中,信息被认为是比物质和能量更为重要的资源。信息已渗透到人类社会生活的每一个领域和每一个方面,对我们整个社会的影响非常深远。

我们身处信息爆炸的时代,手机就像人身体的一个器官,网络就像人身上穿的衣服。甚至有人说,食物塑造了我们的身体,信息塑造了我们的精神。对信息的利用水平决定了一个国家、一个组织、一个人的竞争力。本章将从信息及相关概念、信息和信息差、信息源、信息伦理与个人信息安全等方面介绍如何认知及利用信息。

2.1 信息及相关概念

2.1.1 信息、物质与能量

物质、能量、信息是客观世界三大构成要素。人类首先认识了物质,然后认识了能量,最后才认识了信息。与物质和能量相对应的信息普遍存在于整个宇宙之中,信息无处不在,无时不有。信息增加了人们认识世界的维度,人类社会的一切活动都离不开信息。

如图 2-1 所示,在《科技想要什么》一书中,凯文·凯利认为在宇宙诞生之初,电磁辐射主导宇宙的发展,能量是一切的主宰。随着宇宙温度逐渐降低,能量开始转换为物质(质量),形成最基本的微观粒子,逐步形成了宇宙中的实体物质,然后一步步演化到如今我们看到的物理世界。随着生命的出现,信息的影响力上升。人类的出现,更加速了信息的影响力。从原始社会、农业社会、工业社会到现在的信息社会,人类的信息利用水平越来越高。放眼未来,信息的重要性会更加突出。

1905 年,爱因斯坦提出了质能方程 $E = mc^2$,阐明了物质和

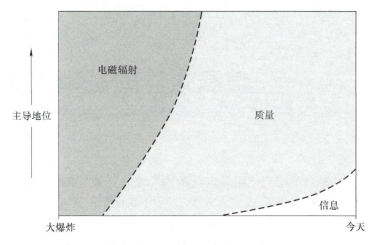

图 2-1　客观世界三大构成要素

能量之间的等价关系。由于这个强等价关系，因此"物质－能量－信息"三元关系也可看作能量与信息的二元关系。我们可以通过能量和信息两个维度来理解这个世界。人类进化的整个历史，就是在不断地把信息（认知）优势（如手势、语言、文字等）转化成能量优势，再利用能量优势加强信息优势。原腾讯副总裁、知名计算机专家吴军博士在一次访谈中谈到：自从人类进入文明社会以来，能量和信息就是衡量世界文明程度的硬性标准，两个文明的竞争，比的就是哪个文明更擅长使用能量和信息。世界发展的大方向，一个是能量利用效率越来越高的过程，另一个是不断地以信息换物质、以信息换能量的过程。

中国工程院院士潘云鹤教授认为信息在人类社会中越来越重要，人类世界已从传统二元空间（以物理空间、人类社会为主）逐步进入由"物理空间""人类社会""信息空间"所组成的三元空间，新增的信息空间会逐渐渗透到人类社会，让人类多一些信息技术手段认识自身，信息空间也会渗透到物理空间，借用人类力量改造物理空间。

目前，人类已经从原始社会、农业社会、工业社会全面步入信息社会，这是以信息和知识为基础从而促进社会高速发展的一种社会形态。在信息社会，信息化水平已经成为衡量一个国家或地区的国际竞争力、现代化程度、综合国力和经济成长能力的重要指标，也是促进社会生产力发展的重要因素。

2.1.2　信息的概念和特点

信息化社会，信息无处不在，无处不有，不管我们需不需要，信息总是存在于我们周围的环境中。信息无时无刻不在产生和传递。我们每天在网络上与人的谈话、听的歌曲、看的视频本质上都是以比特为单位的信息，我们身体的细胞也都存储着无穷的信息，每天用的手机、计算机、平板计算机等，都在传递着信息。

1. 信息的概念

对于信息的概念，不同的学科有不同的解读，目前尚未形成一个统一的概念。理解信息要注意定义的条件与范围，要引入不同的约束条件。由于学科层次的不同，所关注问题的视角不同，因此在不同层次上的信息概念解读方式也有所区别。

作为一般意义上的信息，信息是被反映事物属性的再现，是物质的存在方式、表现形态及运动规律的反映形式和表现特征。信息不是事物本身，而是由事物发出的消息、指令、数据等所包含的内容。信息是事物所具有的一种普遍属性，信息不是物质也不是能量，它与物质和能量同在，存在于自然界和人类社会。

不同的学科，从不同角度对信息有不同的概念解释。

信息论的创始人克劳德·香农于1948年发表了《通信的数学理论》一文，从通信系统理论的角度把信息定义为"用来减少随机不确定性的东西"。

在经济学领域，信息是与物质和能量并列的客观世界的三大要素之一，是为管理和决策提供依据的有效数据。

在传播学领域，信息被普遍认为是对事物运动状态的陈述，是物与物、物与人、人与人之间的特征传输。而新闻则是信息的一种，是具有新闻价值的信息。

在心理学领域，信息是存在于意识之外的东西，它存在于自然界、印刷品、硬盘以及空气之中。

而在信息检索的领域，从存储与检索对象的角度看，信息就是检索的文献、数据、事实。

《中国大百科全书》将信息定义为："信息是关于事物运动的状态和规律的表征，也是关于事物运动的知识。它用符号、信号或消息所包含的内容，来消除对客观事物认识的不确定性。"

2. 信息的特点

（1）客观性　信息不是虚无缥缈的事物，它的存在可以被人们感知、获取、传递和利用。信息是现实世界中各种事物运动与状态的反映，其存在是不以人的意志为转移的。客观、真实是信息最重要的本质的特征。

（2）时效性　信息的功能、作用、效益都是随时间的延续而改变的。有些信息的效用在时间尺度上显得比较敏感，但有些信息的效用会在今后的时间里显现。

（3）可扩充性和可增长性　信息不会因被使用而磨灭，反而会因为被利用而得到充实和发展。

（4）可传输性　这是信息区别于其他一切事物的特性。科技革命使信息不仅可用实物传递，而且可通过电磁波传递。

（5）依附性　信息必须依附在一定的载体上才能被识别和

使用。

(6) 可压缩性　信息可以被加工、概括、归纳和整理,成为浓缩的精炼的信息。

(7) 可分享性　信息转让或出售后,买者得到,卖者并未失去,双方可共享同一信息。

3. 关于数据、信息、知识、智能、智慧的相互联系

关于数据、信息、知识、智能、智慧的定义和相互关系有很多讨论,目前尚缺乏统一的认识。数据、信息、知识和智慧是人类认识客观事物过程中的不同阶段的产物。从数据到信息到知识到智能再到智慧是一个从低级到高级的认识过程,随着层次的增高,外延、深度、含义、概念化和价值不断增加。

2013 年我国台湾地区知识管理学者 Anthony Liew 提出了 DIKIW 层次结构模型,如图 2-2 所示,用于描述数据、信息、知识、智能、智慧之间的连续的递进关系。

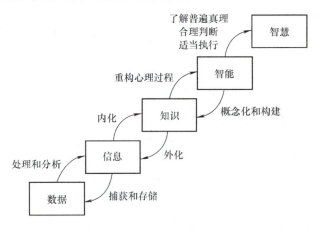

图 2-2　DIKIW 层次结构模型

从图 2-2 可以看出,一方面低层次是高层次的基础和前提,另一方面高层次对低层次的获取具有一定的影响。数据是信息的原材料,信息是有意义的数据。信息又是数据与知识的桥梁,信息通过人的大脑思维活动重新组合内化成为知识。智能是经过心理重构的稳固的知识。智慧则是建立在数据、信息、知识、智能之上并超越它们的更高层次的理解、应用和创新,智慧是一种单向的跳跃。

2.1.3　人类的信息传播

信息的传播是流经人类全部历史的水流,不断延伸着人类的感觉。传播是生命的存在方式,没有传播就没有生命。人类历史已先后经历过五次重大的信息传播革命,包括语言传播、文字传播、印刷传播、电报电话和电视传播、计算机和互联网的数字化传播。这个过程是人类信息传播不断加速的过程,也是信息量快速增加的过程，又是信息在人类社会中重要性不断提升的过程。

1. 语言传播

语言的出现使人和动物出现了根本区别，刺激了人类大脑的进化，快速提高了人类的思维能力。能够进行信息交流和传递使得人类获得了更强的生存能力，也使得后代能够在最短的时间内学习、掌握和传承远祖世世代代的经验。这种信息知识的积累和继承极大地推进了人类社会的发展进程。

2. 文字传播

文字的起源尚无定论。较流行的多源说认为极其稀少的几个地域分别独立产生了几大文字系统：公元前3500年左右古埃及的圣刻，公元前3200年左右的古代西亚楔形文字（也有学者认为两者实为一个起源地），公元前1200年左右我国商代的甲骨文，公元前800年左右中美洲的文字。文字是人类用来进行交际的约定俗成的视觉符号系统。文字的出现是人类进入文明社会的标志。文字的创造是最重要的信息革命之一，有了文字，信息的传播就超出语言的时空范围，这大大促进了信息的流动。文字使口语传递的信息固定下来，信息储存在文字里，长期保存，逐步积累，并加以系统化而形成知识。

3. 印刷传播

我国在隋朝时期有了雕版印刷技术，使规模化复制文字成为可能。11世纪，毕昇发明了活字印刷术，成为人类印刷术上的一次革命。15世纪中期，德国人约翰·古登堡发明的金属活字印刷术，让活字印刷术能够经济实用，使书籍、杂志、报纸等得以大批印刷出版，信息得以规模化传播。人类第一次具有了大批量、高速度复制传播信息的能力。

4. 电报电话和电视传播

在19世纪40年代，美国发明家莫尔斯发明了电报，信息首次以30万km/s的电磁波为载体传播。1876年，贝尔发明了第一部实用电话，开始通过电波实时传播语音信息。1925年英国工程师约翰·洛吉·贝尔德发明黑白电视。1940年美国的古尔马研制出彩色电视系统。1951年6月25日晚，美国哥伦比亚广播公司首先推送彩色电视节目。电报、电话、电视逐步取代信件成为主要通信方式，使信息瞬间传遍全球，实现信息传递的"实时化"。这使得人类信息传播速度空前迅速，范围空前广泛，复制、扩散与保存信息的能力空前增强。这极大地推动了社会的进步，使人类文明的发展在短短几十年时间内超越了以前几个世纪。

5. 计算机和互联网的数字化传播

1946年，第一台电子数字计算机在美国诞生。1969年，在美国诞生了互联网。21世纪10年代，移动互联网蓬勃发展。随着移动互联网、大数据、云计算和人工智能等新一代数字技术的快速普及，人类全面迎来了数字化传播新时代。数字化传播进一步突破了传播的时空限制，具有极强的实时交互性，可以个性化传播，又可以超大规模地联结，是一种新型的人类信息传播模式。

> **课堂延伸**
>
> **"最后 7 分钟"**
>
> 传播学之父威尔伯·施拉姆有一个著名的"最后 7 分钟"来比喻如果人类的历史共有 100 万年，假设这等于一天。那么这一天中，人类文明的进展如下：
>
> - 晚上 9：33，出现了原始语言（10 万年前）
> - 晚上 11：00，出现了正式语言（4 万年前）
> - 晚上 11：53，出现了文字（约 3500 年前）
> - 午夜前 46 秒，古登堡发明了金属活字印刷术（15 世纪中期）
> - 午夜前 5 秒，电视首次公开展出（约 1926 年）
> - 午夜前 3 秒，电子计算机、晶体管、人造卫星问世（分别为 1946、1947、1957 年）
>
> 因此，施拉姆说："这一天的前 23 小时，人类传播史上几乎全部都是空白的，一切重大的发展都集中在这一天的最后 7 分钟"。正是这最后 7 分钟谱写了人类历史的黄金时期，而午夜前的最后 3 秒却翻开了人类迈进信息化社会的新篇章。

2.2 信息和信息差

2.2.1 有关信息的认知

1. 信息差会一直存在

在自然与社会中，差异是一种最普遍的现象，差异是世界运行的最原始也是最为恒久的动力。不平衡、有差异是世界的常态。信息差自古就有，是整个人类社会中永远都会存在的现象。

1970 年，美国传播学家蒂奇诺等人提出了这样一种理论假说："由于高者通常能比社会经济地位低者更快地获得信息，因此，大众媒介传送的信息越多，这两者之间的知识鸿沟也就越有扩大的趋势。"1990 年，美国著名未来学家托夫勒于在《权力的转移》一书提出了"信息富人""信息穷人""信息沟壑"和"电子鸿沟"等概念。全球数字化进程中，不同国家、地区、行业、企业、社区之间，由于在信息、网络技术的拥有程度、应用程度以及创新能力等方面的差别而出现"信息落差"及贫富进一步两极分化的趋势。

信息差，也可以称为信息不对称，是指在信息的获取、吸收、应用中产生的不均衡现象，即有些人对关于某些方面的信息比另外一些人掌握得多一些。信息不对称这一现象早在20世纪70年代便受到美国经济学家的关注和研究。信息不对称的产生既有主观方面的原因，也有客观方面的原因。在主观方面，由于不同的个体获得的信息不同而导致信息不对称，而不同信息的获取差异又与不同个体对信息的认知及获取信息的能力有关。在客观方面，个体获取信息的多少与多种社会因素有关，其中社会劳动分工和专业化是最为重要的社会因素之一，每个人都是整个社会化生产流程的一个螺丝钉，大家在各自的岗位和行业中各司其职，没有人是全能的，人们除了对自己的工作信息有所熟知以外，对其他领域的信息相对都是陌生的，行业的专业人员与非专业人员之间的信息差别越来越大，社会成员之间的信息分布也越来越不对称。

在信息时代，信息差具有客观性与普遍性。很多人可能认为现在网络发达，信息传播得快，信息就会越来越透明了，但这只能是一厢情愿的想法。

2. 信息的加工传递是有成本的

人们常常忽视信息的加工传递是需要消耗能量的，是有成本的，而成本需要有人承担。

从信息论的视角来看，信息的存储、传输、处理都需要消耗能量，信息是依赖能量表达的。1961年，兰道尔将信息理论和基本物理过程联系起来，提出了兰道尔原理。他结合信息熵和热力学熵，得出擦除1bit信息至少会消耗 $kT\ln 2$（k 为玻尔兹曼常量，T 为环境温度）焦耳能量并产生热。同理，信息的传递也不得不克服由随机噪声形成的干扰，进而消耗更多的能量，同时能耗也无法避免地随温度的升高而升高。

就连人的思考也需要消耗能量。大脑组织仅占身体重量的约2%，却利用了身体约20%的能量。大脑每天要消耗大约300kcal来维持人们日常生活。每一天我们要做成千上万次的决策，这些都是消耗能量的。当一个人思考的时候，大脑内的数百万个神经元会相互传递信息，并把大脑的指令信息传递到身体的各个部位。

免费的新闻、免费的输入法、免费的软件、免费的搜索等，互联网上海量的免费信息给人们一个错觉——信息就应该免费，而使人们忽略了信息的加工传递是需要能量消耗的。互联网信息的生成与传播都需要消耗能量，这都是有成本的。用户免费使用的背后，实际上也有隐性成本的付出，只不过付出的不是金钱，而是时间、注意力和操作的习惯等。

3. 媒介与信息来源比信息本身更重要

人们常常关注信息本身而忽略媒介与信息来源，而媒介和信息来源都要比信息本身更重要。

（1）信息媒介　媒介即讯息（信息），媒介本身才是最有价值的信息。这是马歇尔·麦克卢汉对传播媒介在人类社会发展中的地位和作用的概括，即从人类社会的发展过程来看，真正有价值的信息不是各个时代的具体传播内容，而是这个时代所使用的传播工具的性质及其开创的可能性。媒介环境学派强调不断变化的媒介形式塑造了人们对世界的感知方式。

每种信息传播的工具都有着超越其自身的意义。我们在抖音短视频、微博、微信公众号等平台内容上花费大量时间时，需要引起注意的是这些新媒介平台本身才是更重要的。

（2）信息来源　简言之，信息来源就是信息的来源路径、源头。我们看到一个信息时，要考量这个信息是由谁在什么时间用什么方法生产出来的，在哪里可以找到它，这个信息又是通过何种方式传递给我们的。产生信息的来源本身与信息一样重要，甚至更重要。

爱因斯坦有句名言："你不必知道一切真理，你需要知道的是如何找寻这些真理。"爱因斯坦曾被记者问到声音的速度是多少，爱因斯坦拒绝回答。他说，你可以在任何一本物理书中查到答案。大脑是不可能记住所有信息的，如果知道在哪里能够找到这些信息，调用这些信息，那就没必要用脑子记住信息本身了。在信息迅速流通的网络世界，个体的竞争力越来越取决于其可以调用的信息的深度与广度，而这又主要取决于其主动去发现高价值信息源的能力。

2.2.2　信息的有效利用

1. 保持信息输入量，打破信息茧房

每个人的智力上限，取决于其日常信息来源的数量和质量。即便人有着聪明的大脑，可是如果缺乏外界信息输入，人的智力就会受限。

信息茧房这个概念是由美国学者桑斯坦提出的。它是指由于网络的互动性、社交媒体和算法推送的广泛使用，人们可以只选择自己关注或符合自己需要的信息，因此人们可能失去多元化信息的来源渠道和对多元化信息感知能力，从而将自己的生活桎梏于像蚕茧一般的"茧房"中的现象。

处于信息茧房的人通常有以下特征：知道得少；不知道自己不知道；因为负面情绪，有选择性地过滤外界信息，拒绝接受让自己不适的信息；不去主动寻找新信息，缺少信息获取渠道；认知水平不够，无法识别并消化外界的信息。

要突破信息茧房，需要打破信息舒适圈，忍受一定不适感，先不要做价值判断，也不带预设立场，让各种信息进来，探索更多可能性。必须主动、系统、坚持不懈、高效率地吸收处理外界涌现出来的各类信息，保持一定的信息输入量，还需要拓展信息获取渠道，避免信息同质化。

2. 筛选信息，获取高质量信息

信息既有量的差别，又有质的不同。"春眠不觉晓，处处闻啼鸟。夜来风雨声，花落知多少。"唐代诗人孟浩然的《春晓》只有 20 个字，却可以千古传颂。我们随机拼凑 20 个字，与这首诗的字数是一样的，但在质上有天壤之别。

对多数人来讲存在信息结构问题，即大多数人获取的高质量的信息较少，低质量信息较多。在互联网时代，信息是比较丰富的，但是噪声更大。对与生活无关、满足浅层娱乐的信息，我们要毫不犹豫地屏蔽过滤掉，把我们的大脑腾出来，处理更有意义的信息，做更深度和有价值的思考。许多热门话题都是人为制造出来的话题，通过调动情绪吸引关注，对个人成长帮助不大。

> **课堂延伸**
>
> **高质量信息来源**
> - 名校的教科书与慕课（对于同一门课，建议国内外相应内容参照看）
> - 国外顶级与国内核心期刊的文献综述类的论文
> - 权威的行业调研报告及行业顶尖公司的年报

3. 运用框架思维，构建个人知识体系

框架思维是比较常用且有效的思维模型之一，它是指先搭建一个框架结构再填充细节的思维方式。

了解和学习一个领域时，先从底层入手，把大致结构框架搭起来。要去了解，它是研究哪些问题的，可以大致分成哪几个子领域，每一个子领域目前又有哪些重要的问题，有哪些主要的成果。搭建框架之后，再根据新获得的信息去思考，把新获得的信息放到框架的某个位置，使得它与已有的知识点联系起来，这样才能够方便大脑进行存储和调用。如果人们没有完整的思维框架，零散而无序的信息根本无法被大脑取舍、归类、存储。

有了知识框架之后，一方面对知识框架进行充实、完善与应用，另一方面还要形成更多的相互关联的知识框架，从而逐步形成一个知识体系。有了知识体系，我们吸收信息、学习新知识的能力会上升到一个全新的高度。

2.2.3 信息差的思维模式

英国人类学家格雷戈里·贝特森曾说过：信息，就是会带来重要影响的一种差异。信息不但是差异，还是有价值的差异。

信息差是一种思维方式，也是一种方法论。可以利用信息差的思路建构个人的比较信息优势，创造信息价值，提升个人的竞争力。

通常可以通过从"新""深""跨"三个维度建构信息差，这三个维度也可以组合使用。新，是指率先获得最新的一手信息，可以是新趋势、新媒介、新工具、新方法、新渠道等。深，是指在某细分领域比别人知道得更全面深入而带来的信息差异。跨，可以是跨专业、跨学校、跨行业、跨地域、跨人群、跨维度等带来的信息差异。

信息差按认知的浅深可以分为三类：①消息类，知道不知道；②思维类，理解不理解；③行动类，行动或不行动，能否达到知行合一。

信息差都是从问题中发现，从实践中发现的，这需要在相关领域有长期的积累，还要不断主动寻求新的有价值的信息，不断调整、丰富大脑的思维模型，只有这样才能识别所感知到的信息中蕴含的机会。

> **课堂延伸**
>
> ### 如何分辨假新闻
>
> 考虑新闻来源。不仅要考虑新闻内容本身，还要调查其来源网站、发布机构的使命和联络信息。
>
> 读全。标题通常是获取点击量的重要方式，要看整个故事的内容是什么。
>
> 查询作者信息。快速检索作者信息，确认作者是否值得信赖、真实。
>
> 核实论据。点击文中的链接，确认链接中提供的信息能否支撑新闻中的观点。
>
> 核实日期。核实是否重复发布的旧新闻，以及与现在事件的关联。
>
> 如果新闻所提到的事件太异乎寻常，那可能是讽刺性的。需要研究发布的网站和作者来确认是否是一个玩笑。
>
> 核实自己对此新闻有无偏见。确认你现有的认知是否会影响你对此新闻的判断。
>
> 请教专家。咨询一位图书馆员，或者到专注于核实信息事务的网站核实。
>
> **思考题**：分享一个你最近遇到的假新闻，以及你是如何分辨出来的。

2.3 信 息 源

"信息源"一词是由英文"Information Source"一词翻译过来的。信息源一般指通过某种物质传出去的信息的发源地/来源地（包括信息资源生产地和发生地、源头、根据地）。联合国教科文组织（UNESCO）出版的《文献术语》将"信息源"定义为：个人为满足其信息需要而获得信息的来源。一切产生、生产、储存、加工、传播信息的源泉都可以看作是信息源。信息源内涵丰富：它不仅包括各种信息载体，也包括各种信息机构；不仅包括传统印刷型文献资料，也包括现代电子图书报纸、杂志；不仅包括各种信息储存和信息传递机构，也包括各种信息生产机构。

信息源及其识别

信息源的类型

（1）按信息的可保存性划分　信息源可分为正式记录的信息源和非正式记录的信息源。

1）正式记录的信息源。正式记录的信息源是指可以保存的、正式记录的信息源，如各种印刷品、缩微品、声像品、机读载体的文档、资料或出版物等。

2）非正式记录的信息源。非正式记录的信息源是指没有正式记录，无法保存的信息源，如会议、电话、口头交流等。

（2）按信息源产生的时间顺序划分　信息源可分为先导信息源、实时信息源和滞后信息源。

1）先导信息源。先导信息源是产生时间先于社会活动的信息源，如天气预报、科学展望、市场预测等。

2）实时信息源。实时信息源是指在社会活动过程中产生的信息源，如实验记录、产品、讲座或报告等。

3）滞后信息源。滞后信息源是指某一社会活动完成之后产生的反映这一活动的信息源，如报纸、杂志、会议论文等。

（3）按信息的存在形式划分　信息源可分为记录型信息源、实物型信息源和思维型信息源。

1）记录型信息源。按记录信息的方法分为手写品、雕刻品、印刷品、光学缩微品、磁录品等；按记录信息的形式分为文字型、声频型、视频型、代码型等；按载体材料分为纸质型、感光材料型、磁性材料型等；按记录信息的出版形式分为图书、期刊、报告、学位论文、会议记录、专利说明书、技术标准、产品样本等；按记录信息的内容分为科技、商业、管理等信息源。

2）实物型信息源。实物型信息源一般指的是以物质实体形式存在的信息源，如各种产品等。

3）思维型信息源。思维型信息源是存在于人脑之中的信息源，是人们对自然界和社会活动的分析、综合、推理等思维活动的结果，一般以口头形式表现。

（4）按信息的加工程度划分　信息源可分为零次文献、一次文献、二次文献和三次文献。

1）零次文献。零次文献是经过粗略加工但未系统组织的信息集合，具有客观性、零散性和表象性特点。零次文献包括原始调查材料、实验数据、观测记录等。

2）一次文献。一次文献是以零次文献与作者本人的生产、科研成果为依据创作的原始文献，其中有新知识成分或因素，扩充了人类的知识，所记录的知识比较具体、详尽，具有创造性、先进性、多样性等特点。一次文献包括专著、期刊论文、会议论文、学位论文、研究报告、技术标准、专利说明书等。

3）二次文献。二次文献是指文献工作者用一定的方法对大量分散的、无组织的一次文献进行加工整理，并按照一定的顺序加以编排，形成满足读者检索需求的一次文献线索的新的文献形式，有汇集性、工具性、简洁性等特点。二次文献包括目录、题录、文摘、索引、名录等。

4）三次文献。三次文献是对有关的一次和二次文献产品进行广泛深入的分析研究之后综合概括而成的文献资料，具有综合性、参考性和实用性等特点。三次文献包括述评、综述、百科全书、年鉴、数据手册等。

2.4　信息伦理与个人信息安全

随着5G、人工智能、大数据以及区块链技术的飞速发展，从智能可穿戴设备到智能电视、智能家居、智能汽车、医疗健康、智能玩具、机器人等智能设备的广泛落地应用，人们生活的方方面面都可以被记录、量化分析和预测。技术的快速发展深刻改变着社会生产、生活方式，也带来了新的伦理道德观念的冲突和信息安全问题。

2.4.1　信息伦理

1. 信息伦理的概念

伦理通常是指人伦道德之理，指人与人相处的各种道德准则。伦理被定义为规范人们生活的一整套规则和原理，包括风俗、习惯、道德规范等，简单地说就是指人们什么可做什么不可做、什么是对的什么是错的。伦理含义的范围非常广泛，伦理本身以人作为丈量的尺度，必然就没有一个绝对真理，并不是一成不变的，它是随着时代的变迁而不断变化的。

对于信息伦理的界定，学术界尚无定论。国内学者吕耀怀的定义比较有代表性，他认为："所谓信息伦理，是指涉及信息开发、信息传播、信息的管理和利用等方面的伦理要求、伦理准则、伦理规约，以及在此基础上形成的新型的伦理关系。"可见信息伦理是调整人们之间以及个人和社会之间信息关系的行为规范的总和。

信息伦理不是由国家强行制定和强行执行的，而是在信息活动中以善恶为标准，依靠人们的内心信念和特殊社会手段维系的。个体在参与信息活动的过程中，既有遵守信息领域相应法律法规的义务，也有遵守信息伦理的义务。

2. 常见的信息伦理失范现象

（1）信息侵权　信息侵权主要涉及个人隐私权和知识产权。信息技术使得人们的任何信息活动都可能被记录下来，个人隐私问题在信息社会显得尤其重要和突出。人们在使用网络过程中留下了很多个人数据痕迹，形成了个人的数字身份，它具有重要的商业价值。如果互联网企业收集用户隐私数据，就可以对用户进行细致划分，进行商业广告的精准推送。不法分子违规收集、窃取、贩卖网络个人数据信息等非法活动屡见不鲜。近年来比较猖狂的电信诈骗案就是不法分子通过网络窃取个人信息实施犯罪。

大学生信息伦理

知识产权是法律赋予公民的、保障智力成果的一种权利，包括著作权、专利权、商标权等主要组成部分。随着当今互联网传播越来越广泛，越来越深入，越来越多的知识产权产品被大量复制、传播，知识产权侵权问题也越来越严重。

（2）网络语言暴力　网络谴责和谩骂是网络语言暴力的主要形式。在匿名和虚拟的网络社会中，网民的言行往往过于随意、粗野。这种不负责任的谴责和谩骂往往突破了社会道德的底线，成为一种人身攻击。网络语言暴力涉及的范围非常广，大多数网络平台都容易成为一些网民发泄负面情绪的场所。这种不负责任的谴责和谩骂污染了网络社会环境。

（3）制造传播虚假信息　随着自媒体的普及应用，信息的发布、传播更为便利。有一些网民为了提高关注度或点击率炒作需要，捏造并发布一些虚假信息。这些虚假信息多围绕公众关注度高且敏感的社会热点话题，带来了比较坏的社会影响。

3. 信息伦理规范

2017 年 6 月 1 日实施的《中华人民共和国网络安全法》确立了对于个人信息"谁收集，谁负责"的基本原则。2021 年 1 月 1 日施行的《中华人民共和国民法典》有一章专门提到隐私权和个人信息保护，并对个人信息保护做出明确规定。在 2021 年 1 月 1 日施行的《中华人民共和国个人信息保护法》，明确了个人信息和敏感个人信息的处理规则，完善了个人信息保护投诉、举报工作机制，从严惩治违法行为，全方位保护信息安全。

国内当前已经出台的知识产权相关法律有《中华人民共和国著作权法》《中华人民共和国专利法》《中华人民共和国商标法》等。

国家的法律法规以及网络平台的规定、公约是我们互联网上信息生产、传播和使用的依据。

2.4.2　个人信息安全

个人信息安全

伴随着互联网及移动互联网的快速发展，大数据时代的到来，人们的生活正在被数字化、被记录、被跟踪、被传播。网上银行记录你的财产信息，网上商城记录你的消费习惯，微信微博记录你的社会关系与兴趣爱好，搜索引擎记录你的浏览行为，甚至过个马路，高清摄像头都能人脸识别找到你。大数据犹如一把双刃剑，它给予我们的社会价值是不可估量的，但同时对个人信息安全提出了挑战。在大数据时代，如果个人信息被滥用，则安全问题显得格外突出。

1. 个人信息安全及现状

《中华人民共和国个人信息保护法》对个人信息做了明确定义，即"以电子或其他方式记录的与已识别或者可识别的自然人有关的各种信息，不包括匿名化处理后的信息"。《中华人民共和国个人信息保护法》还界定了敏感个人信息的范畴，其中包括生物识别、宗教信仰、特定身份、医疗健康、金融账户、行踪轨迹等。个人信息的处理，则包括了收集、存储、使用、加工、传输、提供、公开、删除等。

据中国互联网络信息中心（CNNIC）第 49 次中国互联网络发展状况统计，截至 2021 年 6 月，38.6% 的网民表示过去半年在上网过程中遇到过网络安全问题，遭遇个人信息泄露的网民比例最高为 22.8%。

网络个人信息泄露具有普遍性。2022 年，江苏南通警方破获一起名为"'魅力冬奥'冬奥知识传播助力大使活动"的线上答题诈骗案。诈骗人以发放虚假冬奥大使荣誉证书、冬奥纪念礼品等为诱饵，并宣称所颁发的荣誉证书可作为大学生社会实践加分、评奖学金等依据，诱骗各大中专院校在校学生进入"竞赛平台"，填写姓名、手机号码、身份证号码、联系地址等个人信息，非法获取全国大中专院校在校学生的个人信息 350 万余条。

2. 个人信息保护

（1）增强自我信息保护意识　增强网民个人信息保护意识十分必要。个人应树立明确的隐私安全观，关注自己的信息安全，防范个人隐私泄露和信息欺诈。在处理个人隐私事务时，要明确信息使用、保密各方的权责归属问题。如果网民发现自身数据信息被泄露或者被非法窃取，可向公安部门和互联网管理部门等机构进行投诉举报，用法律手段保障自身的合法权益。

（2）增强个人信息防护措施　安全使用手机、计算机等电子设备。定期对手机和计算机等进行木马病毒的查杀；淘汰计算机、手机、U 盘等电子设备时，要进行防数据恢复操作，比如恢复出厂设置或格式化。

在社交工具、求职网站等上尽量不要填写太多的个人真实信息；谨慎对待自己社交媒体中的位置信息与照片信息，特别是智能手机拍摄的照片原图，有可能会记录下位置、时间等信息。

不随意扫描来源不明的二维码，不向陌生人透露验证码，不打开陌生短信链接，不访问危险网站，不下载危险 APP。

谨慎使用不需要密码的公共免费 WiFi、公用手机充电设备等公共设备；公用电子设备个人账户登录后要及时退出。

不要贪图线上线下一些小便宜，比如抽奖、免费派送小礼品的活动，它们通常需要填写一些个人信息，如姓名、住址、电话号码等或要求扫描二维码，这样极有可能造成你的个人信息泄露。

课程思政小课堂

小玉被电信诈骗案

2016 年，小玉以优异的成绩被南京某高校录取。随后她接到了一通陌生电话，对方声称有一笔 2600 元助学金要发放给她。在这个电话之前，小玉曾接到过教育部门发放助学金的通知，所以当时她并没有怀疑这个电话的真伪。

按照对方要求，小玉将准备交学费的 9900 元打入了骗子提供的账号……发现被骗后，小玉万分难过，当晚就和家人去派出所报了案。在回家的路上，小玉突然晕厥，不省人事，虽经医院全力抢救，但仍没能挽回她 18 岁的生命。

案件受到社会广泛关注，事后犯罪分子也受到了法律应有的严惩。犯罪分子是通过非法购买高考考生个人信息，冒充教育部门工作人员以发放助学金名义对高考录取生实施电话诈骗的。小玉被电信诈骗案造成了很大的社会影响，也推动了个人信息保护的法治进程。

思考题：生活中你自己或身边的人有没有过类似的被诈骗经历，这对你有什么启示？

思　考　题

1. 如果用食物来类比信息，你会如何像对待食物一样对待信息？

    2. 假如你穿越到唐代玄宗开元盛世时期，你与当时的人交流无碍，你会如何说服当时的人相信你来自未来？

    3. 假如你是一位即将毕业的研究生，请运用信息差的思维方式，谈三点与同专业的同学相比你的信息优势所在。

参 考 文 献

[1] 凯文·凯利. 科技想要什么 [M]. 北京：中信出版社，2011.

[2] 潘云鹤. 人工智能走向 2.0 [J]. Engineering，2016 (4)：51-61.

[3] 迈克尔 J. 马奎特. 创建学习型组织 5 要素 [M]. 邱昭良，译. 北京：机械工业出版社，2003.

[4] LIEW A. DIKIW：data, information, knowledge, intellignce, wisdom and their interrelationships [J]. Business Management Dynamics，2013，2 (10)：49-62.

[5] 郑也夫. 文字的起源 [J]. 北京社会科学，2014 (10)：4-34.

[6] International Federation of Library Associations and Institutions (IFLA). How To Spot Fake News [EB/OL]. [2022-01-12]. https://repository.ifla.org/handle/123456789/167.

[7] 吕耀怀. 信息伦理学 [M]. 长沙：中南大学出版社，2002.

[8] 刘科，刘志勇. 责任的落寞：大数据时代的信息伦理失范之痛 [J]. 山东科技大学学报（社会科学版），2017，19 (5)：19-25.

第 3 章
信息素养的基础之检索知识

现代信息技术的发展带来了海量的信息资源，各种文本、数据、图像、音视频资源给我们的生活带来丰富便捷之处的同时，也让我们应接不暇。很多时候我们面对某一信息需求无从下手，不知道从哪里能获得最直接最准确的信息。信息检索能力就显得尤为重要。信息检索的意义在于能够有效提高人们检索信息和利用信息的效率。

3.1 信息检索的基本知识

3.1.1 检索原理

信息检索的基本原理是指对大量、分散、无序的信息资源进行搜集、加工、组织、存储，形成各种检索系统，然后用特定的方法将检索词与检索系统中的信息特征进行匹配，最终提取出与检索系统相符合的信息的过程（见图3-1）。

文献信息检索原理

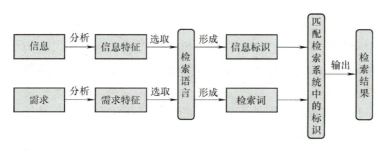

图 3-1 信息检索原理

从上面的定义我们可以看出，信息检索事实上包括两个过程：信息组织和信息检索。信息组织的过程是把信息存入信息系统，信息检索的过程则是把信息从信息系统中提取出来。信息组织是信息检索的基础。信息组织是以信息资源的一定单元为处理对象，对其内容特征（一般是信息的主题）或外部特征（如书名、著者、出版社等）加以记录和标引，然后将这些记录和标引以规定的方式输入系统中，形成信息系统的过程。

> **课堂延伸**
>
> **一本书的图书馆奇遇记**
>
> 喜欢在图书馆看书的大家有没有想过图书馆中一本本的书在到你手上之前都经历了什么呢?
>
> 图书馆按照采购计划购买的图书最先到达的是图书馆采访编目部门。在这个部门,图书馆员会对新鲜到货的图书进行查验,查验的目的是看到馆的图书是否与订购清单一致。查验结束后,就开始最重要的工作——编目。我国的中文图书编目是按照《中国文献编目规则》和《中国机读目录格式》(CNMARC)进行著录的。《中国文献编目规则》规定了图书著录的项目:题名项、责任者项、版本项、出版发行项、载体形态项、丛书项、附注项和标准书号及有关记载项。当然图书馆不必为每一本书亲自编目,一般可以到国家图书馆下载编目数据,然后对编目数据进行再加工,主要是根据本馆的排架情况重新编辑图书的索书号。以上过程就包括了上文信息组织中信息标引的内部特征和外部特征。编目过程中还会给图书贴上条码,有关一本书的信息及以后的借阅记录就都靠这个条码。最后再经过加盖馆章、贴防盗磁条等工作后就被运输到阅览室上架,图书的管理和借阅工作正式移交给图书馆流通借阅部门。

3.1.2 检索系统

检索系统,又称为检索工具,是为了满足特定的信息需求而建立的一整套信息的收集、整理、加工、存储和检索的完整系统。 可以说任何具有信息存储与信息检索功能的系统都可以称为信息检索系统。信息检索系统可以理解为一种可以向用户提供信息检索服务的系统。

检索系统的发展从无到有,经历了手工、自动化、计算机检索和计算机网络检索四个主要阶段。

手工检索系统的信息载体基本上是以纸质为主的,其系统本身是某类形式的印刷出版物,以手工查阅,从而得到所需的文献。与计算机检索系统相比,手工检索系统的检索入口少、检索速度慢、检索效率低。**不论是手工检索系统还是计算机检索系统,常见的都主要有四种类型:目录、题录、索引和文摘。** 目前主流的计算机网络检索还有很多全文型的检索系统。

1. 目录

目录又称为书目,是著录一批相关文献,并按照一定次序编排而成的一种揭示与报道文献的工具。目录通常以一个完整的出版或收藏单位为基本的著录对象。著录项目包括书名或刊名、作者、出版者、价格、页码等，揭示文献的外部特征，用以提供书刊的出版信息和收藏信息。

书目在我国历史悠久，"书目"二字语出《南史·张缵传》："缵固求不徙，欲遍观阁内书籍。尝执四部书目，曰：'若读此毕，可言优仕矣。'"西汉刘向、刘歆父子编纂的《七略》是我国第一部目录学著作。清代纪昀等编纂的《四库全书总目》是一部大型解题书目，是中国古典目录学方法的集大成者，也是现存最大的一部传统目录。

目录可以指导人们读书学习，指明哪些书需要先读，哪些书可以后读；它还能记录一个国家的全部图书，反映某个著名人物一生的著作，报道某一学科有什么书等。优秀的书目能反映某一时期某一学术领域的概貌，具有重要的参考价值。

> **课堂延伸**
>
> **呈缴本制度**
>
> 呈缴本制度是指根据国家和地方有关法律、法令，规定出版单位向指定的文献收藏机构缴送一定数量正式出版物的制度，以利于完整收藏本国或本地区出版物、保存文化遗产、编制国家书目、保护著作权益及出版物管理。其历史可追溯至16世纪法国瓦罗亚王朝国王法兰西斯一世亲笔签发的《蒙彼利埃敕令》。目前各国大多已建立呈缴本制度。中国近代呈缴本制度始于1906年清政府颁布的《大清印刷物专律》。1952年8月16日政务院公布的《管理书刊出版业、印刷业、发行业暂行条例》是新中国首个出版物呈缴法规。1955年4月25日，文化部又制定《中华人民共和国文化部关于征集图书、杂志样本办法》，确立了版本图书馆及中国国家图书馆（北京图书馆）获得图书和杂志的保存本的权利。1979年4月18日国家出版局又发出了《关于修订征集图书、杂志、报纸样本办法的通知》。20世纪80年代末，中国所有出版社、杂志社、报社都要向中华人民共和国新闻出版署、中国版本图书馆、北京图书馆（1998年更名为国家图书馆）缴送出版物样本。1991年新闻出版署颁布了《关于征集图书、杂志、报纸样本办法》的通知，规定音像制品也要向有关部门呈交。从1991年到现在，先后又有多个有关呈缴本制度的相关规定出台。我国现行的呈缴本制度主要是《出版管理条例》和新闻出版署制定的一系列规章制度。

2. 题录

题录是以单篇文献为基本著录单位，描述文献的外部特征，快速报道文献信息的检索工具。著录项目包括篇名、作者、出处等。题录与目录的主要区别在于著录的对象不同：目录著录的对象是一个完整的出版物，即一种或一册文献；题录著录的对象是整册书中的一个独立知识单元，即单篇文献。

3. 索引

索引是根据特定的需要，将特定范围内的某些文献中的有关知识单元或款目，如书报刊中的篇名、著者、地名、人名、字词句等，按照一定的方法编排，并指明出处，为用户提供文献线索的一种检索工具。索引不仅是一种独立的检索工具，还能作为其他检索工具的辅助部分，附在其他检索工具的后面，提供多种检索途径，使其检索功能得到增强。

文献索引按照所编排的知识单元的不同可以划分为多种类型。最常见的索引是篇名索引，它著录文献的篇名以及其他外部特征，并提供文献的线索。除了篇名索引外，还有主题索引、分子式索引、著者索引、专利索引等。

比较知名的索引工具有上海图书馆出版的《全国报刊索引》以及中国人民大学出版的《复印报刊资料》。

4. 文摘

文摘是以精练的语言把文献信息的主要内容、学术观点、数据及结构准确地摘录下来，并按一定的方式编排起来供用户使用的一种检索工具。文摘是二次信息的核心，是索引的延伸。文摘以单篇文献为报道单元，全面反映文献的外部特征和内容特征。根据对文献内容揭示的深度或报道的详细程度，文摘分为指示性文摘和报道性文摘。

比较知名的文摘型检索工具有美国的《化学文摘》和《生物学文摘》。其中，《化学文摘》是世界最大的化学文摘库之一，也是世界上应用最广泛、最为重要的化学、化工及相关学科的检索工具之一。

3.1.3 检索语言

检索语言是指根据信息检索的需要从自然语言中精选出来并加以规范的一套词汇符号，用以对文献和信息的内容特征和外部特征及其相互关系进行概括的标识体系，又称"检索标识系统"。检索语言包括词汇和语法两部分，词汇就是分类号、检索词、代码等，而语法就是确保正确标引和检索文献的一整套规则。检索语言是检索和标引之间的纽带，检索的过程实际上也是检索用语和标引用语匹配的过程，它可以保证检索结果和检索需求的一致。

检索语言可以分为描述文献外部特征的检索语言和描述文献内容特征的检索语言。描述文献外部特征的检索语言包括题名、著者、号码等，描述文献内容特征的检索语言主要包括分类检索语言和主题检索语言。检索语言的种类见表3-1。

表 3-1 检索语言的种类

描述文献外部特征	题名	书名、刊名、篇名等
	著者	著者、团体著者、译者、编者等
	号码	专利号、标准号、报告号等
描述文献内容特征	分类检索语言	中国图书馆分类法、国际专利分类法等
	主题检索语言	标题词语言、叙词语言、关键词语言、单元词语言

1. 分类检索语言

分类检索语言是一种按照学科范畴和体系来划分事物的检索语言，按事物所属的学科性质进行分类和排列，以阿拉伯数字或将拉丁字母和数字混合作为类目标识符号，以类目的从属关系来表达复杂概念及其在系统中的位置，同时还表示概念与概念之间关系的一种检索语言。分类检索语言的具体表现形式就是分类法，包括体系分类法、组配分类法和混合式分类法。

图书分类法是一种典型的分类检索语言。目前世界上流行的图书分类法有中国图书馆分类法、中国科学院图书馆图书分类法、美国国会图书馆分类法、杜威十进图书分类法和国际十进分类法等。我国绝大多数公共图书馆和高校图书馆采用的是中国图书馆分类法。中国科学院图书馆图书分类法主要被中国科学院系统图书馆采用。

中国图书馆分类法（原称中国图书馆图书分类法）是一种具有代表性的大型综合性图书分类法，是当今国内图书馆使用最广泛的分类法体系之一，简称中图法。中图法将知识门类分为5大部类，22个基本大类，见表3-2。

表 3-2 中图法的基本部类和基本大类

基本部类	标记符号	类目名称
马克思主义、列宁主义、毛泽东思想、邓小平理论	A	马克思主义、列宁主义、毛泽东思想、邓小平理论
哲学	B	哲学、宗教
社会科学	C	社会科学总论
	D	政治、法律
	E	军事
	F	经济
	G	文化、科学、教育、体育
	H	语言、文字
	I	文学
	J	艺术
	K	历史、地理

(续)

基本部类	标记符号	类目名称
自然科学	N	自然科学总论
	O	数理科学和化学
	P	天文学、地球科学
	Q	生物科学
	R	医药、卫生
	S	农业科学
	T	工业技术
	U	交通运输
	V	航空、航天
	X	环境科学、安全科学
综合性图书	Z	综合性图书

中图法的分类号采用字母与阿拉伯数字相结合的混合制号码。一个字母表示一个大类，为适应"工业技术"T大类文献分类的需要，对其二级类目采用双字母表示，以字母的顺序反映大类的系列。在字母后用数字表示大类下类目的划分。当数字超过三位时在第三位后加间隔符号"."。

下面以T大类下的类目示例中图法的类号和类目。

 T 工业技术
  TN 无线电电子学、电信技术
   TN8 无线电设备、电信设备
    TN87 终端设备
     TN876 控制和调整设备
      TN876.1 导频调整设备

2. 主题检索语言

主题检索语言是经过选择，将表达文献主题内容的词语作为概念标识，并将概念标识按字顺排列组织起来的一种检索语言。经过选择的、表达文献主题内容的词语叫作主题词，主题词表是主题检索语言的体现。

根据词语的选词原则、组配方式和词语规范，主题检索语言又可分为标题词语言、叙词语言、关键词语言和单元词语言。

标题词语言是指从自然语言中选取并经过规范化处理，表示事物概念的词、词组或短语。标题词语言是主题检索语言中最早使用的一类语言，只能选用"定型"标题词进行标引和检索，它反映文献主题概念会受到限制，目前已较少使用。

叙词语言是指以概念为基础、经过规范化处理的、具有组配功能并能显示词语间语义关系的动态性的词或词组。叙词语言综合了多种检索语言的原理和方法，适用于计算机和手工检索系统，发展较为成熟，是目前应用较广的一种检索语言。

关键词语言是指出现在文献标题、文摘、正文中，对表达文献主题概念具有实质意义的词语，对揭示和描述文献主题概念是重要的、关键性的词语。网络搜索引擎和数据库大多采用关键词语言组织信息资源。但关键词语言不是规范语言，有时会影响信息检索的检全率和检准率。

单元词语言是指能够用来描述信息主题的最小、最基本的词汇单位。经过规范化的能表达信息主题的单元词集合构成单元词语言。单元词语言多用于机械检索，适合用简单的标识和检索手段来标引信息。

3.1.4 检索字段

检索字段又称为检索路径、检索途径或检索点，它是反映文献内容特征（如篇名、关键词等）和外部特征（如作者、刊名、机构等）并作为检索入口的某个著录事项，是构成信息著录记录的最基本单位。3.1.1 小节在介绍"信息组织"概念的时候提到，对信息资源的特征进行揭示和著录后形成记录存入检索系统，其中有检索价值的著录事项会成为检索字段，如作者、篇名等，还有一些著录事项通常没有检索价值则不构成检索字段，如页码、价格等。

在检索系统中通过对检索字段的限制，可以控制检索结果的相关性，提高检索效能。中国知网检索字段及字段说明见表 3-3。

表 3-3　中国知网检索字段及字段说明

检索字段	字 段 说 明
主题	主题检索是在中国知网标引出来的主题字段中进行检索，该字段内容包含一篇文章的所有主题特征，同时在检索过程中嵌入了专业词典、主题词表、中英对照词典、停用词表等工具
关键词	关键词检索的范围包括文献原文给出的中、英文关键词，以及对文献进行分析计算后机器标引出的关键词，机器标引的关键词基于对全文内容的分析，结合专业词典，解决了文献作者给出的关键词不够全面、准确的问题
篇名	期刊、会议、学位论文、辑刊的篇名为文章的中、英文标题，如报纸文献的篇名包括引题、正标题、副标题，年鉴的篇名为条目题名，专利的篇名为专利名称
全文	全文检索指在文献的全部文字范围内进行检索，包括文献篇名、关键词、摘要、正文、参考文献等
作者	期刊、报纸、会议、学位论文、年鉴、辑刊的作者为文章中、英文作者，如专利的作者为发明人，标准的作者为起草人或主要起草人，成果的作者为成果完成人

(续)

检索字段	字段说明
作者单位	期刊、报纸、会议、辑刊的作者单位为原文给出的作者所在机构的名称,如学位论文的作者单位包括作者的学位授予单位及原文给出的作者任职单位,专利的作者单位为专利申请机构
基金	根据基金名称,可检索受到此基金资助的文献,支持基金检索的资源类型包括期刊、会议、学位论文、辑刊
摘要	期刊、会议、学位论文、专利、辑刊的摘要为原文的中、英文摘要,原文未明确给出摘要的,提取正文内容的一部分作为摘要,如标准的摘要为标准范围,成果的摘要为成果简介
参考文献	检索参考文献里含检索词的文献,支持参考文献检索的资源类型包括期刊、会议、学位论文、年鉴、辑刊
分类号	通过分类号检索,可以查找到同一类别的所有文献,期刊、报纸、会议、学位论文、年鉴、标准、成果、辑刊的分类号指中图分类号,专利的分类号指专利分类号
文献来源	文献来源指文献出处。期刊、辑刊、报纸、会议、年鉴的文献来源为文献所在的刊物,学位论文的文献来源为相应的学位授予单位,专利的文献来源为专利权利人/申请人

3.1.5 检索技术

检索技术是指根据信息需求,利用检索系统,为检索有关信息而采用的一系列技术的总称。在实际的检索过程中,面对一个复杂的检索课题,仅靠一个检索词难以达到理想的检索效果,需要用多种检索算符将检索词组配起来构成检索式。检索技术就是有关各种算符用法的技术。

文本信息检索技术

本书中所讲的检索技术主要是计算机检索技术,主要有布尔逻辑检索、截词检索、位置检索、限制检索和精确检索。

1. 布尔逻辑检索

布尔逻辑检索是指利用布尔逻辑运算符连接各个检索词,然后由计算机进行相应的逻辑运算,以找出所需信息的方法。布尔逻辑算符主要有三种:逻辑"与"(AND)、逻辑"或"(OR)、逻辑"非"(NOT)。

(1)逻辑"与" 逻辑"与"可以用符号"*"或者"AND"表示,表达两个或两个以上概念的交叉关系或限定关系,即检索结果中出现含有所有概念的结果才算命中信息。在检索中使用逻辑"与"可以缩小检索结果范围,提高检准率。

(2)逻辑"或" 逻辑"或"可以用符号"+"或者"OR"表示,表达两个或两个以上概念的并列关系,即检索结果中出现任意一个概念就算命中信息。在检索中使用逻辑"或"可以扩大检索结果范围,提高检全率。

(3) 逻辑"非"　逻辑"非"可以用符号"－"或者"NOT"表示,表达两个概念的排除关系,即检索结果中不出现含有某个概念的结果才算命中信息。在检索中使用逻辑"非"可以排除部分检索结果,缩小检索结果范围,提高检准率。

布尔逻辑的三种关系可以用数学中的集合概念表达,设 A 和 B 分别是两个不同检索词下的结果集合,那么逻辑"与"、逻辑"或"、逻辑"非"可以用图 3-2 表示。

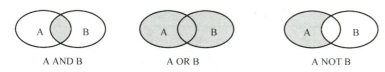

图 3-2　布尔逻辑示意图

2. 截词检索

截词检索是指在检索词的适当位置用截词符截断,用截断的词的局部来进行检索,凡是满足这个词局部中的所有字符(串)的结果都算命中信息。截词检索可以扩大检索结果范围,提高检全率。

截词检索包括有限截词检索和无限截词检索。有限截词检索通常用"?"代表一个字符,如检索词"wom?n"可以检出 woman、women 等。无限截词检索通常用"＊"代表多个字符,如检索词"physic＊"可以检出 physics、physician 等。

按照截断位置的不同,截词检索又分为前截断、中间截断、后截断、前后截断等。

(1) 前截断　前截断即后方一致,是指截词符出现在字符串的开头,如检索词"＊magnetic",可以检出 magnetic、electromagnetic、ferrimagnetic 等。

(2) 中间截断　中间截断即前后一致,指截词符出现在字符串的中间,如检索词"behavio＊r",可以检出 behavior、behaviour 等。

(3) 后截断　后截断即前方一致,是指截词符出现在字符串的末尾,如检索词"comput＊",可以检出 computer、computation、computing、computed 等。

(4) 前后截断　前后截断即中间一致,是指截词符出现在字符串的前部和后部,如检索词"＊comput＊",可以检出 supercomputer、minicomputer、microcomputer 等。

需要注意的是,从上文的定义和举例可以看出,并不是所有的检索系统都支持截词检索。截词检索技术主要适用于外文检索系统。不同的检索系统可能使用不同的截词符,在检索时要注意参考检索系统的使用帮助和指南。

3. 位置检索

位置检索也叫临近检索，是在检索词之间使用位置算符，来规定算符两边的检索词出现在检索结果中的位置。使用位置检索，不仅可以获得含有检索词的检索结果，而且还可以限定这些检索词的位置。位置检索是一种可以提高检准率的检索技术。

需要注意的是，不同的检索系统使用的位置算符不尽相同，在检索时要注意参考检索系统的使用帮助和指南。表 3-4 是中国知网的位置算符及其检索功能。

表 3-4　中国知网位置算符及功能

符号	功　　能
#	检索词 A # 检索词 B：表示包含检索词 A 和检索词 B，且检索词 A、检索词 B 在同一句中
%	检索词 A % 检索词 B：表示包含检索词 A 和检索词 B，且检索词 A 与检索词 B 在同一句中，且检索词 A 在检索词 B 前面
/NEAR N	检索词 A /NEAR N 检索词 B：表示包含检索词 A 和检索词 B，且检索词 A 与检索词 B 在同一句中，且两者相隔不超过 N 个字词
/PREV N	检索词 A /PREV N 检索词 B：表示包含检索词 A 和检索词 B，且检索词 A 与检索词 B 在同一句中，检索词 A 在检索词 B 前面且不超过 N 个字词
/AFT N	检索词 A /AFT N 检索词 B：表示包含检索词 A 和检索词 B，且检索词 A 与检索词 B 在同一句中，检索词 A 在检索词 B 后面且超过 N 个字词
$ N	检索词$ N：表示所查检索词最少出现 N 次
/SEN N	检索词 A /SEN N 检索词 B：表示包含检索词 A 和检索词 B，且检索词 A 与检索词 B 在同一段中，且这两个词所在句子的序号差不大于 N
/PRG N	检索词 A /PRG N 检索词 B：表示包含检索词 A 和检索词 B，且检索词 A 与检索词 B 相隔不超过 N 段

4. 限制检索

限制检索是通过限制检索范围来提高检索效率的方法。在实际的检索过程中，仅仅使用布尔逻辑检索或截词检索等技术，并不能完全满足检索需求，还需要通过其他限制条件来扩大或缩小检索范围，如限定检索字段、文献类型、时间范围等。

限制检索的方法主要有以下几种：

（1）限定检索字段　限定检索词出现在数据库的哪个字段范围内，比如使用"主题"字段有可能比使用"关键词"字段检索出来的结果要多。

（2）使用限制符　用表示文献类型、语种、出版者等的字段标识符来限制检索范围。

（3）使用范围符号　如 less than、greater than、from to 等。

很多网络检索系统可以直接选择各种限定条件，以中国知网的会议论文检索为例，如图 3-3 所示，可以对检索字段、时间范围、会议级别、报告级别、论文集类型、语种等条件进行限制。

图 3-3　中国知网会议论文检索限制条件

5. 精确检索

精确检索又称为精确匹配检索，是与"模糊检索"相对的一种检索方法，检索词和检索结果的某一字段字符和长度完全一致。当使用精确检索时，输入的检索词会被默认作为固定词组进行检索，而不会被拆分。使用精确检索可以提高检索结果的准确率，但是检全率会下降。

3.2　检索策略的制定

策略是为实现目标而采取的一系列方案的集合，包括原则、路线和方法等。检索策略，顾名思义就是指为实现检索目标而制订的计划或方案。检索策略是在实施具体检索步骤前的顶层设计，检索策略是否考虑周全，会影响文献检索的检全率和检准率。

检索策略具体应包含以下流程：分析课题、明确需求，选择检索工具，选择检索词，根据检索词之间的逻辑关系构造检索式，获取和评估检索结果。

信息检索的实施步骤

1. 分析课题、明确需求

分析课题是制定检索策略的第一步，也是在整个检索步骤中最重要的一步。要明确自己针对一个课题到底需要什么样的信息，这就需要我们明确课题的学科范围，确定需要检索的文献类型、语种类型、时间范围等内容。

（1）明确检索目的　常见的检索目的主要包括生活娱乐、学习工作和科学研究等。对于工作和生活类需求，如果没有特别严格的要求，利用网络信息检索的工具和方法已基本满足需求。科学研究这样的检索目的，需要我们思考并明确所需信息的用途，明确是为撰写论文、专著，是为申请专利、制定标准，还是为撰写决策咨询报告，或者是为技术预测提供背景资料等。只有确定了检索目的，才能为下一步选择检索工具做好准备。

（2）明确信息类型　明确需求信息的类型，是指明确所需的信息的文献类型是文本信息还是多媒体信息，是统计数据还是专题研究文献。此外信息类型还包括语种、数量、文献范围和年代等。信息类型越明确，最后检索所得的文献就越符合检索需求。

（3）明确主题内容　一般而言，从事某一课题检索的人员都是相关课题的研究者，对课题所涉及的专业知识、研究方法、仪器设备等有较深刻的认识，这样容易选取最切合课题的检索词，在构造检索式的时候可以把检索词尽量找全，从而提高检全率。如果是没有相关专业背景的人员为了解某一课题而进行检索，那可以通过咨询专业研究人员或者阅读入门文献来获取对课题主题内容的理解和把握。

2. 选择检索工具

分析课题、明确需求后，根据自己的检索目的，下一步就是选用合适的检索工具或者检索系统。检索工具就是用来揭示、存储和查找信息的工具。检索工具分为手工检索工具、光盘检索工具和计算机网络检索工具等。其中，前两种检索工具伴随着网络信息技术的发展已逐渐不再使用，目前信息检索主要利用计算机网络检索工具。

计算机网络检索工具又可分为搜索引擎、网络数据库以及其他新型网络检索工具，比如学科导航、信息共享空间以及创客空间等。

要选用适当的检索工具，需要了解检索工具的各种性能参数，主要包括以下几个方面：

（1）检索工具的内容类型　检索工具都有特定的内容类型。有些检索工具属于综合型的，收录的文献内容类型较为丰富，比如中国知网收录有期刊论文、学位论文、会议论文、专利、标准、科技成果、统计数据等资源，可以实现一站式检索众多文献类型。有些检索工具收录某种内容类型，比如网易云音乐可以检索音乐，哔哩哔哩网站可以检索视频，超星电子书数据库可以检索电子书等。有些检索工具属于全文型的，可以检索并获得全文，比如中国知网、万方、ScienceDirect 等。而有些检索工具是索引型的，只可以检索到题录信息，但是也提供文献来源线索，比如 SCI、EI、Scopus 等。在选择检索工具之前，要考虑这些检索工具收录的内容类型。

(2) 检索工具描述文献的质量　检索工具描述文献的质量包括对文献的表达程度、标引深度等，以及是否按照标准进行著录。一般应选择对文献标引程度高、揭示度好的检索工具。比如 SCI 数据库文章的标引质量好，很多研究人员可以直接下载文章数据进行文献计量化分析。

(3) 检索工具的检索功能　不同的检索工具在检索功能上存在一定差异，比如是否支持布尔逻辑检索、截词检索、位置检索、精确检索等检索技术。有些检索工具提供检索式可以供用户自行选择检索限制条件，而有些检索工具则需要用户自己编辑专业检索式。用户应该充分考虑检索工具的检索功能是否符合检索需求以及自己的检索能力和水平，来选择检索工具。

3. 选择检索词

选择检索词就是将课题中包含的各个概念转换成检索工具中的检索标识。检索词是影响检索效果的重要因素之一，选用的检索词是否能与检索工具中对文献的描述相匹配以及匹配度如何，直接关系到检索结果的准确性和全面性。检索词一般从文献的题名、层次标题、文摘或正文中选取而来，反映文献的主题概念。检索词是人机交互的关键、信息检索的灵魂。

(1) 选择检索词的原则　检索词要全面、准确地表达课题的主题内容，既不能过于宽泛也不能太狭窄，否则都会影响检索效果。检索词选用的优先级为规范词 > 规范化代码 > 自然语言。

(2) 选择检索词的步骤　选择检索词包括三个步骤：分析概念，扩充检索词，确定检索词。

1) 分析概念就是对课题中包含的概念进行切分、提取。切分就是要切分出课题里表达需求的最小单元，例如，对"5G 领域极化码的应用研究"进行切分后可以得到"5G｜领域｜极化码｜的｜应用｜研究"。提取就是要提取出具有实质检索意义、特异性和专指度高的概念词，例如对上述课题切分后可以提取出"5G"和"极化码"两个专指概念。

2) 扩充检索词就是对提取出的概念词找全相关检索词，如同义词、近义词、反义词、不同表达、上位词和下位词。只有尽可能地找全相关检索词，才能提高检索结果的检全率。例如：

① 同义词或近义词。如对比/比较、西红柿/番茄、绿地/草地/绿化/绿植。

② 反义词。如民主/专制、安全/风险。

③ 不同表达（全称、简称、缩写、代号、译名等）。如 5G/第五代移动通信技术、土豆/马铃薯、LED/发光二极管。

④ 上位词或下位词。如鸟/麻雀、信息/天气信息。

> **课堂延伸**
>
> **如何扩充相关检索词?**
>
> ● 主题词表：一些学术数据库有自己的主题词表，用户可以直接在词表中选取检索词进行检索。例如 EI 主题词表、EBSCO 主题词表、MeSH 医学主题词表等。
>
> ● 工具书：例如中国知网的百科全书、知网词典可以查找词语的同义词、近义词。
>
> ● 相关文献中的关键词：通过阅读相关主题的文献获取其他相关的检索词。
>
> 思考题：你还知道哪些扩充检索词的途径？

3）确定检索词就是在完成上述两个步骤后进一步分析需求，对检索词进行删除或组合。

4. 构造检索式

检索式是用来表达检索提问的一种逻辑运算式，又称为检索表达式或检索提问式。检索式由检索词和检索工具中的各种运算符组合而成，是检索策略的具体体现。构造检索式就是把已经确定的检索词和各种运算符连接起来放入合适的检索字段中，形成检索式。从定义中可以得出，检索式包含检索词、检索字段和检索字符三个部分。检索词和检索字段在前文中都分别介绍过，检索字符就是前文检索技术中的各种运算符。

常用的构造检索式的方法是积木法。积木法就是将检索课题中的多个概念词提取出来，对每一个概念词进行扩充。多个概念词之间用布尔逻辑"与"连接，表达完整的检索课题主题。概念词的扩充用布尔逻辑"或"连接，表示一个概念词的同义词、近义词或不同表达的集合。积木法的构造原理如图 3-4 所示。

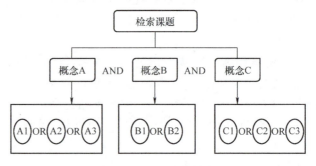

图 3-4 积木法构造检索式

以"绿化植物对城市雾霾的影响研究"课题为例，由积木法可以得到的概念词集合，如图 3-5 所示。

5. 获取和评估检索结果

检索式构造完成后，就可以在检索系统中正式开始检索。检

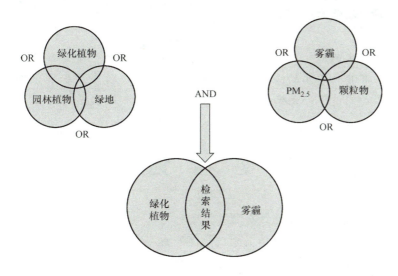

图 3-5 "绿化植物对城市雾霾的影响研究"概念词集合

索并不是一蹴而就的,第一次尝试的检索结果可能不尽如人意,需要对检索策略进行动态调整。

一般来说,初次检索得到检索结果后,可以大致浏览检索结果,包括检索结果的数量多少、检索结果的主题是否大致相符、检索结果的新颖性如何等方面。如果对检索结果不满意,可以通过以下途径调整检索策略。

(1) 重新选择检索系统 如果检索到的结果较少,应考虑所选的检索系统是否不合适,是否不够具有专门性。例如中国知网包括多种文献类型的数据库,有期刊论文数据库、学位论文数据库、专利数据库、标准数据库、年鉴数据库、统计数据库等。如果要检索上海市 2020 年常住人口的数量,直接到中国知网首页检索框检索,很可能得不到理想的检索结果,此时需要选择中国知网的统计数据库里的统计年鉴,这样就可以查到准确结果。如果想看北京冬奥会的精彩视频,就不应该到中国知网查找,而是应该到专业的视频网站上进行检索。

(2) 提高检全率 如果检索到的文献数量较少,应该进行扩检,提高检全率:选择检索词的上位词,尽可能找全同义词,尝试选择多种检索字段,使用截词检索技术。

(3) 提高检准率 如果检索到的文献数量较多,与检索主题无关的文献数量多,应该进行缩检,提高检准率:选择检索词的下位词,限制检索词出现的检索字段,使用布尔逻辑"NOT"排除部分检索结果,使用精确匹配检索。

> **课程思政小课堂**
> **从华为5G的一篇论文说起**
> 华为创始人任正非先生在接受访谈时提到，十几年前是土耳其科学家的一篇论文，奠基了华为5G技术的标准，让华为申请了一大批5G编码专利，使得5G时代提前到来。

思 考 题

1. 常见的检索系统有哪些类型？
2. 如果要到图书馆借阅《三体》这本书，要找标记哪个大类的书架呢？
3. 检索语言的主要类型有哪些？
4. 简述提高检全率和检准率的途径。

参 考 文 献

[1] 吴建华. 信息素养修炼教程 [M]. 北京：科学出版社，2020.
[2] 张景元. 信息存储与检索 [M]. 北京：高等教育出版社，2004.
[3] 蔡丽萍. 文献信息检索教程 [M]. 北京：北京邮电大学出版社，2017.
[4] 张俊慧. 信息检索教程 [M]. 北京：科学出版社，2010.
[5] 张俊慧，谭英，杨淑琼，等. 信息检索与利用 [M]. 北京：科学出版社，2015.
[6] 柯平. 信息检索与信息素养概论 [M]. 北京：高等教育出版社，2015.
[7] 张树忠，黄继东，苏秋侠，等. 信息检索与利用 [M]. 南京：东南大学出版社，2012.
[8] 刘芳，朱沙. 大学生信息素养与创新教育 [M]. 武汉：华中科技大学出版社，2017.
[9] 计斌. 信息检索与图书馆资源利用 [M]. 北京：人民邮电出版社，2013.
[10] 周玉陶. 人际网络环境下的信息检索 [M]. 南京：东南大学出版社，2014.
[11] 柴晓娟. 网络学术资源检索与利用 [M]. 南京：南京大学出版社，2009.

第 4 章
利用网络信息资源拓宽研究思路

随着互联网的迅速发展，网络检索信息资源已经成为便捷、高效地获取信息的途径。2021 年 8 月，中国互联网络信息中心发布的《中国互联网络发展状况统计报告》显示，截至 2021 年 6 月，我国网民规模达 10.11 亿，互联网普及率达 71.6%，形成了庞大、生机勃勃的数字社会。

4.1 网络信息资源

4.1.1 网络信息资源的概念和特点

网络信息资源是指以数字资源的形式，将文字、图像、声音、动画等多种形式的信息储存在光、磁等非印刷质的介质中，利用计算机通过网络进行发布、传递、储存的各类信息资源的总和。从用户角度来说，网络信息资源是指通过网络可以获取的各种数字化资源的总称。

与传统的信息资源相比，网络信息资源具有数量巨大、增长迅速、形式多样化、传播动态化、共享程度高等特点，但同时网络信息资源的质量参差不齐、结构复杂、缺乏质量管理，信息获取的难度增大，因此掌握网络信息资源的检索技巧十分必要。

4.1.2 网络信息资源的类型

网络信息资源的种类很多，按照不同的分类标准，可以将网络信息资源划分为不同的类型。

按照网络传输协议划分，网络信息资源可分为 WWW 信息资源、FTP 信息资源、P2P 信息资源、流媒体信息资源、Telnet 信息资源、邮件组信息资源、新闻组信息资源、Gopher 信息资源等。

按照信息加工程度划分，网络信息资源可分为：①一次网络信息资源，也称为原始网络资源，指的是没有经过加工处理的原始网络信息，如博客、个人空间、网络论坛、网络讨论组等实时产生的网络信息。②二次网络信息资源，是指对大量无序的一次网络信息资源进行收集整理、浓缩加工的基础上，按照一定的规则重新编排组织的网络信息资源，如学术数据库、电子图书、学科导航库等。③三次网络信息资源，是指对一次网络信息资源和二次网络信息资源进行系统分析、综合研究编辑加工而生成的网络信息资源，如百科全书、综述、专题报告等。

按照信息交流的方式划分，网络信息资源可分为：①正式出版信息资源，如电子期刊、电子报纸等。②半正式出版信息资源，如企业和商业信息、政府机构信息、学术团体信息等。③非正式出版信息资源，如微信、微博、论坛、博客等发布的信息。

按照获取权限划分，网络信息资源可分为：①完全公开的信息资源，所有用户均可使用这一类信息资源。②半公开的信息资源，用户在一定条件下可使用这一类信息资源，比如通过注册并缴纳一定的费用以后可获得相关资源。③机密信息资源，这一类信息资源只提供给具有一定权限的用户使用，例如各军事机构和跨国公司通过内部网络交流的信息。

> **课堂延伸**
>
> 思考题：网络信息资源的分类标准有很多，按照不同的分类标准可以把网络信息资源划分为不同的类型。结合你日常使用的网络信息资源，思考网络信息资源还可以怎么分类。

4.2 搜索引擎

4.2.1 搜索引擎的工作原理

搜索引擎的定义、原理和类型

搜索引擎是一种帮助互联网用户查询网络信息资源的工具，它以一定的规则在互联网上搜集、发现信息，对信息进行理解、提取、组织和处理，并为用户提供检索服务。

搜索引擎是一个由许多模块组成的复杂系统，主要包括机器人模块、索引模块、检索模块。搜索引擎的工作流程是先进行信息的搜集，然后对搜集到的信息进行分析理解、提取、组织和处理，并存入数据库中建立索引，最后由用户来对这些经过整理的数据进行查询操作。为了尽可能准确地检索出用户心仪的数据，除了这三个核心模块外，通常还需要一些辅助模块的支持，如去重、反垃圾、排序等。搜索引擎的工作原理如图 4-1 所示。

1. 机器人模块从互联网上抓取网页数据

机器人模块俗称网络蜘蛛（Web Spider），也称网络爬虫，是一个自动扫描搜集 Web 信息的系统程序。为了保证机器人抓取数

第 4 章　利用网络信息资源拓宽研究思路

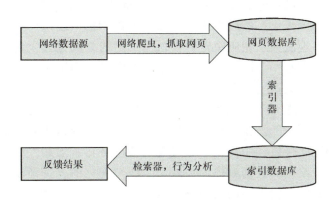

图 4-1　搜索引擎工作原理

据的效率，需要通过优化算法来实现高效的数据抓取。这个阶段的主要作用就是日夜不停地在互联网上漫游、搜集、发现数据，并将这些搜集到的原始数据存储起来，以便为后继的服务提供数据。机器人模块工作过程如下：机器人通过某一个指定的网页链接（通常为首页）进去，利用爬虫程序，读取首页内容，通过指定算法辨别内容里面的链接地址，加入扫描队列等待之后扫描；并将已经抓取的页面存储到数据库中，再通过 URL 地址继续抓取下一个页面；机器人不断重复这个过程，直至整个与之相关的网站和其包含的其他页面被全部抓取完成。机器人工作的时候，可以选择遵循广度优先、深度优先、高权重优先等策略来进行数据采集工作。使用较多的是广度优先和深度优先策略。广度优先是一种并行处理策略，它是指机器人首先抓取首页中所有链接，生成链接队列，然后选取其中一条链接并在该链接网页继续抓取，生成相应的链接队列，存入待抓取列表，如此循环。深度优先策略则是从首页开始，选取一个链接进行抓取，再从该链接中选取一个 URL 继续下去，一条线路跟踪完成之后，再转入下一个页面，重新选择循环进行。

2. 索引模块建立索引数据库

当机器人访问完网页并将其内容和地址存入网页数据库以后，就要对其建立索引了。提高搜索引擎检索效率的核心之一是对索引数据库的研发和优化。如果将机器人模块工作后得到的海量原始数据直接当作数据源开放给用户进行检索，会带来检索时间长、用户体验差的问题，甚至导致服务器负载故障、用户的流失，因此必须要对这些原始数据进行预处理操作，预处理过程主要包括四个方面：抽取关键词、网页去重、分析网站链接和计算网页信息权重。索引模块是通过索引系统对收集到的网页内容进行预处理操作的，包括提取出相应的网页信息，并排除 HTML、XML 等语言的标记符号等无效信息，包括文字、网页本身的地址、网页生成时间、网页中的锚链接、特殊文件的提取，以及去掉停止词、消除噪声等优化。然后将预处理后的关键词抽取出来，并记录每个词的出现次数及相应位置。再根据一定的算法进行大量的复杂计算，得到每一个网页文档相对于页面内容及超链接中每一个关键词的相关数据。最后，将这些数据存入索引数据库的对应表中。

3. 检索模块在索引数据库中搜索排序

检索模块的工作过程：首先，用户通过为查询服务提供的系统前端程序接口、用户接口分发至对应服务器；然后，后台程序分析用户给出的查询或提问方式，生成结构化的查询请求，在已经建立好的索引表下的相应主题或类别中，进行查询；最后，通过匹配算法，从网页索引数据库中获得与关键词相匹配的所有相关网页，进行排序，并为检索和排序完成的网页列表提供相应的链接地址和摘要描述，将查询结果有序地返回给用户。搜索引擎工作原理在很大程度上源于文件检索技术，网络资源庞大到远远超出我们所能想象与掌控的数量，没有搜索引擎，我们就不能有效地使用这些资源，互联网的价值也就大大降低。由于搜索引擎具有数据量大、更新速度快的特点，需要定期更新已经收集过的原数据，避免出现失效链接等情况。

4.2.2 搜索引擎的分类

搜索引擎按工作方式主要分为四种：全文搜索引擎、目录搜索引擎、元搜索引擎和垂直搜索引擎。此外，伴随着互联网的发展，各种新型的互联网产品应运而生，搜索引擎也出现了新的种类，如元宇宙搜索引擎等。

1. 全文搜索引擎

全文搜索引擎是目前主流的搜索引擎，具备通用搜索引擎的基本工作框架。它需要包括网页信息抓取、文本分析、建立索引数据库、建立检索器、提供用户接口等几个方面的功能，其核心为文本信息的索引和检索。全文搜索引擎通过从互联网上取得网站信息，扫描网页文档中的每一个词，建立对应的索引号，标注该词出现的次数和位置等属性，建立网页信息索引数据库。全文搜索引擎的检索过程类似于查字典的检索过程，从分词角度上可以分为按字检索和按词检索两种方式。按字检索针对的是文档中的每一个字，对每个字建立索引，用户检索时搜索引擎将输入的关键词分割为单独的字，在索引表中进行匹配。按词检索针对的是文档中的每一个词语，进而建立基于词的索引数据库，用户检索时搜索引擎将输入的关键词按照字典库进行单位分解操作，这中间包含的标点和空格符号将会被看作分隔符，帮助关键词分割。

2. 目录搜索引擎

互联网发展早期，以雅虎为代表的网站分类目录检索系统非常流行。目录搜索引擎是分类检索,主要通过搜集和整理互联网上的资源,根据搜索到的网页,将其分配到相关主题目录的不同层次的分类下,形成一个类似于图书馆馆藏文献目录一样的树形结构。目录搜索引擎主要是以人工的方式对互联网采集的数据进行整理分类,分别放入相应的目录下,严格意义上它不能算是真正意义上的搜索引擎。这种人工分类的方式是在用户提交网站后,由专门的编辑人员搜集网页信息,先是浏览被提交的网站链接,然后根据现有的规则或判定标准来决定是否将提交的网站编入数据库,最后人工分析和理解网站的主旨或涵盖的内容类别,将其链接和相关信息收入对应的类目中。用户可以不依赖关键词进行搜索,只需按照分类目录找到自己所需要的信息。一般来讲,智能搜索引擎的摘要或者描述信息都是从网页中自动提取出来的,而目录搜索引擎需要人为填写网站描述信息,并且,这些匹配数据不像全文搜索引擎一样一次搜索即得信息,它的类别是一层嵌套一层的,有些类目可能不易被找到,需要层层点进去发现所需的资源。虽然这种工作方式具有层次结构清晰、准确度高、出错率少的优点,但也会导致数据的收集有限、更新不及时和分类缓慢等缺点,不利于互联网信息的快速传递和用户体验。

如今,单纯的目录搜索引擎已经不多见,它大都和其他类型相结合,这种方式有着更好的用户体验。比较有代表性的目录搜索引擎有淘宝网、雅虎中国、搜狐网和网易新闻等。

3. 元搜索引擎

单一的搜索引擎在某种程度上已经不能满足我们的需求,元搜索引擎是为满足一些特殊搜索需求,如用户需要多次、从各类检索工具中查找准确信息的需求,为弥补单一搜索引擎的不足而出现的一种辅助型检索工具。按功能划分,搜索引擎分为独立搜索引擎(Independent Search Engine)和元搜索引擎(Meta Search Engine)。顾名思义,独立搜索引擎是指用户输入检索词汇后,系统程序只在自己的数据中进行搜索匹配,找到相关内容给出网页地址链接和网页摘要信息,整理好后返回给用户。每个独立搜索引擎都有自己独特的查询特色,前文中的全文搜索引擎和目录搜索引擎都属于独立搜索引擎。而元搜索引擎是将多个独立搜索引擎集合在一起,并且可以任意地将多个性能良好、覆盖面广、功能稳定的独立搜索引擎复杂地组合起来,通过一个统一的用户界面接口,获取用户输入的请求,将具体的检索信息传递给多个搜索引擎,在相对应的搜索引擎索引数据库中进行检索,并根据一定的规则进行相关度排序,将结果显示给用户。元搜索引擎一般没有自己特有的机器人模块和索引数据库,其搜索结果是通过调用并优化其他多个独立搜索引擎的检索结果,最后以一个整体统一的格式在其界面中全部显示出来的;元搜索引擎是对分布于网络的多种检索工具的全局控制。按照其多层接口代理的特点,元搜索引擎的工作结构分为查询请求提交、检索接口代理、结果显示三部分。元搜索引擎的实现虽相对简单,但它可以更全面综合地获取用户所需信息,搜索结果也更可靠,能够为用户提供更方便的互联网信息检索服务。其很明显的缺点是系统运行占用存储空间大,而且查询时间比较长,由于受独立搜索引擎的限制,会存在检索出错的情况。

4. 垂直搜索引擎

垂直搜索引擎,又称为专业搜索引擎或专题搜索引擎,是通用搜索引擎的细分和延伸。它针对某一特定领域、特定人群或特定需求来提供信息检索服务。垂直搜索引擎根据用户的特定搜索请求,通过对特定领域或行业的信息进行深度挖掘与分析整合、过滤筛选,以某种形式将结果返回给用户。垂直搜索引擎的应用方向很多,比如购物搜索、旅游搜索、音乐搜索、视频搜索、人才搜索、房产搜索、工作搜索、交友搜索等。

通用搜索引擎是垂直搜索引擎的基础,垂直搜索是以结构化数据为最小单元的。相对于通用搜索引擎,垂直搜索引擎具有硬件成本低、用户需求明确、查询方式多样的优点。垂直搜索引擎的特点如下:

(1)搜索精准 垂直搜索引擎一般都提供比较精确的检索服务,用户能得到更细致的结果。

(2)内容全面 垂直搜索引擎首先已经进行了内容筛选,或者有自己的本地数据库,在专业领域内更加全面、权威。

(3)功能强大 垂直搜索引擎针对专业领域的功能需求更加明确,考虑到的设计要素更加人性化。

5. 其他类别的搜索引擎

(1)知识型搜索引擎 它是搜索引擎发展到智能化阶段的产物,它注重建立完善的人机交互机制,比如问答、评价、交流等,提供更详细的整合信息,响应用户需求,帮助用户获取准确的知识。知识型搜索引擎的典型例子有雅虎知识堂、维基百科等。

(2)门户类搜索引擎 它是指向用户提供某些特定互联网信息的检索服务系统。一般情况下,这类网站有体育、经济、新闻、游戏、论坛之类,普遍大而全。门户类搜索引擎的信息检索限于自己网站内的信息检索。

(3)问答类搜索引擎 它是一种专注于问句式检索并提供答案的搜索引擎,国内的知乎、百度知道等都是这类搜索引擎。

(4)云平台搜索引擎 数据知识存储在云平台上,被索引的内容几乎都来自于用户的分享,例如百度网盘搜索、腾讯微云搜索等。

(5)元宇宙搜索引擎 在 Web3.0 时代,元宇宙概念横空而出。搜索引擎公司 Qury 正式发布基于元宇宙的搜索引擎产品——

曲率搜索，如图 4-2 所示。曲率搜索基于智能搜索与场景内容推荐双协同发展的技术优势，不仅能为用户提供跨元宇宙的非凡搜索体验，搜索到各个不同元宇宙中的建筑、资产、活动、人物等信息，还聚合了当下全互联网大量的元宇宙相关内容，如资讯、视频、游戏等。

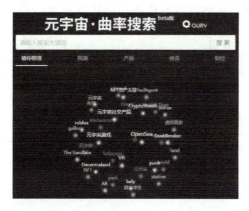

图 4-2　元宇宙搜索引擎——曲率搜索

> **课堂延伸**
>
> **除了百度，你还可以试试它们**
>
> 伴随着社交网络平台的蓬勃发展，移动搜索时代已经到来，微信、微博、知乎、抖音、小红书等社交平台，依靠其庞大的用户群贡献的内容，俨然成为"行走"的海量信息源。很多人日常搜索信息，已不再局限于使用百度等搜索引擎，社交平台也加入"搜索"大军。
>
> 以微信为例，2017 年，腾讯在微信客户端推出了微信搜索功能。随着微信端内容体系的逐步建立，用户通过微信搜索获取想要的信息和内容的频率越来越高。借助微信搜索，用户不仅能够找到朋友圈、文章、公众号、小说、音乐、表情等相关的内容，而且能够搜索到关键词相关的朋友圈热文，现在还可以搜索站外的新闻和资讯，甚至会出现站外链接，支持模糊搜索微信小程序。可以说，社交媒体平台的发展为我们的搜索行为带来了更多的选择。
>
> **思考题：** 自拟一个关键词，分别在微信和百度中进行检索，比较检索结果有什么不同。

4.2.3　搜索引擎的检索技巧

搜索引擎是日常检索互联网信息最频繁使用的检索工具之一，掌握一些常用的搜索引擎搜索技巧对提高检索效率和准确度有很大帮助。除了最常用的简单检索以外，很多搜索引擎还提供了高

利用搜索引擎提高效率——检索技巧

级检索功能，可以让我们的检索事半功倍。

1. 简单检索

搜索引擎多数都提供了简单搜索框，用户只需在搜索框内输入检索词，就可以得到检索结果。以百度为例，如图 4-3 所示，检索结果一般包含以下几个部分：检索结果的标题、检索结果的 URL、检索结果的摘要以及检索词的相关搜索。

图 4-3　百度的搜索结果页面

2. 高级检索

搜索引擎的高级检索功能一般通过高级检索界面以及高级检索语法实现。

（1）高级检索界面　大多数搜索引擎都提供了高级检索界面，用户可以输入更多的检索限定条件来提高检索结果的准确率。以百度为例，如图 4-4 所示，百度的高级检索页面提供有以下限定条件：检索词的布尔逻辑关系、网页时间、网页格式、关键词的位置以及指定要搜索的特定网站。

图 4-4　百度的高级检索页面

第 4 章　利用网络信息资源拓宽研究思路

（2）高级检索语法　常用的搜索引擎高级检索语法主要有以下几类。

1）将检索词限定在链接、网页主体和网页标题中。可以在搜索引擎中使用限定词"inurl"（供在 URL 链接中搜索使用）、"intext"（供在网页主体中搜索使用）以及"intitle"（供在网页标题中搜索使用）。

语法格式为：

inurl：检索词，intext：检索词，intitle：检索词

例如，在搜索引擎中输入"intitle：元宇宙"会得到所有和检索词"元宇宙"相关的网页标题。

2）限定文件类型检索。互联网中文件格式多种多样，如果想检索特定的文件类型，可以使用 filetype 语法，多数搜索引擎支持 doc、ppt、pdf、xls、rtf 等格式的文件检索。

语法格式为：

检索词 filetype：文件格式

例如，在搜索引擎中输入"信息素养 filetype：ppt"，就可以检索出所有"信息素养"相关的 ppt 文件，如图 4-5 所示。

图 4-5　限定文件类型搜索——filetype

3）限定站点检索。如果想把检索范围限制在某一网站或者某一类网站，可以通过 site 语法实现。

语法格式为：

检索词 site：站点地址

例如，如果要在上海第二工业大学经济与管理学院网站上查找与"课程思政"相关的信息，就可以在搜索引擎中输入"课程思政 site：jjglxy. sspu. edu. cn/"，检索结果如图 4-6 所示。

信息素养与检索实践

图 4-6　限定站点检索——site

filetype 语法和 site 语法也可以结合起来使用，这可以检索到某一站点中某一特定文件类型的信息。

4）搜索相关网站。如果想查询某一站点的相关网站，可以使用限定词 related。

语法格式为：

related：站点地址

例如，在搜索引擎中输入"related：github.com/"，就可以得到与 github 相关的网站反馈结果，一般这种相关网站指的是有共同外部链接的网站。

5）精确搜索。最简单有效的精确搜索方式是在检索词上加双引号，这样搜索引擎返回的结果是与检索词完全一致的检索结果。例如在搜索"green economy"的时候，在没有给检索词加上双引号的情况，搜索引擎会显示所有分别和"green"以及"economy"相关的信息，但在加上双引号后，搜索引擎则仅会在页面上返回和"green economy"完全一致的信息。

语法格式为："检索词"

6）排除某一关键词。如果在进行精确搜索时没有找到自己想要的结果，用户可以使用减号对包含特定词语的信息进行排除。

语法格式为：检索词 1　-检索词 2

在使用减号时，检索词 1 后面应该空一格再输入减号，否则减号会被识别为连字符。

7）布尔逻辑"与"。在搜索引擎中如果要检索多个检索词，即要求检索结果中同时出现这几个检索词，那么可以在检索词中间使用空格来实现。

语法格式为：检索词 1　检索词 2　检索词 3

例如，想在搜索引擎中查找高校图书馆信息素养方面的 ppt

文件，这个检索需求涉及两个检索词"高校图书馆"和"信息素养"，那么可以在搜索引擎中进行如下检索，如图4-7所示。

图 4-7　搜索引擎的布尔逻辑"与"

8）布尔逻辑"或"。如果要求检索结果至少出现给定的某一个检索词，那么可以在搜索引擎的检索词中间使用竖线"｜"连接。

语法格式为：检索词1 ｜ 检索词2

对于竖线与两个检索词之间要不要加空格，不同的搜索引擎有不同的规定。

例如，在搜索引擎中检索数字人文或人文计算方面的信息，可以进行如下检索，如图4-8所示。

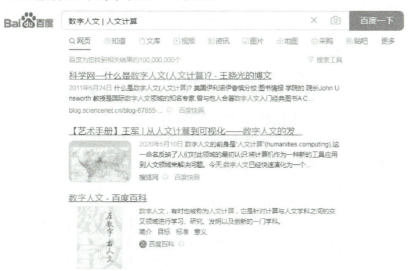

图 4-8　搜索引擎的布尔逻辑"或"

4.3 学术搜索引擎

4.3.1 学术搜索引擎的概念

学术搜索引擎

在20世纪90年代互联网应用初期,科研工作者们利用谷歌、百度等通用搜索引擎进行关键词搜索来获取知识和信息。这种搜索方式返回的结果虽然信息量大,但是存在查询结果不准确、采集深度不够、信息展示无序化等缺点。随着用户对某一特定领域、特定搜索信息需求的增加,垂直搜索引擎发展起来。

1. 什么是学术搜索

学术搜索是指专门为学者和科研人员服务,广泛搜索海量学术文献。这些学术文献涵盖各类学术期刊、会议论文、专利、标准等文献类型。简而言之,学术搜索就是将互联网中海量的、各种类型的学术资源进行收集整合后组成虚拟学术数据库,用户通过查询和检索行为可以获得与搜索主题相关的全球文献资源和学术科研信息。

学术搜索引擎的元数据可以是图书馆的馆藏文献资源,也可以是采购的商用数据库资源,在开放的互联网环境下还包括了与学术相关的文献、项目、专利、新闻等资源。在学术搜索系统中,这些元数据以学科、主题、作者、机构、基金等要素进行标引,构建出元数据仓储知识库,进而为用户提供各种学术文献资源的统一检索、资源揭示、资源调度与全文定位,让用户了解和掌握到某领域最重要的学术文献或研究动态。

按照学科的覆盖范围,学术搜索引擎分为综合性和专业性两类,前者面向各种学科类型的学术资源,后者则专门针对某类学科的学术资源。

2. 学术搜索与网页搜索的区别

学术搜索和网页搜索的主要区别在于前者是垂直搜索而后者是通用搜索。学术搜索引擎主要搜索各类学术资源,可以把网页搜索中大量无用的信息过滤掉。比如在学术搜索中搜索某位作者,得到的搜索结果都是这个作者发表的相关期刊论文、出版的著作、作者的h指数等与学术相关的信息,而通过网页搜索则可能更多得到的是此作者的相关新闻网页。

学术搜索用户感兴趣的内容多是"深度"的学术科研信息。通过学术搜索可以整合获得比普通网页搜索结果更多的有价值的内容。很多学术资源由于存储格式等问题很难被普通的搜索引擎搜索到,比如图书馆庞大的书目资源,而学术搜索引擎则可以获取这部分学术价值高但难以被搜索的资源。

3. 学术搜索引擎与学术数据库的区别

学术数据库是指在计算机可读介质上，使用一定方法将学术类信息组织起来的信息集合。其研究主要集中在检索方法、收录范围、检索结果分析比较等方面。

学术搜索引擎是指根据用户需求与一定算法，通过组织、管理和维护开放互联网中的学术信息，依托网络爬虫技术、检索排序技术等搜索引擎相关的多种技术，用户通过一个检索入口便能快速获取网络学术资源。其研究主要集中在检索功能、文献来源等方面。

从数据来源上看，学术搜索引擎的数据来源多于学术数据库，学术搜索引擎主要是作为第三方集成平台存在，提供来自多个学术数据库的网址链接而不提供文献全文；而学术数据库则是数据库商与出版社等进行合作，将出版社等出版的资源进行数字化并进行元数据标引，作为主要的数据来源。

4. 学术搜索的发展历程

学术搜索的发展与计算机和网络技术的发展密切相关。在 20 世纪 90 年代之前，文献资源主要以纸质为主，文献的检索也大多依赖手工编制的目录卡片，按照学科、年代等进行排序，供用户查询图书、期刊等资源；后来，随着个人计算机的出现，光盘型数据库取代了手工检索工具，在文献资源的组织和排序方面也有了更多的选择，用户可以按照主题、作者、刊名等路径查找文献资源；伴随着互联网的普及，一些机构逐渐建立了学术数据库，用户可以通过网络进行检索，这一阶段的代表技术是目录门户、自动聚类、内容分析以及数字图书馆技术，不同数据源开始利用自身数据及引文等资源优势，构建了各种评价指标模型，如 Web of Science 中的期刊影响因子、中国知网的作者 h 指数等，学术搜索的应用范围已经不局限于查找论文文献，而是已经扩大到可以有限范围地查找专家或评审、期刊或会议、研究前沿或热点等；随着互联网技术的迅速发展，互联网环境下的多源异构学术资源逐渐变得更加开放并且被集成，用户可以通过"一站式"检索，比如谷歌学术、百度学术等学术搜索引擎访问来自多个信息源的学术资源；人工智能技术的兴起和发展可以为用户提供更深层的文献服务，具体表现为人工智能技术与学术搜索引擎的结合，使得"智能化"学术搜索和评价文献价值与学者学术影响力成为可能，搜索引擎将更加"懂得"用户的学术需求，在这一阶段，用户可以在全球范围内更加快速、更加精准地找到某一领域的论文文献、专家或评审、期刊或会议以及研究前沿热点等，还可以通过学术搜索工具获得关于特定领域的文献、专家或期刊会议的智能推荐，甚至获知该领域技术趋势的预测，真正实现了智能化的学术搜索。

4.3.2 常用的学术搜索引擎

1. 谷歌学术（Google Scholar）

谷歌学术是谷歌公司于 2004 年 11 月发布的一个跨学科的免费学术搜索引擎。2012 年推出谷歌学术计量，用来评价各个领域期刊的影响力。谷歌学术计量系统主要包括 h 指数、h 核心（h-core）、h 中值（h-median）等。

谷歌学术是特别为学术检索而推出的搜索引擎，过滤掉了普通搜索结果中大量的无用信息，特点是用户能检索阅读的学术资料极其丰富，能提供引用信息，以及便于用户组合选择的结果排列方式等。搜索结果显示的是内容与搜索词存在相关性的文章，排名则与该文章引用增加的速度有关，并在检索结果中实现了对不同数据源中相同资源的不同版本的归并和显示功能，并提供详细显示这些版本的链接。

2. 百度学术

百度学术于 2014 年 6 月上线，是百度旗下的免费学术资源搜索平台，致力于将资源检索技术和大数据挖掘分析能力贡献于学术研究。百度学术收录了包括知网、维普、万方、Elsevier、Springer、Wiley、NCBI 等 120 多万个国内外学术站点，索引了超过 400 万学者专家主页，建设了包括学术期刊、会议论文、学位论文、专利、图书等类型在内的 6.8 亿多篇中外文文献信息资源。百度学术目前提供以下两大类服务：

（1）学术搜索　支持用户进行文献、期刊、学者三类内容的检索，并支持高校和科研机构图书馆定制版学术搜索。搜索结果列表中可呈现文献部分摘要。虽然大部分文献无法下载全文，但是提供了多个下载来源（包括免费来源）链接。用户可以通过选择所需下载来源来获得文献全文。

（2）学术服务　除了文献检索以外，百度学术还提供了学术分析、开题分析、论文查重、文献互助等增值服务，同时还可以检索订阅学术期刊，一站式了解期刊权威评价、投稿信息。

3. AMiner

AMiner 学术搜索是由清华大学计算机系教授唐杰率领团队研发的，于 2006 年正式上线。AMiner 平台以科研人员、科技文献、学术活动三大类数据为基础，构建三者之间的关联关系，深入分析挖掘，面向全球科研机构及相关工作人员，提供学者、论文文献等学术信息资源检索，以及面向科技文献、专利和科技新闻的语义搜索、语义分析、成果评价等知识服务。主要的检索及分析功能有专家学术画像、专家查询、会议分析、课程查询、学术排名等。

AMiner 最大的特点是除了能检索到论文之外，还能够基于话题模型抽取出最权威的领域专家和顶级会议，给出全面的专家学术画像，包括专家历年研究兴趣发展变化趋势、专家关系网络、学术活跃度及影响力评价等，分析当前技术热点及其从最早提出直至当今的相关技术发展变化等。

4. BASE

BASE 是德国比勒费尔德大学图书馆开发的一个多学科的学术搜索引擎，提供对全球异构学术资源的集成检索服务。BASE 提供英、德、法、中等 8 种语言检索，默认语言是德语。截至 2022 年 3 月，BASE 收录了来自 9500 多个信息源的 2.8 亿多篇学术文献资源。

BASE 的高级检索功能提供了多种检索字段，包括全文、题名、作者、ORCID iD、关键词组、DOI、URL、出版者等。文献类型的限定也非常精细，包括图书、期刊、专利、报纸、手稿、地图、音视频、软件、数据集、静态图像、动态图像、乐谱等。BASE 分别从作者、主题、来源、文档大小、出版日期、文档类型、语种、文件格式 8 个方面对检索结果进行分析，分别析取出检索结果中包含的知识元，以析出的知识元为依据对命中结果进行统计，将统计结果显示给用户。

5. Science. gov

Science. gov 是美国于 2002 年推出的科学信息门户网站，由美国能源部主办。该网站免费提供研究和开发的成果以及来自 13 个联邦机构的科学组织的科学和技术信息。Science. gov 旨在为科学家和工程师、图书馆和商业社区、学生、教师、企业家以及任何对科学感兴趣的人提供免费服务。用户无须注册即可使用。

Science. gov 的检索结果主要来自政府机构网站及相关的数据库。Science. gov 是由跨机构的 Science. gov 联盟管理的，该联盟包括来自以下联邦机构的科学和技术信息组织的代表：农业部、商务部、国防部、教育部、能源部、卫生与人类服务部、国土安全部、交通运输部、环保局、政府出版社、国家航空和航天局、国家科学基金会。

6. Semantic Scholar

微软联合创始人保罗·艾伦于 2014 年成立艾伦人工智能研究所（Allen Institute for Artificial Intelligence，AI2），致力于进行人工智能和计算机科学研究。2015 年 AI2 推出了一款基于人工智能的、全新的、免费的学术搜索引擎 Semantic Scholar。截至 2022 年 3 月，Semantic Scholar 已由最初只覆盖计算机科学、神经科学等几个领域扩展到所有学科领域的 2 亿多篇论文。

Semantic Scholar 从 PubMed、Nature、ArXiv 等专业期刊和 ScientificAmerican、WIRED、Discover 等专业媒体抓取文献和科学报道，并且使用人工智能技术分析作者、引用、主题、图形信息，服务于领先的科学研究。它利用机器学习技术从论文中抽取意义和识别联系,然后将这些见解呈现出来,帮助学者快速获得深入的理解;它还致力于使用人工智能算法发现研究主题之间隐藏的关联,以提供更具相关性和影响力的搜索结果。

以往用于搜索引擎的"人工智能"表现在基于网络蜘蛛的智能化信息抓取、基于语义技术的用户意图自动识别及个性化搜索等方面,而 Semantic Scholar 则基于深度学习,实现系统对论文内容的理解,更接近目前所实现的人机交互模式的人工智能,将更有利于帮助用户筛选有用信息,提高学术信息搜索和过滤的效率。

4.4 开放获取资源

开放获取资源

4.4.1 开放获取的起源与发展

开放获取(Open Access,OA)是一种在资源数字化和通信网络化环境下发展起来的全新的学术传播和出版机制。开放获取的核心理念:在尊重作者权益的前提下,学术成果可以通过互联网高效、快速地传播,而用户可以免费获取这些学术成果。

开放获取运动于 20 世纪 90 年代兴起,主要由学术界对传统的学术出版模式不满而引发。主要矛盾集中在:①日益增长的订阅费。以学术期刊为例,出版社将学术期刊数字化后打包销售给高校、科研机构等用户以及图书馆等信息服务机构。这些机构每年不得不投入大量经费用于购买这些期刊,还必须要接受每年一定的价格涨幅。②传统学术出版模式阻碍了学术成果的高效传播。传统学术出版模式下,学者的学术成果从诞生到发表出来被公众看到,通常需要经历一个漫长的过程,这降低了学术成果的传播效率。

> **课堂延伸**
>
> **知网,知否?**
>
> 2021 年 12 月,CNKI 中国知网被推上舆论的风口浪尖。起因是中南财经政法大学退休教授赵德馨从 2016 年开始就关注到自己的上百篇论文被中国知网擅自收录,而自己却毫不知情也未收到任何稿费,并且要花钱才能看到自己的论文。经过 5 年的维权之路,赵教授起诉中国知网以盈利为目的擅自收录自己论文一案胜诉,累计获赔 70 多万元。但没想到的是,赵教授赢了官司,也很快面临着学术霸权。在中国知网中检索,作者字段输入"赵德馨"、作者单位字段输入"中

南财经政法大学",检索期刊上赵德馨的论文,显示结果为"0"。由于舆论的压力,中国知网迅速发布了《关于"赵德馨教授起诉中国知网获赔"相关问题的说明》,诚恳地向赵教授道歉并表示会妥善处理赵教授的学术作品。

赵教授只是众多中国学者的一个缩影,有更多的学者也同样面临着与知网的"纠纷"。这个案例也凸显了传统出版模式下学者与出版商的爱恨情仇,不可否认的是知网对学术传播确实做出了很大贡献,但是在新环境下,如何尊重作者、尊重知识产权、尊重势不可挡的新的出版趋势,是值得思考的问题。

2001年12月,开放社会研究所(Open Society Institute,OSI)在匈牙利布达佩斯召开了一次主题为开放获取的学术研讨会,会上发布了"布达佩斯开放获取计划"(Budapest Open Access Initiative,BOAI),该计划提出要推动科技文献的开放获取,即用户通过互联网免费阅读、下载、复制和传播科技文献。2003年10月,德国马普学会发起第一届柏林会议,通过了《关于开放获取自然科学与人文科学资源的柏林宣言》(简称《柏林宣言》),该宣言指出"通过对文献'开放获取',旨在使其能在公共网络上被免费获取,允许任何使用者阅读、下载、复制、传播、打印、搜索或者链接这些文章的全文,为索引之目的摘录,将它们作为资料转到软件上或者将它们用于任何其他的合法目的。这种获取,除了接入网络本身以外,没有任何经济、法律或技术上的障碍。"《柏林宣言》将开放获取的主要对象从文本扩展到图像、数据、可执行代码、多媒体资源等,开放获取的迅速发展引起全球范围内的普遍关注。截至2022年3月,共有6355名个人和1297个组织签署了"布达佩斯开放获取计划",世界主要科技国家日益重视将科研成果作为全社会的公共创新资源,并已经全面实施公共自主项目科研论文及科研数据的开放获取。

1. 开放获取政策

2003年6月,美国国会通过了《公共获取科学法案》的立法提案,支持对公共资金资助的科学研究成果的开放获取。2013年2月,美国白宫科技政策办公室要求美国国内年度科研与发展经费1亿美元以上的各个联邦机构都要制定相关政策,以支持提高联邦政府资助的研究成果的公开获取。美国相关政府还推出开放数据项目,将政府的数据开放给公众利用,促使数据产生新的活力。

英国研究理事会于2005年颁发开放获取政策,此后该政策经过了多次修订。2013年,英国研究理事会召开会议制定新的开放获取政策及指南,规定自2013年4月1日起投稿的受项目资助论文,必须或者以开放出版方式发表,或者将经同行评议的最终稿存储到知识库中并在 6 个月内（人文艺术和经济社会论文在 12 个月内）开放共享。该政策还规定用于开放获取的经费将会直接发放给研究机构。

德国于 2013 年通过新著作权法，规定所有公共资助费用占比超过 50% 的科研项目的科研论文，即使作者已授予出版者独有的使用权，作者也有权在论文发表 12 个月后将最终录用稿提供给公众使用，任何不利于此项规定的协议应视为无效。德国科学基金会持续资助研究人员在开放出版期刊发表论文。2016 年 9 月 20 日，德国联邦教育及研究部宣布全面实施开放获取战略，宣称将借助国家力量支持高校和科研机构创新文章发表模式，支持其建立和拓展开放获取能力。

哈佛大学、斯坦福大学、普林斯顿大学、加利福尼亚大学、麻省理工学院、杜伦大学、华威大学、约克大学等高校都发布了自己的开放获取政策，主要针对本校教职工和学生的学术成果，要求其必须将发表的论文存储到学校的机构知识库中开放获取。

在我国，以中国科学院和国家自然科学基金委员会为主的科研机构积极推动开放获取运动在我国的发展。2013 年，两所机构共同签署了由全球研究理事会（GRC）提出的"开放获取行动计划"。国家自然基金委员会和中国科学院于 2014 年 5 月 15 日分别发布《关于受资助科研论文实行开放获取的政策声明》和《关于公共资助科研项目发表的论文实行开放获取的政策声明》。两份声明均要求受资助或承担资助项目产生的已发表的科研论文通过机构知识库开放存储，并且不晚于发表后 12 个月内公开发布。

2. 开放获取实现途径与发展现状

目前开放获取最为主要的实现途径是开放获取期刊和开放获取知识库两种。通过在开放期刊上发表论文，或者通过传统期刊提供的开放获取出版方式发表论文，称为金色 OA；作者将自己的论文存储在知识库中称为绿色 OA。在开放获取期刊方面，据全球权威的开放获取期刊目录系统——开放获取期刊目录（DOAJ）统计，截至 2022 年 3 月，该网站共收录来自 130 个国家 17506 种开放获取期刊；在开放获取知识库方面，据开放获取知识库目录（OpenDOAR）统计，截至 2022 年 3 月，共有 5832 家知识库在该系统中登记。

> **课堂延伸**
>
> **黑色 OA**
>
> 《学术出版》（*Learning Publishing*）杂志于 2017 年 2 月 7 日在线发表了芬兰汉肯经济学院信息系统科学专业教授 Bo-Christer Björk 的文章《金色、绿色和黑色 OA》（Gold, green, and black open access）。该文章指出除了金色 OA 和绿色 OA 外，

近些年在学术界、出版界还出现了一种非法的开放获取方式——黑色OA。黑色OA指的是从学术社交网站（比如ResearchGate、Mendeley、Academia.edu等）或非法提供论文全文的网站上获取论文全文，而不需要支付任何费用。黑色OA在最近几年发展迅速，其中一个重要原因是作者发现通过学术社交网站提交论文的全文是非常便捷的，不需要像存储在知识库中那样烦琐的操作，读者也觉得通过学术社交网站获得全文跟在绿色OA中获取全文一样方便。而非法提供论文全文的网站的做法就更"粗暴"了，这些网站未经作者和出版商的许可就下载并存储学术论文，然后用户可以通过论文DOI等途径免费获取文献，当然这些不能在搜索引擎中直接检索到，需要到这些专门的网站中下载。

该文章的结论：总体而言，科研论文发表一年后，约有25%可从金色OA渠道获取，15%~20%可从合法的绿色OA渠道获取，剩下的超过50%的论文，多数可从非法的黑色OA渠道找到。黑色OA的出现或许暴露了当前开放获取出版模式的某些不足，但显然黑色OA也不是理想的解决问题的方法。该文章的作者认为可以通过某些机制实现100%金色OA，那么黑色OA则会失去市场。开放获取的未来发展任重道远。

3. 开放获取的进一步衍生——开放数据

在大数据背景下，开放已经成为一种全球共识，科学数据的开放已成为全球学术界关注的一大热点。开放数据不仅包含"数据"的开放，还应该包含"过程"的开放，即数据的来源、获取、处理等一系列数据操作方式的公开与透明。

科研数据的开放、共享与发展，近年来逐渐得到各个国家及国际组织的重视。2006年经济合作与发展组织（OECD）发布的《公共资金资助的研究数据获取原则与指南》中，提出将"促进科研人员之间的数据访问和共享"作为宗旨。英国政府自2009年起便推动政府数据开放计划，与民生相关的数据可以被公民免费利用。英国皇家学会在2012年发布的《科学是开放事业》报告中指出"科学家们应该在合适的数据知识库里存储数据以便让人使用和验证数据"。欧盟于2013年发布的《关于获取和保存科学信息的建议》中提出公共资金资助的科研项目数据要实现公共获取和利用。美国政府要求无论是全部或者部分受到联邦资助的科研项目，其所产生的数字形式的科研数据都应该存储起来，并且提供搜寻、检索和使用等的公共访问获取。

2015年8月31日，我国国务院发布了《促进大数据发展行动纲要》（国发［2015］50号），首次在国家层面推出了"公共数据资源开放"的概念，将政府数据开放列为我国大数据发展的关键工程之一。2018 年 1 月 5 日，中央网信办、发展改革委、工业和信息化部联合印发的《公共信息资源开放试点工作方案》，明确提出要在 2018 年内完成开放数据建设 6 个方面的试点，探索形成可复制的经验，在全国范围加以推广。2021 年发布的《"十四五"推进国家政务信息化规划》中提出，要优化完善数据共享和开放机制。截至 2021 年，全国共计 193 个政府数据开放平台已上线。开放数据在国内的理论和实践研究愈发受到重视。

4.4.2 开放获取机构知识库及联盟

机构知识库集成服务系统及联盟的特点是通过汇集多个机构知识库的各类型知识产出，构建统一的检索应用平台，向用户提供一站式的知识服务，实现知识资源的集中呈现和统一服务，实现更大范围的知识产出保存和共享，促进单个机构知识库的发展和开放获取，提升开放获取和机构知识库在学术界的影响力。本节选取国内外集成数量较多、影响力较大的机构知识库集成服务系统及联盟进行介绍，以期提供更多更全面的开放获取资源的获取途径。

1. 开放获取知识库目录

开放获取知识库目录（OpenDOAR）是关于开放获取知识库的权威目录，由英国诺丁汉大学（University of Nottingham，UoN）和隆德大学（Lund University）于 2005 年共同创办，2006 年 1 月登录互联网并提供服务。

OpenDOAR 中收录的 OA 资源类型包含期刊论文、学位论文、图书章节、研究数据等。它支持按国家和地区、首字母、软件平台分类浏览，检索条件包括知识库名称、机构名称、知识库类型、软件类型、文献类型、主题、国家和地区等（见图 4-9）。除此之外，它还提供统计功能，支持按国家和地区、语种、软件平台、主题、增长趋势统计。

2. 开放获取注册表

开放获取注册表（Registry of Open Access Repositories，ROAR）由南安普顿大学的 EPrints 于 2003 年创建。ROAR 中收录的资源内容类型包含期刊论文、研究数据等，支持按国家和地区、登记年份、知识库类型、软件平台检索，检索条件包括 ROAR ID、知识库网址、OAI 地址、名称、描述、知识库类型、登记时间、国家和地区、软件平台、主题等（见图 4-10）。除此之外，它还支持 Atom XML、Endnote、JSON、OpenDOAR 等多种形式的导入，以及 RDF + XML、DC 等多种格式的导出。

3. 欧盟学术资源开放获取平台

欧盟学术资源开放获取平台（Open Access Infrastructure for Research in Europe，OpenAIRE）是由欧盟第 7 框架计划（Seventh

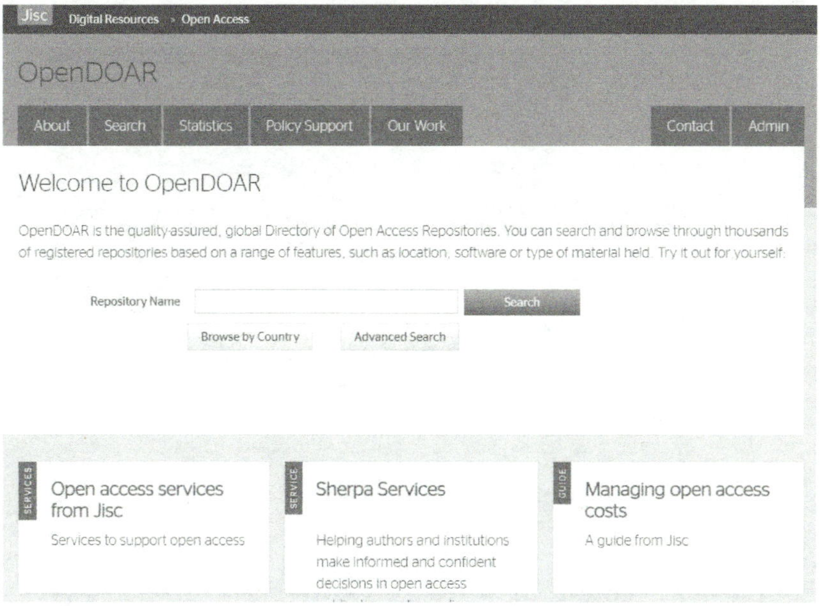

第 4 章 利用网络信息资源拓宽研究思路

图 4-9 开放获取知识库目录（OpenDOAR）

图 4-10 开放获取注册表（ROAR）

Framework Programme，FP7）和欧洲研究委员会资助的研究数据基础架构。OpenAIRE（见图 4-11）支持按知识库类型和兼容程度筛选，可检索的字段包括知识库名称、国家和地区、机构、语种、兼容准则等。除此之外，它还会对集成后的数据进行清洗转换、丰富数据内容、关联组织，提供访问统计等增值服务。

4. 中国开放科研知识云

中国开放科研知识云（Chinese Open Research Cloud，CORC）是连接和集成我国主要科研机构知识库的云服务平台，是中国开放科研的知识门户，由中国科学院兰州文献情报中心开发完成，提供机构知识库的登记和收集，如图 4-12 所示。CORC 收录的资源内容包含期刊论文、演示报告、学位论文、研究报告等，支持按题名、作者、关键词联合检索。除此之外，CORC 还提供机构库托管服务、知识图谱统计等功能。

图 4-11　欧盟学术资源开放获取平台（OpenAIRE）

图 4-12　中国开放科研知识云（CORC）

5. 中国高校机构知识库联盟

中国高校机构知识库联盟是中国高等教育文献保障系统（CALIS）组织部分高校图书馆共同发起，于 2016 年 9 月正式成立的，目前已有约 50 家会员机构，涵盖全国各大高校的机构库资源并实现一站式检索，如图 4-13 所示。它支持按标题、作者、关键词、摘要联合检索，同时也可对检索结果按照发表期刊、发表日期进行筛选。

6. 中国科学院机构知识库网格

中国科学院机构知识库网格（见图 4-14）是基于中国科学院各研究所机构知识库构建而成的中国科学院知识产出集成服务平台，由中国科学院兰州文献情报中心开发完成。其资源类型包括期刊论文、会议论文、学位论文、专著、文集、研究报告、演示报告、成果、专利、科普文章、预印本、年报等。

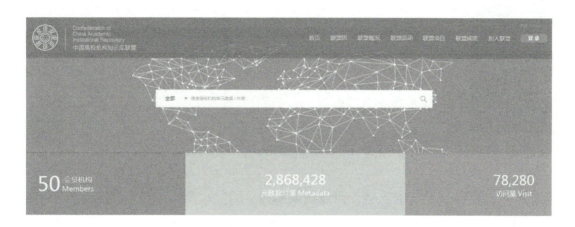

图 4-13　中国高校机构知识库联盟

它支持一站式检索功能，同时也支持按机构、内容类型、发表日期、学科主题对检索结果进行筛选。与此同时，中国科学院机构知识库网格还为每个学者建立了学者主页，收录该学者的所有类型研究成果。

图 4-14　中国科学院机构知识库网格

同时，我国台湾地区设有台湾学术机构典藏（Taiwan Academic Institutional Repository，TAIR），它是由台湾大学图书馆牵头建立，以联盟形式或跨机构典藏系统检索方式整合台湾地区学术资源，建成台湾地区机构知识库联盟，如图 4-15 所示。台湾学术机构典藏收录的资源内容包含期刊论文、未出版研究或工作报告、会议论文、多媒体等内容，支持按作者、题名、主题、摘要、语言一站式检索学术资源。除此之外，台湾学术机构典藏还提供统计功能，实时统计各机构库收录的全文数量、总资源数量、访问情况等。

图 4-15　台湾学术机构典藏（TAIR）

4.4.3　开放获取期刊

开放获取期刊是指人们自由免费获取学术资源的一种新的学术传播方式，在这种方式下，用户可以通过网络不受任何限制地获取、利用学术资源。开放获取期刊与传统期刊在版权、使用权、出版模式以及传播方式和速度方面均存在区别。

本小节选取国内外综合性、集成性、认可度都较高，并且有质量保障的开放获取期刊目录系统进行介绍，以期提供更多元的开放获取期刊的途径。

1. DOAJ

DOAJ（Directory of Open Access Journals）是国际知名且具有代表性的开放获取期刊集成平台（见图 4-16），由隆德大学图书馆于 2003 年创建。DOAJ 收录的均为学术性、研究性的同行评审期刊，具有免费、全文、高质量的特点。DOAJ 支持按学科浏览期刊，以及按刊名或论文题名检索。除此之外，DOAJ 还提供期刊认证功能即 DOAJ Seal 标识，期刊获得 DOAJ Seal 认可标识需要达到七个条件，该标识仅颁给那些遵循最佳行为准则和较高出版标准的 OA 期刊，以证明该刊开放获取程度较高。

图 4-16　DOAJ

2. 开放科学目录

开放科学目录（Open Science Directory，OSD）是一个大型的 OA 期刊集成平台，由出版商 EBSCO 和哈塞尔特大学图书馆联合开发，收录期刊涵盖了著名 OA 期刊目录如 DOAJ、HighWire Press、BioMed Central、PubMed Central 等，OAJ 支持按照刊名或者学科浏览 OA 期刊，或按刊名检索，如图 4-17 所示。

图 4-17　开放科学目录（OAJ）

3. 科学在线图书馆

科学在线图书馆（Scientific Electronic Library Online，SciELO）于 1997 年创立于巴西，创建的初衷是满足发展中国家的学术传播需求，目前已覆盖南美洲大多数国家的馆藏，西班牙、葡萄牙等国也相继加入 SciELO。SciELO 支持按刊名、出版年、作者、文章标题、摘要检索，与此同时，读者也可按学科浏览 OA 期刊列表，如图 4-18 所示。除了学术期刊之外，SciELO 平台还提供社论、书评、案例报告等内容。

4. GoOA

GoOA 是中国科学院文献情报中心建设的开放获取论文一站式发现平台，于 2015 年上线，旨在进行开放获取期刊的发现、遴选、评价、保存、再利用建设与服务。GoOA 支持按照论文题名、作者、关键词等字段检索期刊论文，与此同时，也支持按照期刊题名、学科分类、出版者等浏览 OA 期刊，如图 4-19 所示。除此之外，GoOA 还支持按照期刊名称或者研究方向提供投稿指南。

图 4-18　科学在线图书馆（SciELO）

图 4-19　GoOA

4.4.4　开放科研数据集成系统

1. 国家数据中心

（1）澳大利亚数据档案　澳大利亚数据档案（The Australian Data Archive，ADA）为收集和保存数字研究数据提供国家服务，并使这些数据可供学术研究人员和其他用户进行二次分析，如图 4-20 所示。数据存储在 7 个子档案中：社会科学、历史、本土、纵向对比、定性分析、犯罪与正义、国际形势分析。除了存储澳大利亚的数据外，ADA 也是澳大利亚研究人员在其他地区，尤其是整个亚太地区的研究储存库，包括新西兰、孟加拉国、柬埔寨、中国、印度尼西亚等地区。

ADA 支持在数据空间、数据集和文件层面检索元数据，其中部分数据需要注册并登录后才能申请使用。除此之外，ADA 还提供数据提交功能，用户可在该平台根据要求提交研究数据。

第 4 章　利用网络信息资源拓宽研究思路

图 4-20　澳大利亚数据档案（ADA）

（2）英国数据服务　英国数据服务（UK Data Service）由英国经济及社会研究理事会资助，帮助研究人员、教师和决策者使用高质量的社会和经济数据进行研究与决策，如图 4-21 所示。同时，通过它可访问包括政府大调查、国际宏观数据、商业微数据、定性研究数据、1971 年到 2011 年的人口普查数据等。

英国数据服务支持按照数据集名称和描述检索数据，其中部分数据需要注册并登录后才能申请使用。除此之外，它还提供详细的数据上传、使用、管理培训。

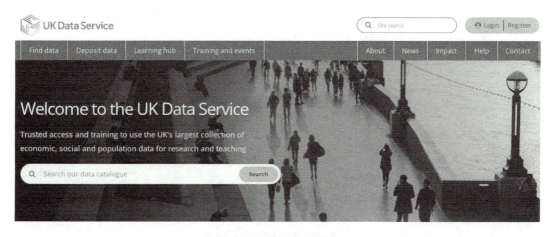

图 4-21　英国数据服务

2. 学科领域数据平台

（1）美国校际社会科学数据共享联盟　美国校际社会科学数据共享联盟（Inter – University Consortium for Political and Social Research，ICPSR）于 1962 年成立于美国密歇根大学安娜堡分校，以大量收集系统化的社会科学数据著称，是世界上最大的社会科学数据中心之一，如图 4-22 所示。ICPSR 目前拥有 780 多个成员机构，包括大学和研究中心。ICPSR 存储了约 15421 个研究项目的数据，涉及 16 个领域，如教育、老龄化、刑事司法、恐怖主义等。

ICPSR 支持检索数据集、出版物、变量等信息，除此之外，它还提供数据查找在线标准化练习和工具，帮助教师利用 ICPSR 里的数据建立数据驱动的学习体验。

图 4-22　美国校际社会科学数据共享联盟（ICPSR）

（2）Dryad 数据库　Dryad 数据库由美国国家科学基金会于 2008 年建立。该数据库主要存储医学、生物学、生态学领域的研究数据。与 Dryad 数据库合作的期刊超过 36000 种，数据集超过 30000 个。

Dryad 支持按地域、学科、期刊名、机构检索和浏览数据集，与此同时，它还提供数据注册和上传服务，使用者可根据网站要求上传自有数据，如图 4-23 所示。

图 4-23　Dryad 数据库

(3) Harvard Dataverse　Harvard Dataverse 是由美国哈佛大学定量社会科学研究中心（IQSS）和哈佛大学图书馆合作创立的社会科学数据库，如图 4-24 所示。Harvard Dataverse 提供了范围广泛的多学科数据库，例如社会科学、人文学科、地球与环境科学、医学等。

Harvard Dataverse 网站采用三层架构，第一层是数据空间（即 Dataverse），每个数据空间下面包含多个数据集，每个数据集里又包含多个文件。用户可按学科数据空间、数据集、数据文件浏览和检索所有数据。

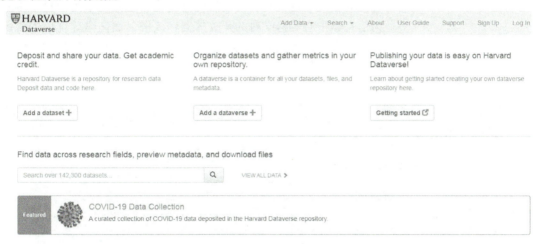

图 4-24　Harvard Dataverse

(4) 中国科学院科学数据中心体系　中国科学院科学数据中心体系是由中国科学院计算机网络信息中心开发的数据门户，主要实现科学数据相关各类资源的统一发现与服务，如图 4-25 所示。在该平台上可检索和获取的文献类型有数据集、数据工具、标准、论文和著作。

图 4-25　中国科学院科学数据中心体系

该平台共收录 18000 多个数据集，涵盖化学、天文、地球科学、生物、能源、遥感等多个学科。除此之外，它还包含数据相关模型工具、管理工具及数据服务等服务。

（5）北京大学开放研究数据平台　北京大学开放研究数据平台由北京大学图书馆、国家自然科学基金 – 北京大学管理科学数据中心、北京大学科研部、北京大学社科部于 2015 年 12 月联合主办和推出，如图 4-26 所示。该平台收录了北京大学中国调查数据资料库（包括中国家庭追踪调查、中国健康与养老追踪调查、北京社会经济发展年度调查等）、北京大学健康老龄与发展研究中心、北京大学可视化与可视分析研究组、北京大学生命科学学院生物信息学中心等跨学科的开放数据。该平台面向全球优质的科研数据，学者可自行提交数据，这些数据经过平台加工处理后，免费开放给研究者使用。

图 4-26　北京大学开放研究数据平台

（6）复旦大学社会科学数据平台　复旦大学社会科学数据平台于 2014 年 12 月上线，是第一家中国高校社会科学数据平台，如图 4-27 所示。该平台收录的数据类型有：研究论文、学位论文、研究报告、政策法规、专项调查及统计年鉴。复旦大学同时还在该平台上发布了中国历史地理信息系统项目、复旦大学能源流向与碳排放因子数据库、长三角社会变迁调查数据、杭州都市圈数据库等多项特色数据集。

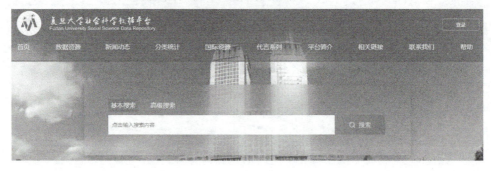

图 4-27　复旦大学社会科学数据平台

4.5 其他类型的网络免费学术资源

1. 开放电子书

(1) 古腾堡电子书 古腾堡计划,也叫古腾堡工程(Project Gutenberg, PG)由电子书之父迈克尔·哈特创建于 1971 年,是最早的公益性数字图书馆之一。其中的大部分书籍都是公有领域书籍的原本,古腾堡工程确保这些原本自由流通、格式开放,有利于长期保存,并可在各种计算机上阅读。

古腾堡电子书网站提供超过 63000 种免费电子书,大部分是西方传统文学作品,此外还包括一些非文本内容,比如音频文件、乐谱文件等。收录作品的语种主要包括英文、德文、法文、西班牙文以及中文等。

(2) 在线图书网 在线图书网(The Online Books Page)是由美国宾夕法尼亚州立大学教授约翰·马克·奥克布鲁姆主办的免费网站,网站收录超过 300 万本免费的电子图书,内容涉及历史、地理、社会科学、政治、法律、教育、科学等学科。用户可按学科类型浏览图书,也可按书名、作者、主题检索图书。除此之外,该网站还提供最新图书列表、在线主题书展等服务。

2. 开放学位论文

(1) NTLTD NTLTD(Networked Digital Library of Theses and Dissertations)是美国国家自然科学基金支持的网上学位论文共建共享项目,提供来自全球多家学位论文授予单位的学位论文来源,同时也提供一站式检索这些学位论文的入口——Global ETD Search。该网站共收录学位论文 590 多万篇,部分可获取全文。

(2) EthOS EthOS(The Electronic Theses Online System)是一个免费的在线查找英国学位论文的站点,全英国有 120 多个机构加入。EthOS 目前能够检索的学位论文超过 47 万篇,其中大约有 16 万篇全文,这些论文可以通过 EthOS 数据库下载,也可以通过链接到论文所属机构的数据库下载。用户可以按标题、摘要、作者、机构等检索论文。除此之外,用户也可以在网站首页浏览 EthOS 官方推文,了解最新学位论文收录信息。

(3) MIT Theses DSpace MIT Theses DSpace 是麻省理工学院的学位论文库,包含超过 5.3 万篇麻省理工学院的学位论文,最早可追溯到 19 世纪中期。学位论文部分来自麻省理工学院图书馆扫描,部分来自作者自行提交。自 2004 年以来,麻省理工学院所有硕士和博士学位被授予后,都会将这些论文扫描并将其添加到此网站中,其中部分学位论文可访问全文。

课程思政小课堂

中国超级计算机的发展

超级计算机技术水平被认为是一个国家的科技水平乃至综合国力发展水平的标志,越来越受到各个国家的重视,我国天河二号超级计算机、神威·太湖之光超级计算机等曾在世界超算排行榜上名列前茅。从宇宙科学、地球科学到石油勘探、基因工程到新能源开发、智能制造再到大数据和云计算、智慧城市等,这些都离不开超级计算机的算力支持。以天河二号超级计算机为例,它运算1秒相当于全中国14亿人用计算器同时计算约1年。

然而我国的超级计算机的发展历程并不是一帆风顺的,它是一部从依赖他国到自主研发转变的奋斗史。

1967年,我国开始着手研制超级计算机,1983年我国自主研发出第一台拥有亿次/秒能力的超级计算机,虽与国外同时期的超级计算机存在巨大差距,但是这标志着我国在超级计算机研发之路上迈出了结实的一步。此后由于美国等西方国家对我国的技术封锁放松而超级计算机的研发需要投入大量的人力物力财力,有些人提出了超级计算机造不如买,我国自主研发超级计算机的活动基本处于停滞状态。但是1989年美国对华政策发生重大变化,开始对我国实行新一轮的技术封锁,国人意识到使用别人的技术永远要受到别人的制约。自主研发中国人自己的超级计算机再次提上日程。科技部在超级计算机这一专项上投入了较多的经费,再加上地方政府的支持,它们共同保障了新一代超级计算机的研制经费和应用推广。目前,我国超级计算机的核心部件均已实现了国产化。核心技术的掌握,让我国在超级计算机领域跻身世界前列。

我国超算之所以能在短短30年内,实现跨越式发展主要靠的就是中国超算人奋勇拼搏、自主创新、无私奉献的精神和实践,从无到有,从弱到强,我国超算研究团队在同等时间内付出更多努力,取得更多技术创新。未来,我国超算技术必将得到进一步发展,在为我国各行业领域带来创新发展的同时,也会助力世界经济社会和科学的进步。

思 考 题

1. 搜索引擎的高级检索主要是通过什么实现的?

2. 什么是学术搜索引擎？学术搜索引擎与网页搜索和学术数据库有什么不同？

3. 什么是绿色 OA 和金色 OA？分别列举其典型代表。

参 考 文 献

[1] 魏联华，孙艳美. 信息检索与利用［M］. 北京：知识产权出版社，2011.
[2] 金楠. SEO 搜索引擎实战详解［M］. 北京：清华大学出版社，2014.
[3] 周斌，张艳艳，陈洪涛，等. 网络管理与网页制作［M］. 杭州：浙江大学出版社，2014.
[4] 吴辰文. 现代计算机网络［M］. 北京：清华大学出版社，2011.
[5] 宋凯. 大学生信息素养教程［M］. 北京：国防工业出版社，2013.
[6] 杨新涯. 图书馆文献搜索研究［M］. 重庆：重庆大学出版社，2015.
[7] 罗春荣. 国外网络数据库：当前特点与发展趋势［J］. 中国图书馆学报，2003（3）：43-46.
[8] 常唯. 综合性学术搜索引擎研究［J］. 大学图书馆学报，2007（2）：73-78.
[9] UNESCO. What is Open Access?［EB/OL］.［2022-03-06］. https：//en.unesco.org/open-access/what-open-access.
[10] 刘文云，陈美华. 国际开放获取政策实践进展研究：基于 RAORMAP 系统数据分析［J］. 情报杂志，2015，34（12）：146-151；206.
[11] 顾立平. 开放获取与信息服务［M］. 北京：科学技术文献出版社，2016.
[12] 赵蓉英，亓永康，王旭. 我国开放数据研究态势分析［J］. 情报科学，2019，37（2）：154-160.
[13] 王翠萍，王佳佳. 科研数据知识库注册目录系统调查与分析［J］. 情报资料工作，2017（5）：56-62.

第 5 章
学术研究必备之专业数据库资源

文献检索贯穿了科学研究的整个过程，这是高等学校学生必须练好的本领，也是我国教育面向现代化、面向世界、面向未来的需要。大学生做学术研究首先要学习使用专业的数据库资源进行文献检索，通过熟悉和利用专业数据库，掌握获取文献的方法，有利于减少课题的重复研究，提高科研效率和科研成功率。本章选取常用的中外文全文数据库、文摘索引型数据库以及部分特殊文献数据库进行介绍，并提供一定的检索指导。

5.1 常用中文全文数据库

5.1.1 中国知网

1. 数据库简介

国家知识基础设施（National Knowledge Infrastructure，NKI）的概念由世界银行在《1998年度世界发展报告》中提出。1999年，以全面打通知识生产、传播、扩散与利用各环节信息通道，打造支持全国各行业知识创新、学习和应用的交流合作平台为总目标，由清华大学、清华同方发起建设中国知识基础设施工程（China National Knowledge Infrastructure，CNKI），亦称为中国知网，网址是 https://www.cnki.net。

经过 20 余年的发展，中国知网实现了从 CNKI 1.0 到 CNKI 2.0 的转变。CNKI 2.0 的目标是将 CNKI 1.0 基于公共知识整合而提供的知识服务，深化到与各行业机构知识创新的过程与结果相结合，通过更为精准、系统、完备的显性管理，以及嵌入工作与学习具体过程的隐性知识管理，提供面向问题的知识服务和激发群体智慧的协同研究平台。

中国知网深度整合了海量的中外文文献，高度覆盖我国的知识资源，集成了包括学术期刊、博硕士学位论文、会议论文、报纸、年鉴、专利、标准、成果、图书、工具书等各种文献资源。中国知网也提供了文献检索、知识元检索、引文检索、出版物检索等多种检索功能，本章简要介绍文献检索、出版物检索、知网

中国知网——查全、查准

中国知网——查优、利用

节和"我的 CNKI"等功能。

2. 文献检索

在进行文献检索时,中国知网提供简单检索、高级检索、专业检索、作者发文检索、句子检索等功能。

(1)简单检索 简单检索是将检索功能浓缩至"一框"中,根据不同检索字段的需求特点,采用不同的检索机制和匹配方式。如图 5-1 所示,在平台首页的简单检索中,选择检索资源范围,下拉选择检索字段(如主题),在检索框内输入检索词,单击"检索"按钮或按<Enter>键,执行检索。

图 5-1 中国知网简单检索

总库提供的检索字段有:主题、篇关摘(篇名、关键词、摘要)、全文、作者、第一作者、通讯作者、作者单位、基金、摘要、小标题、参考文献、分类号、文献来源、DOI。

(2)高级检索 在中国知网首页单击"高级检索"标签进入"高级检索"选项卡,或在简单检索结果页单击"高级检索"标签也可进入"高级检索"选项卡。

如图 5-2 所示,单击相关标签可切换至"专业检索""作者发文检索""句子检索"等选项卡。

图 5-2 中国知网高级检索

高级检索支持多字段逻辑组合,并可通过选择精确或模糊的匹配方式、检索控制等方法完成较复杂的检索,得到符合需求的检索结果。多字段组合检索的运算优先级，按从上到下的顺序依次进行。

高级检索的检索区主要分为两部分，上半部分为检索条件输入区，下半部分为检索控制区。在检索条件输入区，默认显示主题、作者、文献来源三个检索框，可自由选择检索字段、检索字段间的逻辑关系、检索词匹配方式等，单击检索框后的"+""-"按钮可添加或删除检索字段，最多支持10个检索字段的组合检索。检索控制区的主要作用是通过条件筛选、时间选择等，对检索结果进行范围控制。控制条件包括：出版模式、基金文献、时间范围、检索扩展。检索时默认进行中英文扩展，如果不需要中英文扩展，则手动取消选中。

"高级检索"选项卡下方为切库区，单击库名，可切至某单库高级检索。文献分类导航默认为收起状态，单击展开后选中所需类别，可缩小和明确文献检索的类别范围。总库高级检索提供168专题导航，这是中国知网基于《中图法》而独创的学科分类体系。年鉴、标准、专利等除168专题导航外还提供单库检索所需的特色导航。

全文和摘要检索时，可选择词频，辅助优化检索结果。选择词频数后进行检索，检索结果为在全文或摘要范围内，包含检索词且检索词出现次数大于等于所选词频的文献。

> **课堂延伸**
>
> **同字段组合运算**
>
> 简单检索和高级检索都支持同字段组合运算。
>
> 支持运算符*、+、-、""、()（注：均为英文符号）进行同一检索字段内多个检索词的组合运算，检索框内输入的内容不得超过120个字符。
>
> 输入逻辑运算符*（与）、+（或）、-（非）时，前后要空一个字节，优先级需用英文半角括号确定。
>
> 若检索词本身含空格或*、+、-、()、/、%、=等特殊符号，进行多词组合运算时，为避免歧义，须将检索词用英文半角单引号或英文半角双引号引起来。例如：
>
> 1）篇名检索字段后输入神经网络 * 自然语言，可以检索到篇名包含"神经网络"及"自然语言"的文献。
>
> 2）主题检索字段后输入（锻造 + 自由锻）* 裂纹，可以检索到主题为"锻造"或"自由锻"，且有关"裂纹"的文献。
>
> 3）如果需检索篇名包含"digitallibrary"和"informationservice"的文献，在篇名检索字段后输入：'digita llibrary' * 'informationservice'。

4）如果需检索篇名包含"2+3"和"人才培养"的文献，在篇名检索字段后输入：'2+3'*人才培养。

（3）专业检索　从"高级检索"选项卡切换"专业检索"选项卡，可进行专业检索，如图5-3所示。

图5-3　中国知网专业检索

专业检索用于图书情报专业人员查新、信息分析等工作，使用运算符和检索词构造检索式进行检索。

专业检索的一般流程：确定检索字段，构造一般检索式，借助字段间关系进行组合以构造复杂的检索式。

专业检索表达式的一般式：＜字段代码＞＜匹配运算符＞＜检索值＞。中国知网对可检索字段都赋予了固定代码，例如，SU表示主题，TI表示题名，KY表示关键词，AB表示摘要，等等。中国知网提供的匹配运算符有3种，＝表示精确匹配,%表示模糊匹配,%=表示相关匹配。

在专业检索中，还支持比较运算符、布尔逻辑运算符、复合运算符、位置算符等，具体的使用方法参见中国知网的平台说明。

课堂延伸

专业检索示例

TI='生态' and KY='生态文明' and（AU%'陈'+'王'）可以检索到篇名包括"生态"并且关键词包括"生态文明"并且作者为"陈"姓和"王"姓的所有文章。

SU='北京'*'奥运' and FT='环境保护'可以检索到主题包括"北京"及"奥运"，并且全文中包括"环境保护"的信息。

SU=（'经济发展'+'可持续发展'）*'转变'-'泡沫'可检索"经济发展"或"可持续发展"有关"转变"的信息，并且可以去除与"泡沫"有关的部分内容。

(4) 作者发文检索　切换至"作者发文检索"选项卡，可进行作者发文检索。

如图 5-4 所示，作者发文检索通过输入作者姓名及其单位信息，检索某作者发表的文献，功能及操作与高级检索基本相同。

图 5-4　中国知网作者发文检索

(5) 句子检索　切换至"句子检索"选项卡，可进行句子检索。

如图 5-5 所示，句子检索是在全文范围内，通过限定输入的两个检索词是否在同一句或同一段中来检索文献。

图 5-5　中国知网句子检索

(6) 检索结果展示　当填写完检索式后，单击"检索"按钮即可查看检索结果。如图 5-6 所示，总库检索后，各资源类型下显示符合检索条件的文献量，突显总库各资源的文献分布情况，可单击查看任一资源类型下的文献。左侧的分组筛选区可以按照主题、学科、发表年度等进行分类筛选和查看，检索结果还可以按照相关度、发表时间、被引和下载随意排序。

单击选定的文献条目数可以进入文献管理中心。在文献管理中心，可以进行导出题录、生成检索报告、可视化分析和在线阅读等相关处理。

第 5 章　学术研究必备之专业数据库资源

图 5-6　中国知网检索结果展示

1）导出题录：可以导出 GB/T 7714—2015《信息与文献　参考文献著录规则》格式引文、CAJ–CD 格式引文、查新（引文格式）、CNKI E–Study、Refworks、EndNote、NoteExpress、NoteFirst 等多种文献格式，默认显示为 GB/T 7714—2015 格式题录。

2）生成检索报告：生成的检索报告主要包括检索条件、检索统计报表、检索评价、检索报告执行人及保存/打印检索报告等。

3）可视化分析：可视化功能是基于文献的元数据及参考引证关系，用图表的形式直观展示文献的数量与关系特征；已选结果分析支持最多选择 200 篇文献进行分析。

4）在线阅读：不同于检索结果的单篇文献预览，该处是选中的多篇文献的在线阅读。在线阅读支持期刊、博士论文、硕士论文、报纸、会议和年鉴组合选择，单次最多选择 50 篇。

3. 出版物检索

在中国知网首页单击"出版物检索"，进入出版来源导航页面。出版来源导航主要包括期刊、学术辑刊、学位授予单位、会议、报纸、年鉴和工具书的导航。每种文献类型的导航内容基本覆盖自然科学、工程技术、农业、哲学、医学、人文社会科学等各个领域，囊括了基础研究、工程技术、行业指导、党政工作、文化生活、科学普及等各种层次。

如图 5-7 所示，进入"出版物检索"后，左侧显示学科导航体系，包括十大专辑和 168 个专题内容，可选择导航类别，浏览该类别下的所有出版来源。各单库根据文献类型特征的不同，提供具有单库特色的导航。

图 5-7 中国知网出版来源导航

切换检索字段,输入检索词可进行检索。单击"文献检索",进入文献检索页面,实现导航检索与文献检索的切换。

根据检索条件显示检索结果。例如,选择"来源名称",输入检索词"经济",单击"出版来源检索",检索结果区显示出版来源名称中包含"经济"的全部结果,上方显示检索到的条数,主体部分展示出版来源的基本信息、封面图标、总被引、总下载等。单击出版来源名称或者封面图片,可进入该出版来源的详情页。

4. 知网节

知网节是知识网络节点的简称。它以一篇文献作为其节点文献,知识网络的内容包括节点文献的题录摘要和相关文献链接。题录摘要在显示节点文献题录信息的同时,也提供相关内容的链接。相关文献是与节点文献具有一定关系(如引证关系)的文献,知网节显示这些文献的篇名、出处,并提供到这些文献知网节的链接。通过知网节,用户可以通过任何一个节点(如文献题名信息)不断拓展进入其他节点(如作者信息、机构信息等),所有的资源和信息都通过知网节的形式进行关联。

如图 5-8 所示,在中国知网中,知网节主要包括文献知网节、作者知网节、机构知网节、学科知网节、基金知网节、关键词知网节、出版物知网节。

5. "我的 CNKI"

"我的 CNKI"是中国知网面向个人用户提供的文献发现与管理服务。用户登录个人账号获得基于个人使用记录的相关推荐与

第 5 章 学术研究必备之专业数据库资源

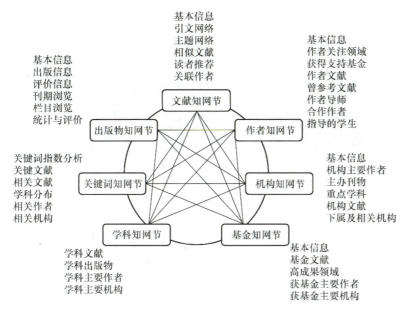

图 5-8 中国知网的知网节

热门文献，查看与管理各项使用记录，管理文献收藏与主题订阅，关注文献、作者、出版物等。

5.1.2 万方数据知识服务平台

1. 数据库简介

万方数据知识服务平台是万方数据公司目前拥有自主知识产权的电子资源数据库，内容涉及自然科学和社会科学各个专业领域，资源类型涵盖学术期刊、学位论文、会议文献、专利、标准、法律法规、科技成果、地方志等，网址是 https：//g.wanfangdata.com.cn。

2. 文献检索

万方数据知识服务平台提供简单检索、高级检索、专业检索和作者发文检索四种文献检索方式。如图 5-9 所示，首页默认为"简单检索"，在简单检索页面右上方有"高级检索"入口，单击"高级检索"进入"高级检索"后，可以进一步切换至"专业检索"和"作者发文检索"。

（1）简单检索　简单检索支持 PQ（PairQuery）表达式，每个部分称为一个 Pair，每个 Pair 由冒号分隔符"："分隔为左右两部分，左侧为限定的检索字段，右侧为要检索的词或短语，例如"作者：张霞"。

支持的逻辑运算符是 AND（与）、OR（或）和 NOT（非），检索词使用双引号" " 可以表示精确匹配，使用括号（）是指将括号内容作为一个子查询，可以限定检索顺序，例如：

图 5-9 万方数据知识服务平台首页

题名：（（信息管理 NOT 信息服务）AND 图书馆）

PQ 中的符号（空格、冒号、引号、横线、括号）可任意使用全角、半角符号及任意的组合形式。

（2）高级检索 如图 5-10 所示，高级检索可以选择检索词精确还是模糊匹配，在输入框内可以使用括号以及运算符构建检索表达式。

图 5-10 万方数据知识服务平台高级检索及示例

（3）专业检索 专业检索可以将不同的检索字段通过布尔逻辑算符进行组合，以实现复杂检索。例如，主题：（" 协同过滤" and " 推荐"）and 基金：（国家自然科学基金），可以检索到主题包含"协同过滤"和"推荐"，而且基金是"国家自然科学基金"的文献。

（4）作者发文检索 通过输入作者名称和作者单位等字段关

键词来精确查找相关作者的学术成果，系统默认精确匹配，可自行选择精确还是模糊匹配。

（5）检索结果展示　检索条件被执行后，出现检索结果页面。简单检索的检索结果页面还可以再次输入限制条件进行二次检索，高级检索和专业检索则不支持。左侧的分组筛选区可以按照主题、学科、发表年度等进行分类筛选和查看，检索结果还可以按照相关度、发表时间、被引和下载进行随意切换排序。对于选中的文献，可以单击批量引用导出文献题录信息，也可以单击结果分析，进行可视化分析。

5.1.3　维普中文科技期刊数据库

1. 数据库简介

维普中文科技期刊数据库诞生于 1989 年，累计收录期刊 15000 余种，现刊 9000 余种，文献总量 7000 余万篇，部分期刊可回溯至 1955 年。维普中文期刊服务平台网址是：http://qikan.cqvip.com。

2. 文献检索

维普中文期刊服务平台支持简单检索、高级检索和检索式检索（专业检索）。如图 5-11 所示，平台首页默认的是"简单检索"，该页面右上侧有"高级检索"入口，在"高级检索"页面中，可以进一步切换到"检索式检索"。

图 5-11　维普中文期刊服务平台首页

（1）简单检索　检索框中输入的所有字符均被视为检索词，不支持任何逻辑运算，如果输入逻辑运算符，将被视为检索词或停用词处理。

（2）高级检索　如图 5-12 所示，检索框中可支持 AND/and/ *（与）、OR/or/ +（或）、NOT/not/ -（非）三种逻辑运算。逻辑运算符 AND、OR、NOT，前后必须空一个字符。逻辑运算符优先级为 NOT > AND > OR，且可通过英文半角括号（）进一步提高优先级。表达式中，检索内容如果包含 AND/and、NOT/not、OR/or、*、-等运算符或特殊字符检索时，需加半角引号单独处理。例如" C ++ " and 汽车。精确检索使用检索框后方的"精确"选项。

图 5-12 维普中文期刊服务平台高级检索及示例

（3）检索式检索 可以在检索框中使用布尔逻辑运算符对多个检索词进行组配检索。检索字段标识符对照表参照平台介绍，执行检索前，还可以选择时间、期刊来源、学科等检索条件对检索范围进行限定。例如输入"R = 机械 AND A = 陈力"，此检索式表示查找摘要中含有"机械"，并且作者为"陈力"的文献。

维普中文期刊服务平台还提供期刊导航和期刊评价报告功能，用户可以根据需要查找和了解期刊的相关信息。

5.2 常用外文全文数据库

5.2.1 EBSCOhost

1. 数据库简介

EBSCOhost 检索平台由 EBSCO 公司开发，EBSCO 公司成立于 1944 年，是目前世界上最大的提供学术文献服务的专业公司之一，提供数据库、期刊、文献订购及出版等服务，总部在美国，在全球 22 个国家设有办事处。EBSCO 公司制作和出版了 400 多个集成数据库，涉及超过 26 万种的期刊、杂志，并提供全球超过 5

万个图书馆的信息订购服务，专业涉及理学、工学、农学、医学、天文学、地理学、生物学、经济学等学科。

EBSCO 公司的综合学科参考类全文数据库有基础版、完整版、旗舰版三个版本，分别是 Academic Search Premier（ASP）、Academic Source Complete（ASC）和 Academic Search Ultimate（ASU）。三个版本的综合学科参考类全文数据库均收录 1887 年至今的、学科分布十分广泛的文献资源，收录的内容量为 ASP ＜ASC＜ASU，各使用机构根据自身的需要进行选择订购。

EBSCO 的商管财经类全文数据库也有基础版、完整版、旗舰版三个版本，分别是 Business Source Premier（BSP）、Business Source Complete（BSC）、Business Source Ultimate（BSU）。三个版本的商管财经类全文数据库均收录 1886 年至今的、商业经济相关主题的文献资源，收录的内容量为 BSP＜BSC＜BSU。

EBSCO 的电子书数据库提供 1000 多家知名出版机构的 100 多万种电子图书，涉及各个主题，涵盖多学科领域，并以每月数万种的速度递增。除英文外，还提供其他文种的电子图书，包括法文、德文、日文和西班牙文等。除提供全文的电子书外，还提供上万种有声电子图书。不但提供往年出版的电子图书，也提供大量当年出版的新书。

2. 文献检索

EBSCOhost 检索平台提供多种语言的检索界面，进入 EBSCOhost 检索平台首页后，可以在顶部导航栏右上角单击"Languages"，选择中文以方便理解和检索。

如图 5-13 所示，EBSCOhost 检索平台首页展示的是简单检索（也称为基本检索），简单检索栏下方有高级检索入口。在简单检索和高级检索框的上方，可以根据需要选择目标数据库。

图 5-13　EBSCOhost 检索平台首页

（1）简单检索　在简单检索中，用户在检索框内输入检索词或词组即可进行检索，单击"检索选项"还可以选择相应的检索模式、扩展条件和限制条件。例如，可以限制同行评审期刊、特定出版日期等。

(2) 高级检索 如图 5-14 所示，在高级检索中，用户在检索框内输入检索词或者词组，单击右侧"选择一个字段（可选）"下拉框可以选择检索字段，如标题、作者、主题词、摘要等，点击"＋"号可以输入更多的关键词进行布尔逻辑组配。

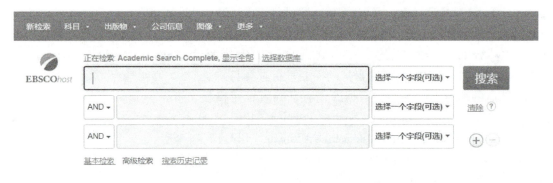

图 5-14　EBSCOhost 检索平台高级检索

(3) 检索技巧 所有检索符均使用英文半角符号。使用截词符 * 可以检索单词的变形体，例如 emotion * 可以检索到 emotion、emotions、emotional，使用通配符？代表单词的单个字母拼写差异，例如 organi？ation 可以检索到 organization、organisation，使用通配符#代表多个字母拼写差异，例如 labo#r 可以检索到 labor、labour，使用双引号做短语检索可以进行精确匹配，例如" major depression" 可以使得检索结果中的 major 和 depression 两个词作为词组形式出现。

(4) 检索结果展示 如图 5-15 所示，检索结果页面左侧可以添加限制条件，例如可以按照来源出版物、出版日期、主题词等筛选。页面的中间是检索结果列表，默认按照相关性由高到低

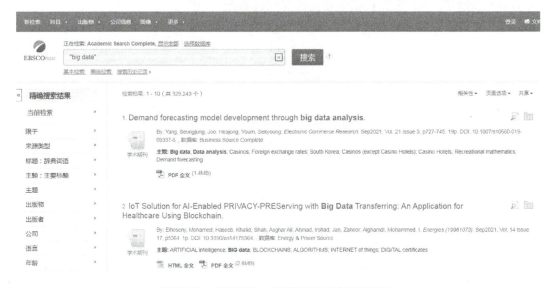

图 5-15　EBSCOhost 检索平台检索结果展示

排序，也可以选择按照出版日期排序。检索结果列表中部分文献显示包含 PDF 全文或者 HTML 全文，或者两种格式均有，还有部分结果仅显示主题词等文摘信息。

单击文章标题可以查阅详细信息。文章的详细记录页面提供摘要、全文链接，还有工具栏中的保存、引用、导出等功能。

3. 出版物检索

EBSCOhost 检索平台可以进行出版物检索，在平台首页顶部导航栏左上角单击"出版物"，选择子库，即可出现该库的出版物检索界面。如图 5-16 所示，用户可以在检索框输入相应关键词检索，也可以根据出版物题名的单词首字母浏览选择。可以选择标记一个（或多个）出版物，平台自动将标记的出版物信息填写到文献检索框内，用户直接单击"搜索"，可以查看该出版物（或多个出版物）所刊发的文献内容。同时，通过单击某一出版物题名，也可进入该出版物的详细信息界面，以了解该出版物的摘要信息和所刊发的文献信息。

图 5-16　EBSCOhost 检索平台出版物检索

4. 我的 EBSCOhost

在 EBSCOhost 检索平台顶部导航栏，单击登录，可以注册和登录个人文件夹，个人文件夹会存储用户在 EBSCOhost 上的检索历史记录和检索到的文献，通过创建关键词检索通知和出版物通知，可接收到相关内容的推送。

5.2.2　SpringerLink

1. 数据库简介

Springer Nature 公司是世界上著名的科技出版集团，它通过

SpringerLink 多样的文献数据库和学科在线图

SpringerLink 系统提供学术期刊及电子图书的在线服务。

Springer Nature 每年出版期刊超过 2000 种，涵盖数学与统计学、化学与材料科学、计算机科学、地球与环境科学、工程学、物理与天文学、医学、生物医学与生命科学、行为科学、商业与经济、人文社科与法律，共 11 个学科。它出版的期刊 60% 以上被 SCI 和 SSCI 收录，一些期刊在相关学科拥有较高的排名。Springer Nature 电子期刊的数据可回溯至 1997 年，数据实时更新。

Springer Nature 拥有全球最全面的科学、技术与医学、人文社科电子书数据库和回溯图书。Springer Nature 电子图书目前已出版超过 23 万种专著、丛书及参考工具书等电子图书供用户在线阅览。每年出版约 1 万种全新图书，内容涵盖 14 个学科专辑，包括生物医学与生命科学、化学与材料科学、计算机科学、地球与环境科学、工程学、人工智能、数学与统计学、物理与天文学、专业计算与应用技术、医学、行为科学与心理学、商业与管理、经济与金融、教育等。Springer Nature 电子书的回溯数据可回溯至 2007 年。

2. 文献检索

如图 5-17 所示，SpringerLink 检索平台首页提供简单检索和

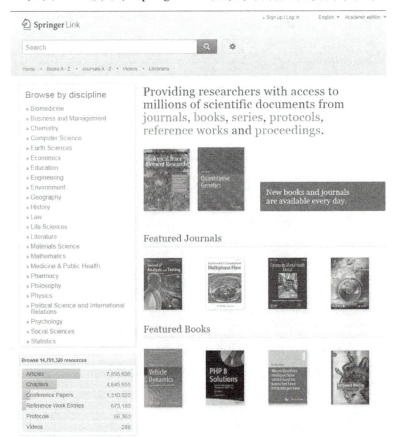

图 5-17　SpringerLink 检索平台首页

文献浏览。用户可以根据需要按照文献题名首字母、文献类型（期刊、图书、丛书、实验室指南、参考工具书和会议记录）和所属学科浏览查看。单击简单检索框后面的齿轮形状按钮可以进入高级检索和检索帮助。

（1）简单检索　在简单检索的检索框里输入检索词即可进行相关检索。

（2）高级检索　如图 5-18 所示，SpringerLink 检索平台的高级检索界面与一般数据库的高级检索有所不同。它为用户提供几个固定的限制条件：①带有所有关键词；②带有精确词组；③包含至少一个词；④不包含关键词；⑤标题中含有关键词；⑥作者或编辑；⑦出版时间限制。

图 5-18　SpringerLink 检索平台高级检索

（3）检索技巧　所有检索符均使用英文半角符号。and 或者 & 表示逻辑与，or 或者 | 表示逻辑或，not 表示逻辑非；英文双引号" " 作为词组检索，表示精确检索，在检索时将英文双引号内的几个词当作一个词组来看待，例如：检索" system manager "，

只检索到 system manager 这个词组，检索不到 system self – control manager 这个短语。通配符 * 代表零个或若干个字符，可以检索到一个词根的所有形式；通配符？代表任何单个字母的替代品，放置在词中间，如：B？nard 可以命中 Benard。

5.2.3 ScienceDirect

1. 数据库简介

ScienceDirect 是荷兰爱思唯尔（Elsevier）出版集团生产的世界著名的科学文献全文数据库之一。爱思唯尔出版集团 1880 年于荷兰创立，现在出版的知名产品包括 ScienceDirect、Engineering Village、Scopus、REAXYS、SciVal 等。

ScienceDirect 平台上的资源分为四大学科领域，即自然科学与工程、生命科学、医学/健康科学、社会科学与人文科学，涵盖了 24 个子学科。ScienceDirect 数据库包括 2000 多种全文期刊，每天更新，电子期刊的出版日期与纸本期刊相比无滞后。非订购用户可以查看文献题录、摘要，订购用户可以查看、打印和下载全文。

2. 文献检索

如图 5-19 所示，ScienceDirect 平台首页提供简单检索和文献浏览。用户可以根据需要按照文献类型（期刊或图书）、所属学科领域和子学科以及文献题名首字母浏览查看。单击简单检索框后面的"Advanced search"按钮可以进入高级检索。

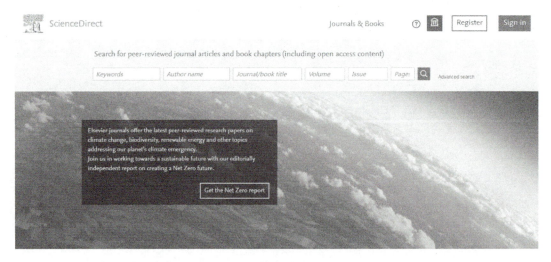

图 5-19 ScienceDirect 平台首页

（1）简单检索 在简单检索的检索框里根据提示输入检索

词、作者、期刊/图书题名、卷、期、页等信息即可进行检索。

（2）高级检索　如图 5-20 所示，ScienceDirect 的高级检索界面为用户提供几个固定的限制条件：①在全文中检索，支持检索式和 DOI 检索；②限定期刊/图书的题名；③限定年份；④限定作者；⑤限定机构；⑥限定卷、期、页；⑦在标题、文摘、关键词中检索；⑧在标题中检索；⑨限定期刊的 ISSN 号或图书的 ISBN 号。

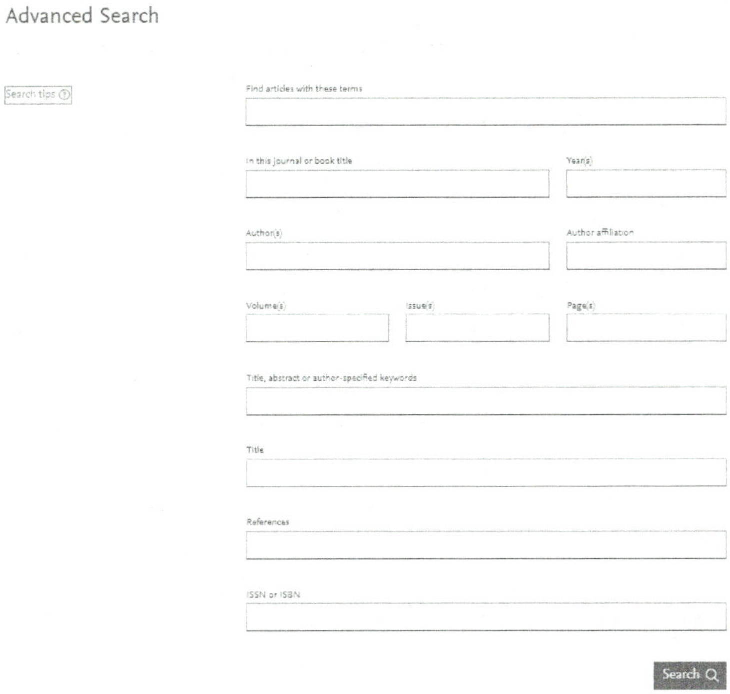

图 5-20　ScienceDirect 平台高级检索

（3）检索技巧　所有检索符均使用英文半角符号。当前系统支持的布尔运算符包括 AND、OR、NOT 和 -，布尔运算符必须全部用大写字母输入。- 被理解为 NOT 运算符，例如：black - hole 将返回包含 black 的结果，但不包括出现 hole 的任何结果。嵌套子句时可以使用（），使分组更加清晰且无歧义。" " 表示精确检索，用于指定必须彼此相邻的术语，例如" heart attack "。短语搜索中会忽略标点符号，搜索" heart - attack " 和" heart attack " 会返回相同的结果，也会忽略复数和拼写变形 :" heart attack " 包含" heart attacks "，" color code " 包含" colour code "。

5.2.4　Emerald 全文期刊库

1. 数据库简介

Emerald 出版社成立于 1967 年，是目前世界重要的人文社科出版社之一。学科资源涉及管理学、图情学、工程学等，目前全文期刊出版已经达到 310 种，服务 98% 的世界百强商学院以及 58% 的世界 500 强企业用户，在世界范围内拥有广泛的认可。Emerald 全文期刊库包括三个子库，分别是 Emerald 管理学全文期刊库（Emerald Management e-Journals）、Emerald 工程学全文期刊库（Emerald Engineering e-Journals）和 Emerald 全文期刊回溯库三个数据库。

（1）Emerald 管理学全文期刊库（2000 年至今） 此数据库包含 284 种专家评审的管理学学术期刊，提供最新的管理学研究和学术思想。涉及学科有会计金融与经济学、商业管理与战略、公共政策与环境管理、市场营销、信息与知识管理、教育管理、人力资源与组织研究、图书馆研究、旅游管理、运营物流与质量管理、房地产管理与建筑环境、健康与社会关怀等。

其中包含知名期刊，如 *European Journal of Marketing*（《欧洲营销杂志》）、*Management Decision*（《管理决策》）、*The TQM Management*（《全面质量管理》）、*Supply Chain Management: An International Journal*（《供应链管理》）、*Personnel Review*（《人事评论》）等。

（2）Emerald 工程学全文期刊库（2000 年至今） 此数据库收录 26 种高品质的同行评审工程学期刊，其中 16 本被 SCI 索引，20 本被 EI 收录，涵盖先进自动化、工程计算、电子制造与封装、材料科学与工程。

（3）Emerald 全文期刊回溯库（1898 年至 2000 年） 此数据库包含近 180 种全文期刊，超过 11 万篇的全文内容，涉及会计、金融与法律、人力资源、管理科学与政策、图书馆情报学、工程学等领域。所有期刊均回溯至第一期第一卷，最早可以回溯到 1898 年。

2. 文献检索

如图 5-21 所示，在 Emerald 全文期刊库首页，提供简单检索，在简单检索框下方有高级检索入口，首页的最下方提供辅助资源，用户可以根据自己的身份（作者、编辑、图书馆员、研究者、评论员）选择相应的资源服务。

（1）简单检索 在简单检索的检索框里输入检索词（题名、作者、关键词、ISBN、DOI 等）即可进行相关检索。

（2）高级检索 如图 5-22 所示，在高级检索的检索框上方可以选择资源类型。用户在检索框内输入关键词或者词组，默认的检索字段是"All fields"，即所有字段，下拉可以选择更多检索字段，如标题、摘要、贡献者、DOI 等。单击"Add row"可以添加检索字段进行布尔逻辑组配，最多可添加 10 个。还可以限定出版时间和权限范围（是否能获取）。

图 5-21　Emerald 全文期刊库首页

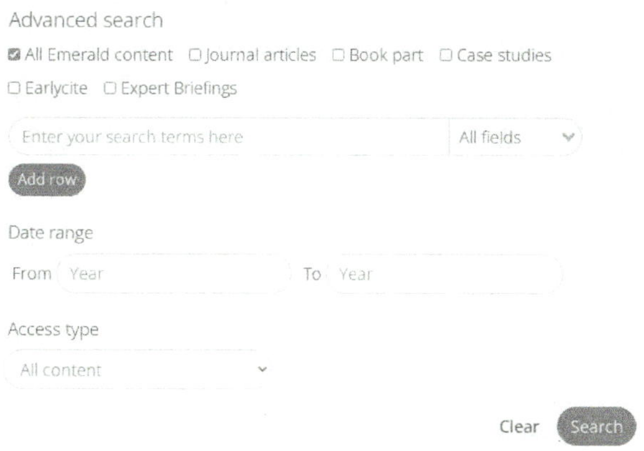

图 5-22　Emerald 全文期刊库高级检索

5.3　常用文摘索引型数据库

　　文摘索引型数据库是以文献及文后的参考文献为信息对象建立的一个规范的数据库，不直接提供全文阅读（依据客户全文库购买情况）。可对某领域的文献进行检索，通过文献引用关系了解研究者在某领域的研究工作、该领域学术研究的历史渊源等，并追踪学科的发展动态和最新进展。除了可揭示各种类型文献之间的相互引证关系外，文摘索引型数据库还可以作为一种有效的科研管理及统计分析工具，提供机构、学科、学者、期刊等多种类型统计数据。

5.3.1　Web of Science

1. 数据库简介

Web of Science 是科睿唯安公司维护的世界权威的文献知识平台。该平台将高质量的信息资源、独特的信息分析工具和专业信息管理软件无缝地整合在一起，收录了上万种世界权威的、高影响力的学术期刊，收录了论文中所引用的参考文献，并按照被引作者、出处和出版年代编制成独特的引文索引，内容涵盖自然科学、工程技术、生物医学、社会科学、艺术与人文等领域，最早回溯至1900年。Web of Science 是获取全球学术信息的重要数据库，由以下几个重要部分组成。

（1）Web of Science 核心合集（1900年至今）　Web of Science 核心合集包括以下内容：Science Citation Index–Expanded（科学引文索引，SCIE）、Social Sciences Citation Index（社会科学引文索引，SSCI）、Arts & Humanities Citation Index（艺术人文引文索引，AHCI）、Conference Proceedings Citation Index（会议论文引文索引，CPCI）、Book Citation Index（图书引文索引，BKCI）、Emerging Sources Citation Index（新兴来源引文索引，ESCI）、Current Chemical Reactions 和 Index Chemicus（化学反应与化合物索引）。

（2）分析工具　分析工具包括以下内容：

Essential Science Indicators（基本科学指标，ESI）是一个基于 Web of Science 核心合集数据库的深度分析型研究工具。ESI 可以确定在某个研究领域有影响力的国家、机构、论文和出版物，以及研究前沿。

Journal Citation Reports（期刊引证报告，JCR）是一个独特的多学科期刊评价工具。通过对参考文献的标引和统计，JCR 可以在期刊层面衡量某项研究的影响力，显示出引用和被引用期刊之间的相互关系。

InCites：集合了近30年来 Web of Science 核心合集七大索引数据库的数据，拥有多元化的指标和丰富的可视化效果，可以辅助科研管理人员更高效地制定战略决策。

（3）其他索引库　其他索引库包括以下内容：Derwent Innovations Index（德温特专利数据库索引）、BIOSIS Previews（生命科学文摘数据）、KCI–Korean Journal Database（KCI 韩国期刊数据库）、MEDLINE（美国生命科学数据库）、Russian Science Citation Index（俄罗斯科学引文索引）、Chinese Science Citation Index（中国科学引文数据库）、SciELO Citation Index（科技电子在线图

书馆引文索引)。

2. 检索方法

Web of Science 检索平台提供多种语言的检索界面,用户可以选择中文作为界面语言。如图 5-23 所示,它提供的常用检索方式简单检索、被引参考文献检索和高级检索三种。

图 5-23　Web of Science 检索平台首页

(1) 简单检索　简单检索可以结合主题、作者、刊名和地址进行多字段组合检索。在同一检索字段内,各检索词之间也可使用逻辑算符、通配符进行组配。在执行检索前,可以通过选择数据库、指定时间段、语种、文献类型等来限制检索结果。

(2) 被引参考文献检索　被引参考文献索引是将文章中的参考文献作为检索词,它揭示的是一种作者自己建立起来的文献之间的关系链接。引文检索具有独一无二的功能,即从旧的、已知的信息中发现新的、未知的信息。

(3) 高级检索　如图 5-24 所示,高级检索方式可将多个字段进行组配检索。熟练掌握检索字段代码和检索技术的用户,可直接在检索输入框中构造检索式;不熟悉的用户也可参照页面上提示的字段标识符和布尔逻辑算符构造检索式。

(4) 检索技巧　所有检索符均使用英文半角符号。精确的词组检索,必须用" "限定,比如输入"global warming ",则可找到准确词组 global warming,若输入 global warming,则默认为 global 和 warming 的逻辑关系。*是最常用的通配符,表示任何字符组,包括空字符,s*food 可查找到 seafood、soyfood。? 表示任意一个字符,wom? n 可查找 woman、women。$ 表示零或一个字符,colo $ r可查找到 color、colour。在作者字段先输入姓,空一格,然后

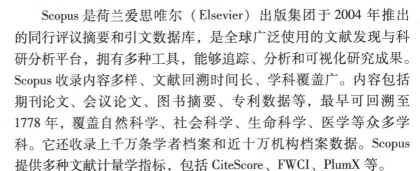

图 5-24　Web of Science 检索平台高级检索

输入名的首字母缩写，如 ZHANG XW，对于近年较新的文献，也可以输入姓名的全称，如 zhang weixiang，如果不确定作者名的书写，则可以用 * 代替。

5.3.2　Scopus

Scopus 敏锐发现研究热点

Scopus 是荷兰爱思唯尔（Elsevier）出版集团于 2004 年推出的同行评议摘要和引文数据库，是全球广泛使用的文献发现与科研分析平台，拥有多种工具，能够追踪、分析和可视化研究成果。Scopus 收录内容多样、文献回溯时间长、学科覆盖广。内容包括期刊论文、会议论文、图书摘要、专利数据等，最早可回溯至 1778 年，覆盖自然科学、社会科学、生命科学、医学等众多学科。它还收录上千万条学者档案和近十万机构档案数据。Scopus 提供多种文献计量学指标，包括 CiteScore、FWCI、PlumX 等。

与 Scopus 相匹配的分析工具是 SciVal，用户可以通过 SciVal 进行研究现状的可视化分析，调研研究机构、学者，分析研究趋势等。

Scopus 界面支持中文语言显示，提供多种检索方式，包括基本文献检索、学者检索、归属机构检索和高级文献检索等。

5.3.3　Engineering Village

Engineering Village（EV）是由爱思唯尔（Elsevier）出版集团旗下的 Engineering Information Inc.（美国工程信息公司，EI）发行的工程类检索平台。EV 平台严选多种与工程领域相关的优质数据库，提供一系列优质的应用科学及工程领域专业信息和资源。EV 平台上提供 10 多个数据库的内容，涵盖了工程、应用科学相关的最为广泛的领域，内容来源包括学术文献、商业出版物、发明专利、会议论文和技术报告等。

其中的 Ei Compendex 就是我们常说的美国工程索引 Ei 数据库，创立于 1884 年，是全世界最早的工程文摘来源之一。EI Compendex 收录年代自 1969 年起，涵盖近 200 种专业工程学科，主要覆盖六大领域，即电子电气、土木建筑、化学工程、机械工程、矿产及开采工程、一般工程，目前包含 2200 多万条记录，每年新增的约 150 万条文摘索引信息分别来自约 3600 种工程期刊、超过 8 万种会议文集。EI Compendex 从 1992 年开始收录中国期刊（约 200 种）。

EV 平台上还有 Inspec 科学文摘数据库，Inspec 科学文摘数据库由英国工程技术学会（IET）出版。Inspec 科学文摘数据库是目前在物理和工程领域中最全面的二次文献资料库之一，覆盖物理、电子与电气工程、计算机与控制工程、信息技术、生产和制造工程等领域，还收录材料科学、海洋学、核工程、天文地理、生物医学工程、生物物理学等领域的内容。Inspec Analytics 是 IET 研发团队基于 Inspec 的检索功能和人工标引数据创建的全新科研分析工具，旨在为物理学与工程技术领域提供强有力的研究支撑。在 EV 平台可直接使用该工具。

5.3.4　OCLC FirstSearch

OCLC（Online Computer Library Center，联机计算机图书馆中心）是世界上最大的文献信息服务机构之一。OCLC 的 FirstSearch 是一个面向最终用户设计的交互式联机检索系统，包括 70 多个数据库，能通畅无阻地对多个数据库和上千万篇全文文章和上万种期刊提供电子检索，涵盖所有主题领域的信息。

从 1999 年开始，中国高等教育文献保障系统（CALIS）全国工程中心订购了其中的基本组数据库（见表 5-1）。FirstSearch 基本组包括 10 多个数据库，其中大多是综合性数据库，内容涉及艺术和人文科学、商务和经济、会议和会议录、教育、工程和技术、普通科学、生命科学、医学、新闻和时事、公共事务和法律、社会科学等领域。

表 5-1　CALIS 订购的 FirstSearch 基本组数据库列表

数据库名称	简要介绍
ArticleFirst	OCLC 为登载在期刊目录中的文章所做的索引
ClasePeriodica	在科学和人文学领域中的拉丁美洲期刊的索引
Ebooks	OCLC 为世界各地图书馆中的联机电子书所编纂的目录

(续)

数据库名称	简要介绍
ECO – Index	OCLC 的学术期刊索引
ERIC*	以教育为主题的期刊文章及报道
MEDLINE*	所有的医学领域，包括牙科学和护理学
OAIster*（new）	全球联合机构知识库
PapersFirst	OCLC 为在世界各地会议上发表的论文所编纂的索引
Proceedings	OCLC 为世界各地的会议录所编纂的索引
WorldCat	OCLC 为世界各国图书馆中的图书及其他资料所编纂的目录
WorldCat Dissertations*	WorldCat 中所有硕士和博士论文的数据库，800 多万篇。从数据库高级检索的"互联网资源"中，可获得近 20%、100 多万篇的全文论文，可免费下载
GPO	美国政府出版物数据库，包括美国国会的报告、听证会、辩论、记录、司法资料，以及由行政部门颁布的文件，每条记录包含一个书目引文
SCIPIO	世界上唯一一个在线的艺术品和珍本拍卖目录数据库，涵盖了从 16 世纪晚期到目前已排定日期但尚未举行的拍卖中的出售目录

其中，OAIster（全球联合机构知识库）是由世界上 1100 多家图书馆及机构提供的数据资源，是全球最大的开放档案资料数据库之一，记录数量多达 2300 多万并有全文链接。

WorldCat（联机联合目录数据库）是世界上最大的书目记录数据库之一，包含 OCLC 近 20000 家成员馆编目的书目记录和馆藏信息。从 1971 年建库到 2022 年 4 月为止，共收录了 480 多种语言、总计 30 亿多条的馆藏记录，3 亿多条书目记录，每个记录中都带有馆藏信息，基本上反映了从公元前 4800 多年至今世界范围内的图书馆所拥有的图书和其他资料。其文献类型多种多样，包括图书、手稿、地图、网址与网络资源、乐谱、视频资料、报纸、期刊与杂志、文章以及档案资料等。该数据库平均每 10 秒更新一次。

5.3.5 中文社会科学引文索引数据库（CSSCI）

中文社会科学引文索引数据库（Chinese Social Sciences Citation Index，CSSCI）是由南京大学中国社会科学研究评价中心开发研制的引文数据库，用来检索中文人文社会科学领域的论文收录和被引用情况，目前该库是国内人文社科领域科研成果的评价工具之一。

CSSCI 遵循文献计量学规律，采取定量与定性相结合的方法从中文人文社会科学学术性期刊中精选出学术性强、编辑规范的期刊作为来源期刊。目前收录包括法学、管理学、经济学、历史学、政治学等在内的 25 大类的学术期刊。

目前，利用 CSSCI 可以检索到所有 CSSCI 来源期刊的收录（来源文献）和被引情况。来源文献检索提供多个检索入口，包括篇名、作者、作者所在地区机构、刊名、关键词、文献分类号、学科类别、学位类别、基金类别及项目、期刊年代卷期等。被引文献的检索提供的检索入口包括被引文献、作者、篇名、刊名、出版年代、被引文献细节等。其中，多个检索入口可以按需优化检索，如精确检索、模糊检索、逻辑检索、二次检索等。检索结果按不同检索途径进行发文信息或被引信息分析统计，并支持文本信息下载。

5.4 特种文献数据库

特种文献是指有特定内容、特定用途、特定读者范围、特定出版发行方式的文献，包括会议文献、学位论文、科技报告、产品资料、政府出版物、档案资料等，内容涉及面广、种类多、数量大、报道快、参考价值高。本节主要介绍专利文献、标准文献、会议文献和学位论文四种特种文献及其常用数据库。

5.4.1 专利文献

专利，一般是由政府机关或者代表若干国家的区域性组织根据申请而颁发的一种文件，这种文件记载了发明创造的内容，并且在一定时期内产生这样一种法律状态，即获得专利的发明创造在一般情况下他人只有经专利权人许可才能予以实施。在我国，专利分为发明、实用新型和外观设计三种类型。

专利文献是专利制度的产物，包括专利说明书等一次专利文献，专利公报、专利检索工具等二次专利文献，以及专利分类表、与专利有关的法律文件及诉讼资料等。不过，通常所说的专利文献是狭义的，仅指专利说明书，即专利发明人或申请人向专利局递交的说明发明创造内容及指明专利权利要求的书面材料。专利文献既是技术、经济性文献，又是法律性文件。

获取专利文献一般有两种渠道：一是国家或地区的专利局官方网站，例如中国国家知识产权局网站、欧洲专利局网站、美国专利和商标局网站等；二是专业的专利数据库。以下列举几个常用的国内外专利数据库。

（1）中国知网专利数据库　中国知网专利数据库包括中国专利和海外专利。中国专利收录了 1985 年以来在中国大陆申请的发明专利、外观设计专利、实用新型专利，共 4070 余万项，每年新增专利约 250 万项；海外专利包含美国、日本、英国、德国、法国、瑞士等国家和地区，以及世界知识产权组织、欧洲专利局等组织的专利，共计收录从 1970 年至今专利 1.1 余亿项，每年新增专利约 200 万项。

（2）万方数据中外专利数据库　万方数据中外专利数据库涵盖 1.3 亿余条国内外专利数据。其中，中国专利收录始于 1985 年，共收录 3300 万余条专利全文，可本地下载专利说明书，数据与国家知识产权局保持同步，包含发明、外观设计和实用新型三种类型，准确地反映中国最新的专利申请和授权状况，每月新增 30 万余条。国外专利 1 亿余条，均提供欧洲专利局网站的专利说明书全文链接，收录范围涉及美国、日本、英国、德国、法国、瑞士、俄罗斯、韩国、加拿大、澳大利亚等国家和地区，以及世界知识产权组织、欧洲专利局等组织的数据，每年新增 300 万余条。

（3）大为 innojoy 专利数据库　大为 innojoy 专利数据库是一款集全球专利数据检索、分析、下载、管理、转化、自主建库等功能于一体的专利情报综合应用平台。它涵盖全球 105 个国家和地区近 1.5 亿条专利数据，如专利文摘、专利说明书、法律状态、同族专利、引证引用等信息。

（4）德温特专利数据库（Derwent Innovations Index，DII）德温特专利数据库将原来的德温特世界专利索引（Derwent World Patents Index，DWPI）与专利引文索引（Patent Citation Index，PCI）加以整合，是世界上国际专利信息收录最全面的数据库之一。德温特专利数据库收录来自全球 50 多个专利机构的超过 2000 万条基本发明专利、4000 多万条专利情报，数据可回溯到 1963 年。PCI 提供全球最全面的专利引文信息，除 US（美国专利局）之外，PCI 还包括 WO（世界专利组织）、EP（欧洲专利局）、JP（日本专利局）、DE（德国专利局）和 GB（英国专利局）的专利引文数据。德温特专利数据库整合在 Web of Science 平台上，可通过记录中的"Original"（原始）按钮查看专利记录对应的全文。

（5）incoPat 全球专利综合文献数据库　incoPat 全球专利综合文献数据库收录 120 个国家、地区和组织，超过一亿件的专利文献，数据采购自官方和商业数据提供商，每周更新。该文献数据库包含专利法律信息，例如中国、美国、日本的诉讼数据，中国和美国的转让数据，中国的许可、质押、复审、无效和海关备案数据。

5.4.2　标准文献

我国国家标准《标准化工作指南 第 1 部分：标准化和相关活动的通用术语》（GB/T 20000.1—2014）中，对标准做了如下定义:"通过标准化活动,按照规定的程序经协商一致制定,为各种活动或其结果提供规则、指南或特性,供共同使用和重复使用的文件。"其给标准化的定义是:"为了在既定范围内获得最佳秩序,促进共同效益,对现实问题或潜在问题确立共同使用和重复使用的条款以及编制、发布和应用文件的活动。"

根据不同的分类方法,标准可以分成不同的类型。根据标准的性质不同,标准可分为基础标准、技术标准和组织管理标准。依照其约束效力的大小,标准又分为强制性标准和推荐性标准两类。根据适用范围和颁布机关的不同,则标准可分为国内标准、国际标准和国外标准。国内标准分为国家标准、行业标准、地方标准和企业标准等;国际标准分 ISO 标准、IEC 标准和 ITU 标准等;国外标准主要指地区标准(如欧盟标准)、(外国)国家标准、学会/协会标准,其中国际上公认的、具有一定权威的专业标准化团体、学会、协会制定的行业标准、学会/协会标准称为团体标准。

狭义的标准文献是指按规定程序制订,经公认权威机构(主管机关)批准的一整套在特定范围(领域)内必须执行的规格、规则、技术要求等规范性文献,简称标准。广义的标准文献是指与标准化工作有关的一切文献,包括标准形成过程中的各种档案、宣传推广标准的手册及其他出版物、揭示报道标准文献信息的目录、索引等。以下列举几个常用的国内外标准数据库。

(1)中国知网标准数据总库 中国知网标准数据总库包括国家标准全文、行业标准全文以及国内外标准题录数据库,共计 60 余万项。其中国家标准全文数据库收录了由中国标准出版社出版的、国家标准化管理委员会发布的所有国家标准;行业标准全文数据库收录了现行、废止、被代替、即将实施的行业标准;国内外标准题录数据库收录了中国以及世界上先进国家、标准化组织制定与发布的标准题录数据,共计 54 余万项。

(2)万方数据中外标准数据库 万方数据中外标准数据库收录了所有中国国家标准、中国行业标准以及中外标准题录摘要数据,共计 200 余万条记录。其中中国国家标准全文数据内容来源于中国质检出版社,中国行业标准全文数据收录了机械、建材、地震、通信标准以及由中国质检出版社授权的部分行业标准。

(3)国家标准文献共享服务平台 国家标准文献共享服务平台是由中国标准化研究院承建的首批通过科技部认定的 23 个国家科技基础条件平台之一,是国家科技创新体系的重要组成部分。依托国家标准馆的丰富资源,读者可在平台门户网站(https://www.nssi.org.cn)通过普通检索、高级检索、专业检索等方法检索标准文献,并根据需要寻求咨询、阅览等个性化服务。

(4)中国标准服务网 中国标准服务网(http://www.cssn.net.cn)创建于 1998 年,是中国标准化研究院主办的国家级标准信息服务网站。中国标准服务网收录国家标准约 6.5 万项，其中现行标准 4.3 万余项，收录约 70 个种类的行业标准，还有地方标准、团体标准等，并提供纸质版和电子版两种正版销售服务。此外，中国标准服务网还提供 ISO（国际标准化组织）标准、IEC（国际电工委员会）标准、ASTM（美国材料与测试学会）标准、韩国标准等的授权电子版服务。

（5）ISO 官方网站　ISO（International Organization for Standardization，国际标准化组织）是标准化领域中的一个国际性非政府组织，ISO 负责当今世界上绝大多数领域（包括军工、石油、船舶等垄断行业）的标准化活动，拥有 167 个国家标准机构成员。在 ISO 官方网站上可以检索 ISO 所有已经颁布的标准，并提供在线订购全文的服务。

（6）IEL 数据库　IEEE/IET Electronic Library（IEL）数据库提供 IEEE（电气电子工程师学会）和 IET（英国工程技术学会）出版的内容，它提供了当今世界在电气工程、通信工程和计算机科学领域中，近 1/3 的文献，并在多个学科领域引用量名列前茅。在该平台上可以检索 IEEE 标准。

5.4.3　会议文献

会议文献是指各类学术会议的资料和出版物，包括会前参加会议者预先提交的论文文摘、在会议上宣读或散发的论文、会上讨论的问题、交流的经验和情况等经整理编辑加工而成的正式出版物（会议录）等。广义的会议文献包括会议论文、会议期间的有关文件、征稿信息、讨论稿、报告、征求意见稿等，而狭义的会议文献仅指会议录上发表的文献。新的理论、新的解决方案和新发展的概念通常最早出现在学术会议上发表的论文中。

会前文献一般通过会议网站等途径获得（会议预报）。会后文献一般以多种形式出现，如会议录、会议论文集、会议论文汇编、期刊特辑、图书以及有关会议的声像资料。以下列举几个常用的国内外会议文献数据库。

（1）中国知网会议论文库　中国知网会议论文库重点收录 1999 年以来，中国科协系统及国家二级以上的学会、协会，高校、科研院所，政府机关举办的重要会议以及在国内召开的国际会议上发表的文献，部分重点会议文献可回溯至 1953 年。目前，中国知网会议论文库已收录国内会议、国际会议论文集 4 万本，累计文献总量 350 余万篇。

（2）万方数据中国学术会议文献数据库　万方数据中国学术会议文献数据库包括中文会议和外文会议。中文会议收录始于 1982 年，年收集约 3000 个重要学术会议，年增 20 万篇论文，每月更新。外文会议主要来源于国家科技图书文献中心（NSTL）外文文献数据库，收录了 1985 年以来世界各主要学会协会、出版机构出版的学术会议论文共计约 766 万篇全文（部分文献有少量回溯），每年增加论文约 20 余万篇，每月更新。

（3）国家科技图书文献中心会议论文库　国家科技图书文献中心（NSTL）会议论文库（https：//www.nstl.gov.cn）收录国内外几乎所有的科技类重要学会协会出版的会议文献，内容涵盖基础科学、工程技术、农业科学、医学科学等众多领域。用户可以通过浏览或检索查看所需会议的题录信息，也可以在线购买全文信息。

（4）会议论文引文索引数据库　会议论文引文索引（Conference Proceedings Citation Index，CPCI）数据库是 Web of Science 核心合集之一。CPCI 收录 256 个学科中最重要的会议、专题讨论会、研讨会、座谈会等的已发表文献，帮助用户跟踪特定领域的新兴想法和新研究。

5.4.4　学位论文

学位论文是学位获得者为获得某种学位而撰写的研究报告或科学论文。一般分为学士论文、硕士论文、博士论文三个级别，其中尤以博士论文质量最高，是具有一定独创性的科学研究著作。以下列举几个常用的国内外学位论文数据库。

（1）中国知网学位论文库　中国知网学位论文库包括中国博士学位论文全文数据库和中国优秀硕士学位论文全文数据库，是目前国内资源完备、质量上乘、连续动态更新的中国博硕士学位论文全文数据库。数据库收录 510 余家博士培养单位的博士学位论文 40 余万篇，780 余家硕士培养单位的硕士学位论文 480 余万篇，最早可回溯至 1984 年，覆盖基础科学、工程技术、农业、医学、哲学、人文、社会科学等各个领域。

（2）万方数据中国学位论文全文数据库　万方数据中国学位论文全文数据库收录始于 1980 年，年增 30 余万篇，涵盖基础科学、理学、工业技术、人文科学、社会科学、医药卫生、农业科学、交通运输、航空航天和环境科学等各学科领域。

（3）ProQuest 学位论文全文库　ProQuest 公司是美国国会图书馆指定的收藏全美博硕士论文的馆外机构，ProQuest 学位论文全文库是目前世界上规模最大、使用最广泛的博硕士论文数据库之一，收录 1743 年至今来自全球 100 多个国家、超过 3000 余所高校、科研机构的近 500 万博硕士学位论文，内容覆盖科学、工程学、经济与管理科学、健康与医学、历史学、人文及社会科学等各个领域。每周更新，年增论文逾 20 万篇。

（4）OCLC FirstSearch – WorldCat Dissertations（也称为 WorldCat 硕博士学位论文库）　该库收录了 WorldCat 中所有硕博士论文，它最突出的特点是其资源均来自世界一流高校的图书馆，如美国的哈佛大学、耶鲁大学、斯坦福大学、麻省理工学院、哥伦比亚大学、杜克大学、西北大学,以及欧洲的剑桥大学、牛津大学、帝国理工大学、欧洲工商管理学院、巴黎大学、柏林大学等,共有1900多万条记录。从数据库高级检索的"互联网资源"中,可获得近20%、100多万篇的全文论文,可免费下载。

> **课程思政小课堂**
>
> **"大豆纤维之父"李官奇**
>
> 大豆蛋白纤维被国际纺织界称为继涤纶、锦纶、氨纶、腈纶、丙纶、黏胶、维纶之后出现的世界"第八大人造纤维"。"大豆纤维之父"李官奇实现了世界人造纤维史上中国原创技术零的突破。
>
> 1991年,酷爱读书看报的李官奇在国外刊物上看到一篇文章,上面说豆粕里的大豆蛋白具备制丝的条件,国外在这门课题上已经研究了数十年,无奈的是,一直没有成功。只有高中文化程度的李官奇,对此产生了浓厚的兴趣。为研究大豆蛋白纤维,李官奇自费十几万元买了相关学科的书籍,自学生物化学、高分子化学、大学物理、分析化学、纤维工艺学等学科。为了搞研究,他还建起了自己的化验室和实验工厂。在最困难的时候,李官奇几乎家徒四壁,家里连吃饭都得到面粉厂去借,全家一直以咸菜为主。即使这样,李官奇仍不改初衷,孜孜追求。10年里,他四处融资,先后投进去3800多万元。
>
> 1999年,李官奇申请了第一个发明专利,2001年11月,李官奇发明的大豆提取纤维技术正式获得中国发明专利证书。2003年9月,他应邀出席在奥地利召开的世界人造纤维学术会议,大豆蛋白纤维被确认为"世界第八大人造纤维",正式载入人造纤维发明史册,使我国成为目前全球唯一能工业化生产纺织用大豆纤维的国家。同年12月,李官奇获世界知识产权组织发明专利金奖和中国知识产权局发明专利金奖。
>
> 大豆纤维具有单位细度细、比重轻、强伸度高、耐酸耐碱性好、光泽好、吸湿导湿性好等特点,其透气、吸湿性能超过棉花纤维和真丝,保暖性可与羊绒相媲美。在李官奇成功研制出大豆纤维产品后,国外一家著名化工材料公司想出资8000万美元买断这项技术,但却被李官奇断然拒绝。他说:"这项技术属于我们中国自己,我要为纺织行业做贡献,振兴我们的民族产业。"
>
> **思考题**:请同学们利用各专业数据库查找李官奇申请的专利和发表的论文的信息。

思 考 题

1. 中外文数据库中常用的检索算符有哪些？
2. 请查找和浏览中外文数据库中关于自己所学学科和专业的文献。
3. 请以"人工智能在汽车领域中的应用研究"为检索课题查找最新的相关文献。

参 考 文 献

[1] 王细荣，吕玉龙，李仁德. 文献信息检索与论文写作［M］. 上海：上海交通大学出版社，2015.

第 6 章
个人知识管理

科研人员进行科学研究的过程无时无刻不伴随着对知识的管理。知识爆炸时代的到来，使得科研人员获取知识的途径越来越多，同时也造成了知识的碎片化、重复化等问题。管理"知识"是科研人员利用知识进行科学研究的基础，高效率的知识管理直接影响着科研人员的成果产出。个人知识管理主要是利用现代化计算机或网络技术等开发高效率的个人知识管理工具（系统、软件、平台），以促进个人知识管理技能的实践，帮助个人有效率地收集、管理、分析、传播、应用各类信息资源，进行整合化的个人知识库的建立和利用，实现个人知识的共享和创新，并在此过程中，注重信息安全。

初识个人知识管理

个人知识管理的主体是有辨别能力的独立的科研人员，主观情绪影响远大于客观环境的影响，因此，个人知识管理要更讲究以人为本的思想，更注重过程中使用的方法和技术。主要特征有：①以获取与积累知识为基础。生活中，我们不断从外界获取与积累知识，进而提炼出自己所需要的知识，供决策性使用，继而完善自己的个人知识库。所以个人知识的获取与积累是个人知识管理的基础。②以隐性知识的挖掘为重点。露出"海平面"的那一小部分知识只是"冰山"一角，更多有价值的知识隐藏在海平面以下。因此，个人知识管理重点在于对隐性知识的挖掘和管理。③以知识共享和交流为手段。人与人之间的知识共享与交流是个人知识管理的重要组成部分，知识的价值只有在分享与交流的过程中才能发挥出最大的效用性，才能更快地提高人们的工作效率。④以知识转化和创新为目标。每个人的精力是有限的，学会站在巨人的肩膀上进行知识创新，可以在较短的时间内扩充个人的知识库。因此，实现知识创新是个人知识管理中的重要目标，能够极大增强个人核心竞争力。

高效的知识管理需要借助高效的实用工具，当前 Web2.0 环境下主流的个人知识管理工具可按知识类型划分为文献管理工具（文献信息）、概念地图工具（隐性信息）、云端笔记和网络资料管理工具（笔记和日常信息）、本地文件管理（综合信息）等几大类。各类工具之间既有共性又各具特性。

6.1 文献管理，高效组织

文献管理，如对文献的归纳、追踪、总结在科学研究全流程以及后续深入研究中都至关重要，优秀的文献管理工具能帮我们实现高效的知识组织，在科研的各个环节中帮我们节省大量时间与精力。

6.1.1 为什么要用文献管理软件

文献收集和积累阶段：文献调研是整个科研活动非常重要且耗时最多的一个环节，研究者需要收集并整理各种来源的文献，文献管理软件可以帮助批量收集各种来源的文献，节省文献调研的时间成本，提高文献调研效率。

文献整理和阅读阶段：在该阶段，文献管理软件可以进行文献筛选去重和归类；阅读文献时，也可以对文献做笔记记录、重点标引等，提高阅读效率。

文章撰写阶段：在该阶段，文献管理软件可以帮助自动输出丰富多样的参考文献格式，提供在线投稿等功能，使研究人员能够节省调整文章格式的时间，提高研究效率。

6.1.2 常用文献管理软件

文献管理软件有很多种，在主体功能方面，一般均提供检索、管理、分析、发现和写作几大功能，但不同软件也会有各自的一些特色功能。

目前比较常用的国产文献管理软件有 NoteExpress、知网研学、NoteFirst 等，国外文献管理软件有 EndNote、Mendeley、RefWorks、Zotero 等。

实用的文献管理工具

1. NoteExpress

NoteExpress 是北京爱琴海乐之技术有限公司自主研发的文献检索、管理与应用系统，全面支持简体中文、繁体中文和英文。NoteExpress 提供信息导入、过滤、全文下载及文献管理功能，帮助用户整理和组织摘要和全文，在撰写论文、专著或报告时，在正文中的指定位置添加文中注释，按照不同的期刊和论文格式要求自动生成参考文献索引，提高研究者的文献管理和研究效率，目前最新版本为 2021 年 8 月发布的 3.5.0 版本。其核心功能主要有以下七点。

（1）数据收集　NoteExpress 是通过题录（文献、书籍等条目）对文献进行管理的，建立新的题录数据库后，NoteExpress 提供了多种数据的收集方式如网络捕手、全文导入、在线检索、格式化文件导入、手工录入等。

（2）文件管理　NoteExpress 可以分门别类管理电子文献题录和全文，独创的虚拟文件夹功能更适合多学科交叉的现代科研。管理功能包括查找重复题录信息、提供虚拟文件夹以满足一条题录分属于多个不同分类目录的需求、自动提供影响因子及收录范围字段、添加附件、本地检索等。

（3）文件夹信息统计　若收集的文献信息过多，或需要对某个研究者的文献信息进行整理，NoteExpress 可以方便快捷地对文件夹信息进行统计分析，这样就能够快速了解某一领域的重要专家、研究机构、研究热点等。分析结果能导出为 TXT 和 CSV 等多种格式，方便做出精准的报告。可统计的字段包括作者、关键词、主题词等。

（4）数据分析和可视化　数据分析与可视化功能可以对 NoteExpress 内的文献数据信息进行进一步的加工和展示：针对文献类型、发表年份、作者、关键词、来源以及分词后的标题这六个字段，进行词的规范化加工；词共现次数、相关系数和相异系数矩阵的计算及导出；词云图、路径关系图的可视化展示及导出，将隐藏在文献元数据里的信息显性化，为研究者更准确、更快速地了解研究背景、明晰要素关系、找出研究方向提供帮助。

（5）在线笔记　与文献相互关联的笔记功能，使用户能随时记录阅读文献时的想法，方便以后查看和引用。检索结果可以长期保存，NoteExpress 还可以根据检索结果自动推送符合特定条件的相关文献，为长期跟踪某一专业的研究动态提供了极大方便。

（6）写作支持　NoteExpress 支持 Word 和 WPS，还内置了多种国内外学术期刊、学位论文和国家标准的格式规范。通过 NoteExpress 插入文献，然后选择需要的格式进行格式化，可以快速自动地生成参考文献。这样在写文章的过程中，研究者便可以从手工编辑与管理文献的繁重工作中解脱出来。此外，NoteExpress 首创的多国语言模板功能，自动根据所引用的参考文献的不同实现差异化输出。

（7）社区分享　NoteExpress 提供在线学术社交网络平台。用户通过 NoteExpress 客户端实现题录上传、分享、下载。

2. 知网研学（原 E – study）

知网研学（原 E – Study）是中国知网提供的文献管理软件，集文献检索、下载、管理、笔记、写作、投稿于一体，为学习和研究提供全过程支持，平台提供网页端、桌面端（原 E – Study，Windows 和 Mac）、移动端（iOS 和安卓）、微信小程序，多端数据云同步，满足学习者在不同场景下的学习需求。目前最新版本为 5.2 版，其核心功能包括以下八点。

（1）一站式阅读和管理平台　知网研学支持多类型文件的分

类管理，支持目前全球主要学术成果文件格式，包括 CAJ、KDH、NH、PDF、TEB 等文件的管理和阅读。知网研学新增图片格式文件和 TXT 文件的预览功能，并支持将 WORD、PPT、TXT 转换为 PDF。

（2）深入研读　知网研学支持在学习过程中的划词检索和标注，包括检索工具书、检索文献、词组翻译、检索定义、Google Scholar 检索等。知网研学还支持将两篇文献在同一个窗口内对比研读。

（3）在线笔记　知网研学支持将文献内的有用信息记录为笔记，用户还可随手记录自己的想法、问题和评论等。知网研学支持笔记的多种管理方式，包括时间段、标签、笔记星标，还支持将网页内容添加为笔记。

（4）文献检索和下载　知网研学支持 CNKI 学术总库、CNKI Scholar、CrossRef、IEEE、Pubmed、ScienceDirect、Springer 等中外文数据库检索，将检索到的文献信息直接导入到专题中；用户根据自己的账号信息，自动下载全文，不需要登录相应的数据库系统。

（5）支持写作与排版　知网研学的基于 WORD 的通用写作功能，提供了面向学术论文等的写作工具，包括插入引文、编辑引文、编辑著录格式及布局格式等。知网研学还提供了数千种期刊模板和参考文献样式可供编辑。

（6）在线投稿　撰写完并排版论文后，作者可以直接选择要投稿的期刊，即可进入相应期刊的作者投稿系统在线投稿。

（7）云同步　知网研学在 Web 端、桌面端（Windows/Mac/iPad）、移动端上实现三端专题数据实时同步。用户只要有一个 CNKI 账号，就可以同步在计算机或手机上创建专题、管理收藏的文献，随时随地畅享好文献。

（8）浏览器插件　知网研学支持 Chrome 浏览器、Opera 浏览器，支持将题录从浏览器中导入、下载到知网研学（原 E-Study）的指定专题节点中，如中国知网、维普、百度学术、Springer、Wiley、ScienceDirect 等。

3. NoteFirst

NoteFirst 是西安知先信息公司开发的一款文献管理软件，它在传统的参考文献管理软件基础上，增加了参考文献自动校对、科技文献订阅、知识卡片管理、学术会议、自有版权文献共享、群组交流等功能，是一款专门为有论文写作需求的科研人员开发的文献收集、文献管理、论文写作、论文发表、论文仓储的全流程服务软件和平台。NoteFirst 全面支持国家标准、多语言方案，支持异地登录数据同步，避免了用户在不同计算机中导入导出个人文献数据的烦恼，目前最新版本为 2019 年 8 月发布的 NoteFirst

5.0 版,其核心功能包括以下六点。

(1) 文献获取　在万方、知网、SCI、EI、PubMed、IEEE 等主流数据库检索的文献信息可用 IE 插件一键导入,永久保存。

(2) 分类管理　以虚拟文件夹形式将收藏的题录文献实现分级保存,支持文献、文稿、文件、网页、笔记在软件中的分类、标签定义、搜索。

(3) 论文写作　可根据各种期刊要求,自动形成规范的参考文献(支持 SCI/EI 要求的双语参考文献);提供多种笔记、试验记录模板和范例,提高写作效率和规范性。

(4) RSS 订阅　可通过 RSS 源或关键词订阅所关注网站、期刊等资讯。支持用户把有价值的文献直接导入到"文献管理"中,自动补充作者、年卷期页码等元数据,使其方便作为参考文献被引用。

(5) 知识卡片　支持屏幕照相和网页一键式收藏。可将有价值的网页、文献、图片保存为知识卡片并形成个人电子书,方便保存和分享。

(6) 团队协作　可以在软件中建立共享群组,并邀请成员加入到群组中,实现团队成员文献、文稿、试验记录、笔记等有价值资源的分享和统计,实现团队资源的积累和传承。

4. EndNote

EndNote 是由 Clarivate Analytics(科睿唯安)公司发行的基于个人计算机使用的参考文献管理工具,其主要作用是帮助用户以数据库的形式有效组织、管理已获取的文献信息,方便用户查看已有的文献信息,同时还是研究者写作、出版和共享的有效工具。其核心功能包括检索、管理和写作等方面。

目前 EndNote 提供单机和网络两种使用方式。如果用户所在机构已经订购 Web of Science 平台资源,则可通过该平台使用 EndNote 网络版。而机构开通 EndNote 单机版后,就可通过管理员获得安装包,在个人计算机上安装功能更为丰富的 EndNote 单机版,目前最新版为 EndNote 20,其核心功能主要包括:

1) 在本地建立个人数据库,可以直接连接上千个数据库,随时查找收集到的中外文文献记录。

2) 通过检索结果,准确调阅所需 PDF 全文、图片和表格。

3) 将数据库与他人共享,对文献进行分组,分析和查重,自动下载全文。

4) 随时调阅、检索相关文献,将其按照期刊要求的格式插入文后的参考文献。

5) 迅速找到所需图片和表格,将其插入论文相应的位置。

6) 在转投其他期刊时,可迅速完成论文及参考文献格式的转换。

5. Mendeley

Mendeley 是一款爱思唯尔（Elsevier）公司旗下的免费文献管理软件，集文献的搜集、管理、搜索、阅读、标注和引用等功能于一身，免费提供 2GB 的文献存储空间和 100MB 的共享空间。Mendeley 同时具有桌面版本及网页版本，可以创建书库、管理文档、管理引用参考文献，能自动捕捉作者、期刊名、杂志期卷号等重要信息，自动生成参考文献，支持群组共享及多平台云端存储。

> **课堂延伸**
>
> ### 主流的参考文献引用格式
>
> （1）MLA 格式　《MLA 格式手册与学术出版指南》(*The MLA Style Manua land Guide to Scholarly Publishing*) 是《MLA 格式手册》(*The MLAS tyle Manual*) 的第三版。1985年，《MLA 格式手册》由美国现代语言学会首先出版。《MLA 格式手册与学术出版指南》是学术格式的指南，在美国、加拿大和其他国家广泛使用，在人文学科为研究写作和研究文件提供指引，尤其是英语研究、其他现代语言及文学研究（包括比较文学）、文学批评、媒体研究、文化研究和相关学科。
>
> 例：Gold, AndrewH, A. Malhotra, and A. H. Segars. " Knowledge management: an organizational capabilities perspective. " Journal of management informationsystems 18.1（2001）: p. 185–214.
>
> （2）APA 格式　APA 格式是一个广为接受的研究论文撰写格式，特别针对社会科学领域的研究，规范学术文献的引用和参考文献的撰写方法，以及表格、图表、注脚和附录的编排方式。根据 APA 格式，标题用来组织文章，使得其有层次架构。
>
> 例：Gold, A. H, Malhotra, A, &Segars, A. H.（2001）. Knowledge management: an organizational capabilities perspective. *Journal of management information systems*, 18（1）, p. 185–214.
>
> （3）GB/T 7714 格式　《信息与文献 参考文献著录规则》（旧称文后参考文献著录规则）是我国关于参考文献著录格式的一部国家标准，参照国际标准 ISO690 编制，广泛用于我国的学术期刊、论文中。
>
> 例：邱均平，段宇锋. 论知识管理与知识创新［J］. 中国图书馆学报，1999（3）: 5–11.
>
> **思考题**：如何用 EndNote 等文献管理工具将 MLA 格式参考文献转换成 APA 格式？

6. RefWorks

RefWorks 由 ProQuest 旗下 Ex Libris 公司开发，是一个在线版的个人文献管理软件，用于创建和管理个人书目文献资料库，并可实现引文的插入及指定格式参考书目列表的生成。RefWorks 拥有众多的语言版本，如简繁体中文、英文、法文、德文、日文、韩文等。RefWorks 的功能和特点如下：

1）创建位于远程服务器端的个人文献数据库。

2）通过网络浏览器访问个人文献数据库。

3）可以将个人文献数据库中的内容以压缩文件的形式备份到个人计算机，或利用已备份文件恢复个人文献数据库中的内容。

4）在个人文献数据库中建立的文件夹、存放的文献的数目不受限制。

5）快速从个人数据库中查找特定文献。

6）在写作文档中快速、准确插入符合出版要求格式的参考文献。

7）程序在服务器上升级，用户始终使用最新版本程序。

8）用户可以在任何时间从任何地方访问个人的文献数据库。

9）可将个人的文献记录与他人共享。

10）支持不同语种文字，包括英文、中文简体或繁体、法文、日文、韩文等。

6.1.3 文献管理软件的深度应用

文献管理软件的功能主要集中在检索、管理、阅读、分析、写作和投稿等，下面以知网研学文献管理软件为例，介绍文献管理软件的具体功能。

以知网研学桌面端 5.2 版本为例，其主要功能如图 6-1 所示。

1. 平台登录

知网研学提供账号使用和单机使用两种方式。

（1）账号使用　需要输入 CNKI 个人账号和密码进行登录。若是没有 CNKI 个人账号的用户可单击界面上的"用户注册"进行账号注册。登录成功后再次启动知网研学时会以当前的账号自动登录，无须用户反复登录。如用户忘记密码，可单击界面上的"忘记密码"找回个人密码。

（2）单机使用　在账号使用状态下，如图 6-2 所示，单击下拉列表中的"单机模式"，即可直接进入主界面使用（注意：单机使用不会同步到个人账号，仅限本台机器）。

（3）界面介绍　如图 6-3 所示，知网研学（原 E – Study）界面主要分为四个部分：

1）菜单栏：菜单栏主要包含知网研学中的功能操作，单击菜单栏下拉框中具体菜单项，执行相关操作。

第 6 章　个人知识管理　　127

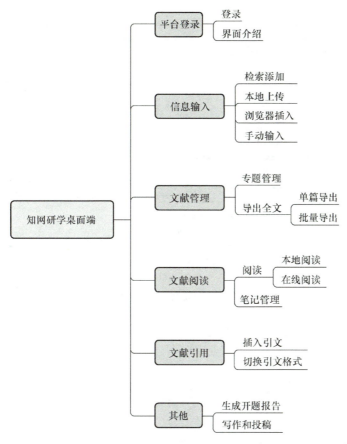

图 6-1　知网研学桌面端

2）工具栏：工具栏随主界面的变化而变化，提供主界面中需要的一些常用操作，方便用户快捷找到相关操作功能。

3）导航栏：导航栏主要包括"功能导航""检索"及当前打开文献的标题，可以点击切换主界面。

图 6-2　知网研学平台登录

4）主界面：主界面主要分为"功能导航"界面、"检索"界面以及打开的文献阅读界面。其中"功能导航"为用户提供一站式阅读和管理平台，"检索"便于用户文献检索和下载，文献阅读界面提供用户笔记记录及研读功能。

2. 信息输入

知网研学输入信息的方式主要有以下几种。

（1）检索添加　执行检索操作时，可在知网研学平台首页检索栏输入关键词检索，除此之外也可如图 6-4 所示，单击"检索"，在 CNKI 总库检索。

128　信息素养与检索实践

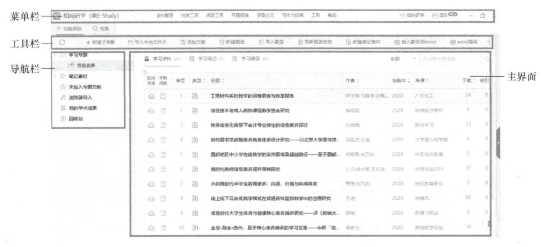

图 6-3　知网研学平台介绍

图 6-4　知网研学平台检索添加

在图 6-5 所示的检索结果页面中，可在检索结果页选中需要的文献，批量导入所建的学习专题下。

图 6-5　知网研学平台导出题录

（2）本地上传　本地上传的方式是将本地的学习资料同步到知网研学，如图 6-6 所示，单击"导入本地文件夹"或"添加文献"，可将本地学习资料上传到专题下，统一管理与学习。

第 6 章　个人知识管理

图 6-6　知网研学平台本地上传

（3）浏览器插入　可通过使用浏览器插件，将网页内容以及中国知网、Springer、ScienceDirect、Wiley、IEEE、EBSCO、谷歌学术等 30 多个国内外常用数据库题录一键采集到知网研学，如图 6-7 所示。

目前研学平台插件支持 Chrome 内核浏览器、火狐浏览器、Edge 浏览器。

图 6-7　知网研学平台文献采集

（4）手动输入　手动输入主要针对文献量少、不联网的情况，可以通过"新建题录"的方式，手动输入题录信息，如图 6-8 所示。

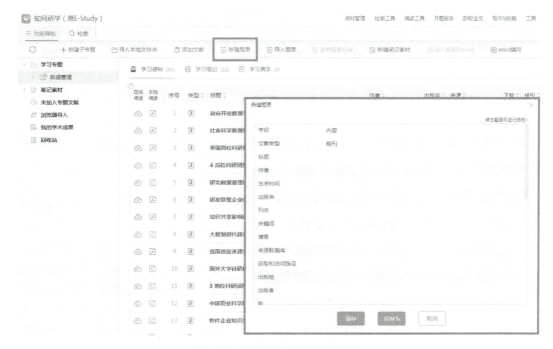

图 6-8　知网研学平台新建题录

3. 文献管理

（1）专题管理　学习专题是查找资料、阅读文献、知识管理的最好媒介。用户可以将本地计算机上的文献添加到不同的学习专题内进行分类阅读和管理。知网研学初始化时会显示"最近打开的专题"及"最近打开的文献"，可以新建专题或导入专题，如图6-9所示。

图6-9　知网研学平台学习专题

每个专题下也可新建子专题，如图6-10所示。

图6-10　知网研学平台新建子专题

除了新建专题外，知网研学也支持专题导入、重命名、导出和删除等相关操作。

（2）全文下载　全文下载是文献管理工具的一个非常重要的功能，当用户阅读到感兴趣的文章想要精心调研时，不必费力前往对应数据库，直接在文献管理工具里下载即可。知网研学全文下载必须是在左侧导航树上双击某个专题节点或子专题节点后，在右侧的题录列表中选中一条或多条没有下载的题录时才可用。

（3）单篇全文下载　用户选中一条要下载全文的题录，右键

第 6 章 个人知识管理

选择"获取全文",如图 6-11 所示,系统会自动在 CNKI 网站上为用户登录,并下载选择的文献。

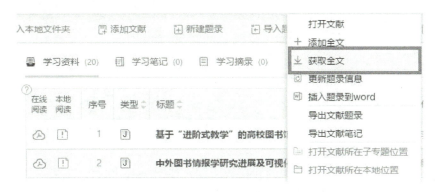

图 6-11 知网研学平台获取全文

(4)批量全文下载 如图 6-12 所示,批量下载全文时可按住 <Ctrl> 键选择多篇全文,右键选择"获取全文",即可将多篇全文下载至本地。

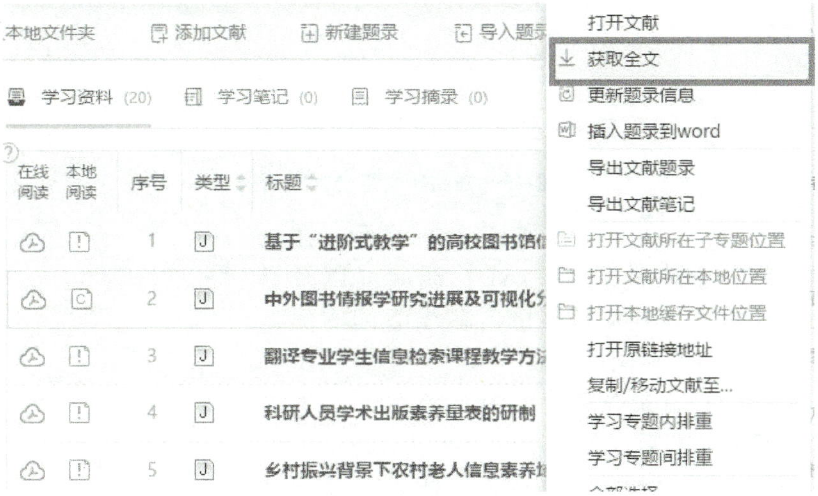

图 6-12 知网研学平台批量下载全文

(5)下载管理 如图 6-13、图 6-14 所示,单击菜单栏"获取全文"下的"获取全文管理",可查看全文下载情况。

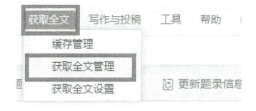

图 6-13 知网研学平台获取全文管理

图 6-14　知网研学平台全部获取全文管理

4. 文献阅读

文献阅读分本地阅读和在线阅读，如图 6-15 所示，在文献列表中第一行有两列图标，第一列图标亮表示该文献支持在线阅读，第二列图标亮表示该文献可以本地阅读。可以在系统设置的阅读设置中修改双击题录时的默认打开方式。另外还可单击题录信息前的图标，选择在线阅读或本地阅读。

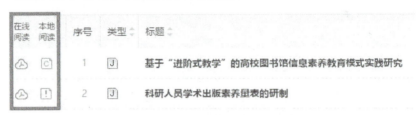

图 6-15　知网研学平台文献阅读

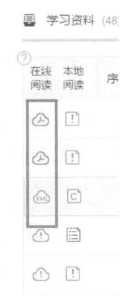

（1）在线阅读　如图 6-16 所示，在线阅读分两种形式，xml 在线阅读以及 PDF 版式在线阅读。单击在线阅读的图标，即可开始阅读文献。

（2）目录管理　如图 6-17 所示，选中目录章节后，单击右键，可以对目录进行添加子目录、添加内容、插入其他章节、删除目录、重命名等操作。其中，选择"插入其他章节"，即可插入该专题下其他文献的章节。

（3）添加段落笔记　如图 6-18 所示，可对文章内容中的某一段落，添加段落笔记。单击某一段落的内容，在该段落的右下会出现"…"的图标，选择"添加段落笔记"即可。

（4）原文内容管理　通过段前/段后添加内容、删除段落，用户可对当前文献的内容进行编辑，即选择"段前添加内容"和"段后添加内容"（见图 6-19），用户也可以删除原文献的段落或自己添加的段落。

图 6-16　知网研学平台在线阅读

第 6 章　个人知识管理

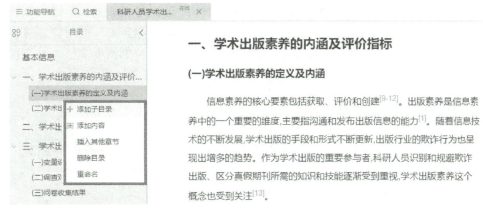

图 6-17　知网研学平台目录管理

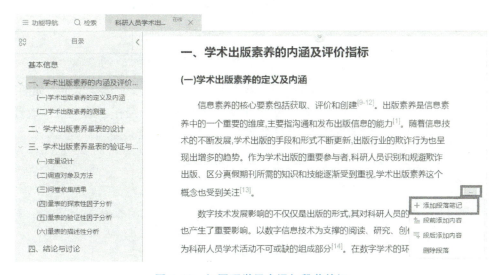

图 6-18　知网研学平台添加段落笔记

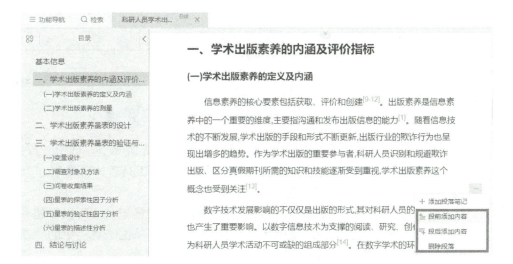

图 6-19　知网研学平台原文内容管理

(5) 本地阅读 本地阅读是针对文献全文已经下载到本地的情况，文献全文是指附件中类型为"全文"的附件。打开文献全文有三种方式：右键单击文献题录（见图 6-20），单击快捷菜单上的"打开全文"，双击主界面中的文献题录。

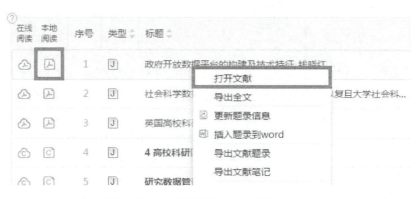

图 6-20 知网研学平台本地阅读（一）

若当前题录不存在全文时，打开全文显示界面，如图 6-21 所示，可单击"添加全文"添加本地已经存在的全文，或者单击下"获取全文"直接从 CNKI 总库下载全文。

图 6-21 知网研学平台本地阅读（二）

（6）添加阅读笔记 本地阅读的情况下，选中一段文字后，在选择文字附近会自动浮现一个快捷工具条，如图 6-22 所示，选择"笔记"选项可添加笔记。

以上添加的笔记是和文献相关的笔记，还可以新建和文献无关的笔记。选中某一专题或子专题，单击工具栏中的"新建笔记素材"按钮。

5. 文献引用

撰写论文过程中，知网研学可以帮助快速生成并插入引文，

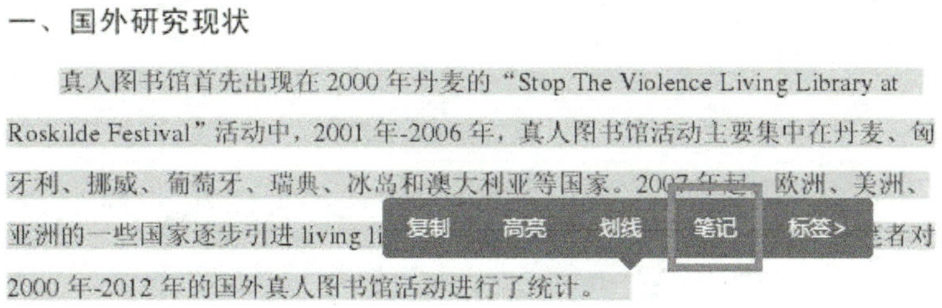

一、国外研究现状

真人图书馆首先出现在 2000 年丹麦的"Stop The Violence Living Library at Roskilde Festival"活动中，2001 年-2006 年，真人图书馆活动主要集中在丹麦、匈牙利、挪威、葡萄牙、瑞典、冰岛和澳大利亚等国家。2007 年起，欧洲、美洲、亚洲的一些国家逐步引进 living li复制 高亮 划线 笔记 标签>者对 2000 年-2012 年的国外真人图书馆活动进行了统计。

图 6-22　知网研学平台添加阅读笔记

具体可以通过知网研学在 WORD 中的加载项来实现。

（1）插入引文　如图 6-23 所示，WORD 中的知网研学加载项中，单击"插入引文"，即可插入一篇或多篇自建专题中的文章作为参考文献。

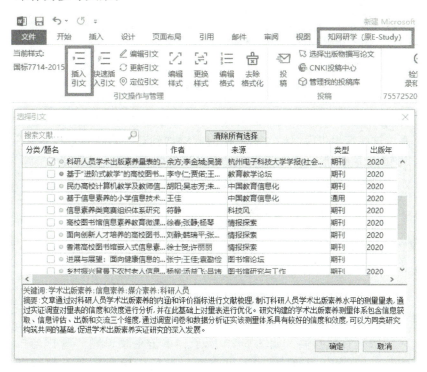

图 6-23　知网研学平台文献引用（一）

（2）切换引文样式　插入引文默认样式是 GB 7714—2015，如图 6-24 所示，单击"更换样式"可通过"引文样式"选择已有的引文样式，即 GB 7714—2015、CNKI 标准样式、APA，还可导入本地已有的样式文件。

6. 其他

（1）生成开题报告　用户在研读过程中可以添加各种笔记，其中系统标签笔记即笔记添加了"背景及意义""国内发展现状"或"国外发展现状"的标签。如图 6-25 所示，点击主菜单上的

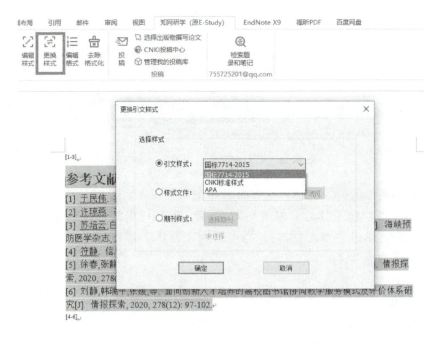

图 6-24　知网研学平台文献引用（二）

"开题报告"→"生成开题报告"，将会打开 CNKI 开题报告模板，并将这些带报告模板标签的笔记内容添加到对应的"背景及意义""国内发展现状"或"国外发展现状"等位置，笔记来源的文章会作为参考文献插入到文章中。文后对应生成相应的参考文献。

图 6-25　知网研学平台生成开题报告

（2）在线投稿　如图 6-26 所示，单击主菜单栏"写作与投稿"→"CNKI 投稿中心"，可查看知网研学提供的所有投稿期刊，包括中文期刊和英文期刊。

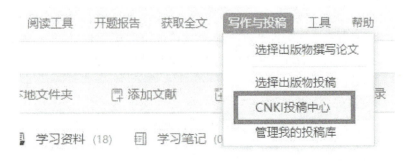

图 6-26　知网研学平台在线投稿（一）

第 6 章　个人知识管理　　137

如图 6-27 所示，投稿中心页面中，可以查看期刊名称、影响因子、投稿模板、查看投稿说明、参考文献样式，也可以单击"投稿"直接登录系统投稿。

图 6-27　知网研学平台在线投稿（二）

6.2　思维导图，厘清思路

6.2.1　什么是思维导图

思维导图是一种可视化的图像，它依照人类大脑最自然的思考方式，以直观图解形式，网络化地描述多个概念之间的关系，呈现大脑的思维过程。它可以激发我们的创意，提高我们的记忆力、解决问题的能力，以及快速掌握并交换信息与知识的能力。

思维导图 – 让大脑动起来

1. 思维导图的起源和作用

东尼•博赞在 1971 年产生初步的构想，并在《启动大脑》一书中，向世人介绍了一种高效的学习与思考方法——思维导图法。主要工具"思维导图"是一种反映我们大脑思考模式的可视化思考工具，它的用途包括以下四点。

（1）头脑风暴，厘清思路　在进行头脑风暴的过程中，思维导图可以很好地将头脑中的想法可视化。在厘清想法和思路的基础上，帮助人们想出更有创意的解决方案，更好地提升创造力。

（2）捕捉灵感，激发创意　灵感来临时总是一闪而过，稍纵即逝。在灵感出现时用思维导图及时捕捉，把握住每一个灵感迸发的瞬间。随时随地，捕捉灵感和创意。

（3）丰富想法，启发思考　思维导图结合了发散性和纵深性思维，不仅能让人们从多方面多角度去思考，还能让人们想得更深入，更具逻辑性。不仅极具启发性，而且能有效提升生产力。

（4）结构化思维，增强记忆　思维导图将大纲笔记和思维导图巧妙地结合起来，帮助人们更高效地厘清思路，结构化人们的知识和想法。大脑更喜欢规则的、有秩序的信息，因此思维导图能有效增强记忆力。

思维导图用途如图6-28所示。

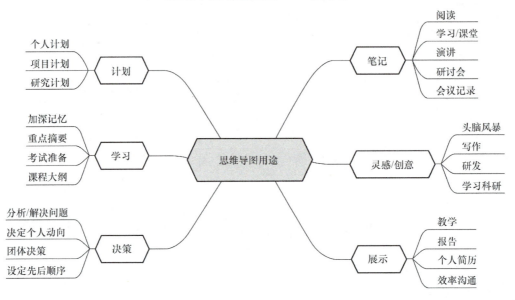

图6-28　思维导图用途

2. 思维导图的组成

一般来说，思维导图主要包括中心主题、主节点、父节点、子节点、主分支、子分支等。

（1）中心主题　中心主题也称为中心节点。这是思维导图最重要的核心内容，导图中所有的内容都是围绕其展开的，它是思维导图的中心部分。比如，图6-28中的"思维导图用途"表示中心主题。中心主题既可以用文字表示，也可以用图像表示。

（2）主节点　主节点是隶属于中心节点的下一级节点，也是思维导图的一级节点。比如图6-28中的笔记、灵感/创意、展示、计划、学习、决策，一共有6个主节点。

（3）父节点和子节点　它们是位于相邻层级的相连的两个节点，从而构成了"父子"关系。比如图6-28中的"阅读"是"笔记"的子节点。

（4）主分支　主分支也称为一级节点。它是指直接隶属于中心主题的节点以及节点的子节点所构成的分支。比如图6-28中的"笔记""灵感/创意""展示""计划""学习""决策"是6个主分支，从而构成了这幅思维导图的骨架。

（5）子分支　它是隶属于某个非中心节点的分支。比如图6-28中的"头脑风暴"所在的分支是"灵感/创意"所在分支的子分支。

值得注意的是，节点和分支是两个完全不同的概念：节点仅仅指节点本身，而分支则指节点以及子孙节点构成的整体。

6.2.2 常用的思维导图软件

思维导图的软件有很多，与用纸笔绘制思维导图相比，利用软件绘制的思维导图在布局、颜色、图像方面的选择性更强，同时也更加方便对其进行修改、检索和长期保存。思维导图的功能主要包括厘清思路、捕捉灵感、归纳推演、学习和记忆，其将纷繁复杂的知识和想法以有序化、结构化的方式组织、管理和呈现。大部分思维导图软件支持个人计算机端、手机 APP、网页版本等，而且分为免费版和付费版。下文列举部分常用思维导图软件，其中涉及的部分功能属于付费版本的。

（1）XMind XMind 是一个头脑风暴和思维导图软件，可以免费下载并自由使用。XMind 分为专业版和普通版两个版本，专业版更注重专业性，拥有幻灯片演示、头脑风暴、甘特图等专业性功能。它的特色功能主要包括：①提供多种思维结构及结构图，比如鱼骨图、矩阵图、时间轴、括号图、组织结构图等，来帮用户更好地厘清复杂的想法和事项。②允许混用多种思维结构，每一张导图都可以结合多种不同的结构形式，每一个分支都可以采用不同的结构。用户可以结合各种纵向的、横向的思维方式，来表达头脑中的复杂想法。③主题和贴纸资源丰富，提供多种个性化主题和贴纸，满足不同场景的审美需求。

访问地址：https：//www.xmind.cn/。

（2）MindManager MindManager 由美国 Mindjet 公司开发，具有直观、友好的用户界面和丰富的功能，帮助用户有序地组织思维、资源和项目进程。它的特色功能主要包括：①多个模板。MindManager 为用户提供了很多思维导图模板，有简单的导图框架，这类模板可以用来确定导图分支的基本样式。②任务管理。有一系列针对时间管理和任务分配的功能，比如在导图中添加任务、设置任务优先级、起止时间、完成度等。③视图多样。支持用户一键切换导图视图，可选视图包括导图、轮廓、计划、图标、标记、链接导图和甘特图。④与 Excel 联动。可以在 MindManager 的思维导图中直接导入 Excel 文件，并对它进行一定程度上的编辑以使其适应整份导图，还可以直接使用 Excel 的公式编辑器在导图中编辑公式。

访问地址：https：//www.mindmanager.cn/。

（3）MindMeister MindMeister 是一个在线思维导图工具，特色功能主要包括：①无须下载或更新软件，直接在线使用，所有的导图都将存储在云端。②协作头脑风暴，可以与无限个参与协作的人共享思维导图，进行头脑风暴。③添加图片、视频或附件，支持添加注释、链接、图标、图像或视频到导图主题上，也支持上传附件。④历史记录视图，支持播放导图完整进化过程，也可以将导图恢复到以前的任何一个版本。

访问地址：https://www.mindmeister.com/zh。

（4）SimpleMind　SimpleMind 的特色功能主要包括：①简明、容易操作，可以自由摆放每个节点。可以单独移动某个节点，或者按住后自动全选该节点及所有从属节点使之一并移动。②页面大小无限制，可以在一页上摆放多个思维导图，帮助用户以更全局的视角绘制导图。③支持在节点处添加图像、照片、视频或语音备忘录。

访问地址：https://simplemind.eu/。

（5）Coggle　Coggle 是一个用于创建和分享思维导图和流程图的在线工具。其特色功能包括：①无须下载或更新软件，直接在浏览器就可以在线使用，所有地图都将在云端存储。②保存修改历史，保存对导图所有的修改历史，方便回溯历史版本。③无限添加图片，可以直接拖拽桌面上的图片上传到导图中，而且上传的图片量不受限制。④匿名协作，可以直接分享私密链接给团队成员，使得他们无须登录便可编辑图表。

访问地址：https://coggle.it/#features。

（6）MindMaster　MindMaster 是亿图软件最新推出的一款跨平台、多功能的思维导图软件，分为免费版和专业版，软件提供了丰富的智能布局、多样性的展示模式、结合精美的设计元素和预置的主题样式，努力帮用户打造一款真正的效率神器。其特色功能包括：①模板丰富，内置模板覆盖各个领域。②任务管理功能下的甘特图视图，任务管理功能允许用户以思维导图模式和甘特图模式管理项目任务。③幻灯片演示，可以一键将思维导图生成幻灯片并按照"遍历主题"或"遍历分支"的方式演示。

访问地址：https://www.edrawsoft.cn/mindmaster/。

> **课堂延伸**
>
> ### 什么是隐性知识？
>
> 隐性知识是迈克尔·波兰尼（Michael Polanyi）在 1958 年从哲学领域提出的概念（同年他出版的《个人知识》一书中有详细的描述）。波兰尼认为："人类的知识有两种。通常被描述为知识的，即以书面文字、图表和数学公式加以表述的，只是一种类型的知识。而未被表述的知识，像我们在做某事的行动中所拥有的知识，是另一种知识。"他把前者称为显性知识，而将后者称为隐性知识。按照波兰尼的理解，显性知识是能够被人类以一定符码系统（最典型的是语言，也

包括数学公式、各类图表、盲文、手语、旗语等诸种符号形式）加以完整表述的知识。隐性知识和显性知识相对，是指那种我们知道但难以表述的知识。

思考题：隐性知识有哪些类型和特征？

6.2.3 思维导图的深度应用

思维导图的功能主要集中在绘制、编辑、设计、导入导出、演示等，本节选取 MindMaster 8.5.1 版为例，如图 6-29 所示，介绍其具体功能。

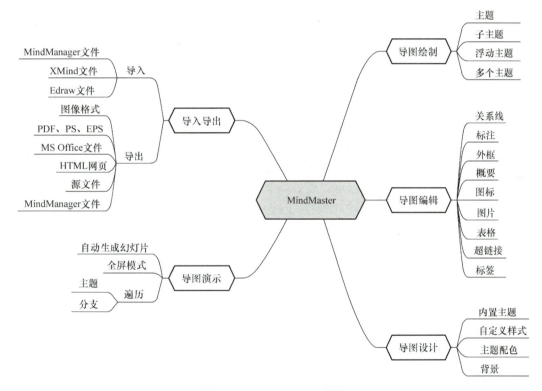

图 6-29　MindMaster 功能

1. 导图绘制

（1）插入主题　可以通过以下三种方式插入主题：

1）在键盘上按 <Enter> 键。

2）单击"中心主题"右侧边框上的浮动按钮，如图 6-30 所示。

图 6-30　MindMaster 导图绘制（一）

3）如图 6-31 所示，在"开始"菜单下，单击"主题"按钮，选择相应层级插入。

图 6-31　MindMaster 导图绘制（二）

（2）插入子主题　可以通过四种方式插入主题：

1）选中一个主题，在键盘上按 <Tab> 键、<Insert> 键或 <Ctrl + Enter> 键。

2）选中一个主题，单击其浮动按钮来插入子主题。

3）选中一个主题，单击"首页"菜单下的"插入子主题"按钮。

4）使用"插入多个主题"按钮。

（3）插入浮动主题　浮动主题是与思维导图结构无关的独立主题。可以通过以下方式插入浮动主题：

1）在键盘上按 <Alt + F> 键，然后将鼠标指针放在要插入浮动主题的任何位置。

2）在"首页"菜单下，单击"浮动主题"按钮。

3）如图 6-32 所示，在页面上双击可以直接添加浮动主题。

图 6-32　MindMaster 浮动主题

（4）插入多个主题　如果想一次插入多个主题，如图 6-33 所示，可使用"插入多个主题"功能。

1）在"首页"菜单下，单击"多个主题"按钮，或在键盘上按 <Ctrl + M> 键。

2）在弹出的"添加多个主题"对话框中，在每一行输入对应主题的主题文本，在键盘上按 <Enter> 键换行。

3）所有需要插入的主题文本输入完毕后，单击"确定"按钮。

2. 导图编辑

思维导图除了主题、子主题等主要分支外，还可以对其进一

第 6 章　个人知识管理　　143

图 6-33　MindMaster 插入多个主题

步编辑，插入各种元素，如关系线、标注、外框、概要、图标、剪贴画、图片、公式、表格、超链接、附件、注释、评论、标签等，如图 6-34 所示，这些都可以通过 MindMaster 的"开始"菜单栏实现。

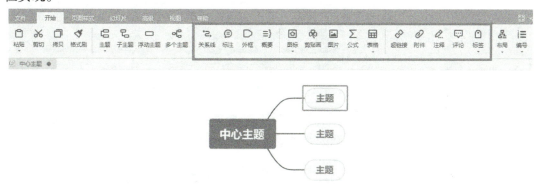

图 6-34　MindMaster 插入元素

3. 导图设计

（1）内置主题　导图的整体外观或默认的"样子"由导图主题决定。导图主题是导图上各种类型元素的默认格式设置的集合，包括一组主题颜色、主题字体（标题和正文文本字体）以及主题效果（线条和填充效果）等。MindMaster 内置了很多主题可供选择，具体操作为：选中"中心主题"或单击导图空白处；在"页面样式"菜单或右侧栏里，单击"主题"图标；在下拉菜单里拖动滚动条浏览所有主题，单击合适的主题以应用到整张导图。

（2）自定义样式　除了使用系统自带的主题之外，用户也可以自定义主题样式并保存该样式为常用主题。具体操作如图 6-35 所示，单击菜单栏"自定义主题"，即可编辑主题样式。

（3）主题配色　如图 6-36 所示，选择主题后，仍然可以更改主题的字体和颜色，通过菜单栏"主题颜色""彩虹色"选项，可以选择不同的配色方案。

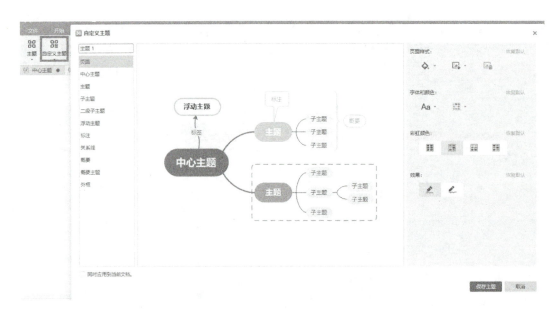

图 6-35　MindMaster 自定义样式

图 6-36　MindMaster 自定义主题配色

（4）背景　除了更改主题配色外，如图 6-37 所示，还可以更改导图的背景颜色或背景图片以达到美化导图的效果。

图 6-37　MindMaster 自定义背景

4. 导入导出

如图 6-38 所示，MindMaster 支持用户从其他软件导入思维导图，如 MindManager、XMind 和 Edraw。如图 6-39 所示，MindMaster 也支持将文件导出到各种图形格式，以及 PDF、Word、Excel、PPT、HTML、SVG、MindManager 等更多文件格式。

5. 导图演示

（1）自动生成幻灯片　MindMaster 支持一键单击自动创建幻灯片，方便导图演示。如图 6-40 所示，单击菜单栏"幻灯片"→"自动创建"即可，用户可以保存自动创建的幻灯片用于演示。

（2）幻灯片播放　除了自动创建幻灯片外，如图 6-41 所示，MindMaster 还支持播放幻灯片、全屏、遍历主题、遍历分支等多种演示功能。

第 6 章　个人知识管理

图 6-38　MindMaster 导入

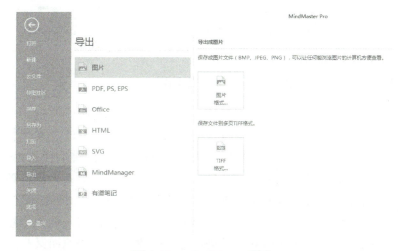

图 6-39　MindMaster 导出

更多的相关功能介绍和演示，可以访问 MindMaster 官网帮助教程：https：//www.edrawsoft.cn/support/。

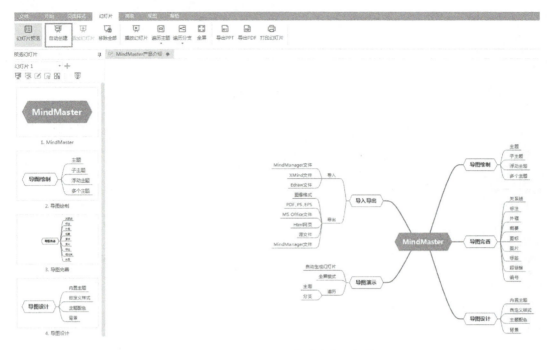

图 6-40　MindMaster 自动生成幻灯片

图 6-41　MindMaster 幻灯片播放

6.3　云笔记软件，记录知识

　　知识管理是网络新经济时代的新兴管理思潮与方法。现代管理之父彼得·F. 德鲁克早在 1965 年即预言：知识将取代土地、劳动、资本与机器设备，成为最重要的生产因素。个人知识管理实质就是知识管理的理念与方法在个人层面的应用。甘永成认为个人知识管理是利用计算机、通信和网络技术，把个人认为最重要的且将成为个人知识的信息进行整合，帮助个人快速而又高效地管理信息，它为那些零散的、随机的信息转换成可系统利用和扩展的个人知识提供了一种策略。

　　本节主要针对一些用户个人知识管理认识模糊和不会结合新时期知识管理软件对知识进行管理的问题，结合各类型云笔记工具在个人知识管理方面的优势，从知识的获取、组织与存储、共享、应用与创新等方面来介绍各类云笔记软件在大众用户知识管理方面的应用，旨在将云笔记软件引入大众用户（尤其是在校师生）知识管理领域，为面向用户的个人知识管理提供新的途径。

6.3.1 笔记与个人知识管理

个人知识管理是指有意识地根据目的对知识开展有效管理，它是用户对知识的识别、获取、组织与储存、利用和自主创新的全过程。它也是提升用户个人知识竞争力与自我价值的过程。个人知识管理无处不在，而其管理方法丰富多样，知识对象多元，如图6-42所示。个人知识管理主要涉及技术专业知识、个人兴趣喜好、灵感想法、方案计划、目的等。下面主要从知识获取、知识管理、知识共享与知识创新四个方面剖析云笔记本软件如何帮助用户实现个人知识管理。

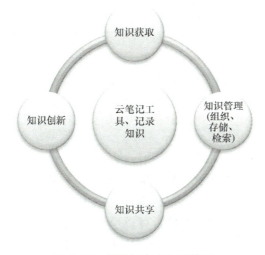

图 6-42 笔记与个人知识管理

1. 知识获取

运用云笔记软件获取知识是进行个人知识管理的前提。知识获取是用户在个人生产、生活过程中搜集目标知识的全过程。通过云笔记软件获取知识的方式主要有：①直接记录型。用户可以直接将笔记以文字输入、手绘画记录等方法存储于云笔记软件中进行本地存储。②第三方导入。用户可以通过第三方应用程序（新浪微博、知乎等）中的信息共享功能将目标知识导入云笔记软件中存储。③账户关联型。通过共享存储在各个第三方平台账户中的知识，建立整体知识体系。

> **课堂延伸**
>
> **RSS——简易信息聚合**
>
> RSS（RDF Site Summary 或 Really Simple Syndication），中文译作简易资讯聚合，也称聚合内容，是一种消息来源格式规范，用以聚合多个网站更新的内容并自动通知网站订阅者。使用RSS后，网站订阅者便无须再手动查看网站是否有

新的内容，同时 RSS 可将多个网站更新的内容进行整合，以摘要的形式呈现，有助于订阅者快速获取重要信息，并选择性地打开阅读。

RSS 信息的获取与订阅，可以通过被称为聚合器的一类软件或服务来实现，如 Inoreader、Reeder、Feeder 等。通常情况下 RSS 的阅读器除了客户端软件之外，还存在一类基于 Web 应用的在线阅读器（例如 Feedly、digg.com）。

思考题：如何利用 RSS 工具构建个人知识体系？

2. 知识管理

知识管理方法包含对已获取的目标知识开展分类储存。使获取的目标知识实现从无序到有序的变换。有序的知识有利于知识的进一步检索、共享和运用，并避免伴随着时间的变化而发生错乱和忘却。云笔记软件具有智能化管理已获取的知识信息资源的作用。用户可以自由对笔记进行分类标识，建立层次分明的知识库，如课堂笔记、专业知识、待办事宜列表、会议纪要、灵感创意等。

3. 知识共享

知识的传递和共享有利于用户塑造协作观念，根据交流和共享得到信息、知识和灵感可以推动知识创新，促进隐性知识转化为显性知识。云笔记软件通常可以通过笔记"共享""发送"等功能，通过链接或账户关联等形式将笔记发送至指定第三方实现知识共享，进而帮助用户实现团结协作。

4. 知识创新

知识应用和创新是知识管理的最终目标，用户在个人知识管理过程中不断累积、共享、交流以产生新知识，实现知识创新。但知识创新并不是一个独立的环节，通常是识别知识需求、获取知识、存储知识、共享知识等过程互动交流的结果，获取的知识通过知识的管理循环才能进一步创造出有价值的新知识。云笔记软件则能通过"记录""存储""分类管理"与"共享"等功能全流程协助用户持续调整和拓展个人知识，最后实现知识创新。

6.3.2　云笔记软件助力个人知识管理

信息社会发展中，数据、信息和知识均呈指数级增长与转化，为了更好地在信息海洋中合理地获取有价值的目标信息，用户需借助高效的知识管理工具创建自身的专业知识库，完成知识的累积和创新，进而提升个人信息素养与竞争力，为实现自我价值与多元发展打下坚实基础。伴随着互联网发展，以及智能设备与移动应用程序的普及，知识管理工具愈来愈丰富，具有专业性的同时也更为个性化和人性化，便于各类用户进行知识存储、加工与创新。

俗话说"好记性不如烂笔头"。日常学习、生产、生活中记笔记的确有利于积累知识。而积累知识也是学习、工作、科学研究中不可缺少的基本技能。个人成长与发展中需要记录的知识是无限的,而通常人的记忆力具有局限性,因此善于学习的人几乎都注重通过笔记实现知识累积从而协助记忆。手写笔记可以实现知识存储以填补记忆的不足,阅读批注可以建立知识关联。

日常生活中我们常常会碰到必须记忆的地方,但传统的纸质笔记本具有无法随身携带与容易丢失的缺陷。比较之下,云笔记软件使用户无须在意场合,能随时随地实现知识的记录、云端存储与共享,而且无须担心丢失,可见数字笔记本更合适"当代日常生活"。因此在数字社会中,应用云笔记软件搭建个人知识体系变成人们当代的关键技能之一。当今市面上云笔记软件众多,我们该怎样选择一款适合自己的云笔记软件呢?下面将为大家介绍 10 款具有代表性的云笔记软件,帮助大家实现个人知识管理。

笔记软件和云盘

1. Microsoft OneNote

Microsoft OneNote 是微软旗下的云笔记软件,是一套用于自由形式的信息获取以及多用户协作工具,现已集成在微软的 Windows 系统与 Office 软件中。同时也支持在 Android、iOS、iPad OS、网页等多平台下载或在线使用。

OneNote 虽最常用于笔记本计算机,但在移动设备中也可方便使用,OneNote 最大的特点就在于其强大的文字记录与笔记管理功能,如图 6-43 所示。OneNote 主要有如下特色:①使用个性化数字笔记本记录用户获取、管理、分享的笔记;②储存、利用广泛笔记来创造新知识;③在笔记中使用白板扫描、编辑、打印文档来管理笔记;④协同共享,无论用户是在教室、图书馆,还是在路途中,使用 Microsoft 账户登录后就可在任意设备上记录、查看笔记,分享知识,进行知识的管理和协同创新。

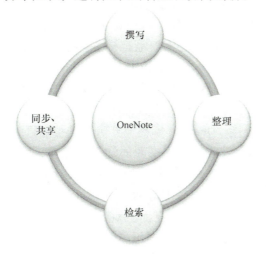

图 6-43　Microsoft OneNote 功能

(1)知识撰写 ①文字记录与编辑。OneNote 拥有强大的文字记录、编辑功能,可以自由地调整文字大小、字体,插入各样式的图表,因此就文字记录而言,OneNote 等于一个简易版的 Word。②手绘记录知识。OneNote 的另一大优势则在于其强大的手写笔记功能,配合数字输入设备(如 Apple Pencil、S Pen、Surface Pen)或仅用手指即可轻松、自由地对已有笔记进行"突出显示"或"墨迹注释"功能编辑注释(见图 6-44)。用户还可以在白色的背景或者带有网格的背景上写作、绘注、记录、做标记,OneNote 的手写笔记页面如同一块创作画布,用户可以在页面上任意排版。例如左边是文字,右边插入图片。通过绘图实现手绘效果。搭配手写操作的平板计算机,OneNote 可以发挥更强大的绘图功能。除了多种色彩可以选择外,还可以选择笔的种类以及粗细等。

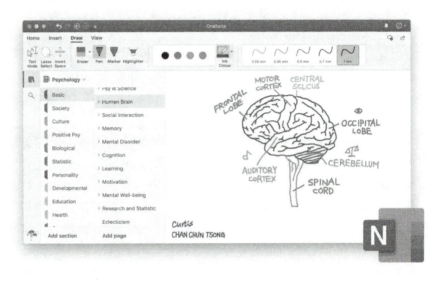

图 6-44 Microsoft OneNote 手写笔记

(2)知识整理 OneNote 软件的界面是带有标签的三环活页夹的电子版本,非常方便用户笔记标签的制作,如"课程笔记""实验数据"等,还可定义成由其他应用程序发送过来或在网页上标注的页面。页面可以在活页夹内部移动,同时也可通过电子墨水技术添加注释,处理文字或绘图,并且其中还可内嵌多媒体影音或 Web 链接,OneNote 借鉴了早期 RSS 信息订阅服务的优势,可以作为存储以及收集不同来源的知识信息库,因此 OneNote 笔记软件非常适合在校大学生用于整理来自多个课程或研究项目的大量信息。在笔记知识整理方面,OneNote 的另一大优势在于高度的个性化编辑,OneNote 界面美观,可为每个笔记本与标签页自定义 Logo 与颜色,还可根据用户使用习惯自定义笔记本列表放在两侧或者顶部。

（3）知识检索　OneNote 拥有强大的检索功能，可以在完成常规的文字、图片里的文字搜索的同时还能使用语音搜索。OneNote 的重要创新之一是内建的搜索功能，以及可索引的图形和音频仓库。图像文件（例如屏幕截图、扫描的嵌入式文档或照片）中可以搜索内嵌的文本内容，电子墨水注释也可作为文字被搜索。音频内容也可以通过关键字被语义搜索，同时还可以在录制的同时播放笔记中记录的内容。该软件的多用户功能可实现脱机编辑和账户关联同步合并，并可以段落为基础进行合并。这使得 OneNote 成为一个非常适合就某个项目进行协作，而且所有成员并非总是在线的情况下使用的强大工具。

（4）同步与共享　OneNote 所有的同步功能均基于微软账户关联同步，并存储在 OneDrive 云端。使用便笺可以快速保存用户的想法和创意，之后可在任意设备上随时随地访问。无论是在计划一场研讨会还是在与学习小组共同制订科研计划时，都可与第三方共享笔记，并在共享中与多方协同工作。

2. 印象笔记——用户的第二大脑

印象笔记是帮助个人及团队创建、收集、整理和分享信息的知识管理工具，可以帮助用户简化工作、学习与生活。同各类主流数字笔记一样，用户可以在移动设备、网页等多平台间，无缝同步每天获取的知识与想法，一站式完成知识信息的收集、存储、分享、多端同步和云端保存。作为用户的第二大脑，印象笔记可以快速保存微信、微博、网页等内容，除了传统的记录功能外，如图 6-45 所示，印象笔记还有模板库、桌面便笺、光学字符识别（OCR）等功能。同时，在新一代编辑器内可以自由插入各类模块来高效管理一切知识。

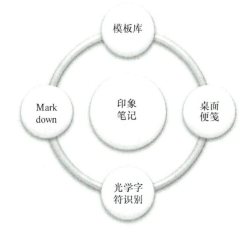

图 6-45　印象笔记核心功能

（1）模板库　模板可以帮助用户快速、个性化地管理笔记。在管理个人笔记的过程中，通常需要调整字体、色彩、段落行距等,通常的方法是复制后粘贴,而在印象笔记的模板中则是直接复制即可快速、个性化加工个人笔记。如图 6-46 所示,印象笔记模板库功能还在不断拓展边界,除了传统的文字外,还支持将图片、文档、音频或者是附件一次性添加其中,创造个性化模板笔记库。

图 6-46　印象笔记模板库

(2)桌面便笺　使用桌面便笺功能可直接在计算机桌面上快速创建便笺,方便用户随时记录想法,用户也可将已有笔记设置为桌面便笺,从而使重要笔记可以随时被查阅和修订。桌面便笺特色功能:①创建便笺,随时记录笔记。在印象笔记软件桌面端侧边栏中单击"更多新建"按钮,即可找到"桌面便笺"功能,或是单击云笔记软件桌面助手右上角的"新建桌面便笺"按钮,即可一键创建桌面便笺,方便用户随时记录想法和事项。②笔记转桌面便笺。存储在印象笔记中的现有笔记也可以轻松变身为便笺,当前桌面便笺一键置顶,让重要笔记时刻都保持在眼前,方便随时查阅、编辑和修订。

(3)OCR　OCR(Optical Character Recognition)是指利用数字设备(例如扫描仪或智能手机)检查纸上打印的字符,然后用字符识别方法将形状翻译成计算机文字的过程。首先对文本资料进行扫描,然后对图像文件进行分析处理,目的在于获取文字及版面信息。随着电子书、网络信息资源的发展,用户逐渐习惯于截图记录。截图记录笔记方便快捷,而印象笔记的 OCR 功能则能将截图笔记中目标内容转化为可编辑的数字笔记。

（4）Markdown Markdown 是知名作者约翰·格鲁伯（John Gruber）发明的一种"轻量级的标记语言"。Markdown 通过简单的语法，使普通文本具有一定的格式。如在一段文本前加上"#"号，就可以把这段文本设置为标题；在一段文本前加上">"号就可以设置引用格式。印象笔记的 Markdown 功能不仅支持主流的 Markdown 语法，同时还支持相关样式、序号列表、任务列表、表格、TOC（目录）、多种图表、数学公式、流程图等。

3. Notion

Notion 是一款提供笔记、任务、数据库、百科、日历和提醒等组件的移动应用程序。用户可以将这些组件连接起来，来创建自己的知识系统，用于知识管理、笔记记录、数据管理、项目管理等。这些组件和系统可以单独使用，也可以与他人进行跨平台协作。Notion 不仅能记录笔记，还能建立个人知识库，以及与他人协作。相较于其他云笔记软件，Notion 的所有功能都是通过独有的 Block（模块）实现。对于 Notion 而言，笔记个体或者文档都是一个独立的模块，而这些模块之间能够相互转换、融合与链接，从而帮助用户搭建个性化的知识体系。Notion 核心功能如图 6-47 所示。

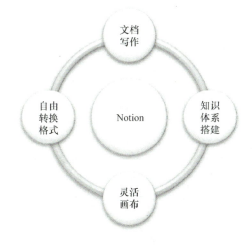

图 6-47 Notion 核心功能

（1）文档写作 在文档写作方面，Notion 的主要功能同谷歌文档（Google Docs）及其他云笔记软件的趋同，但同时也提供了丰富的媒体模板，能够满足个性化需求。同时 Notion 同 Confluence 与 GitHub Wiki 类似，用户可以用 Notion 来建立个人知识库，方便随时检索笔记文本。另外 Notion 还提供了类似于 Asana 的任务面板功能。在利用 Notion 进行写作的全流程中，用户的所有工作内容都会以数据库的方式呈现并被保留下来。

（2）知识体系搭建 传统的数字笔记即使存储在云笔记软件中，通常也是独立存储的，需要手动标引来管理和建立联系，而在 Notion 中，用户在记录一个知识点的笔记时同时遇到了另一个新的关联知识点时，仅需一个跳转页面就可继续记录相关笔记，知识点之间可以相互链接，用户以此通过无限嵌套内页能把所有知识都串联起来，形成维基百科式的体系，如图 6-48 所示。知识只有建立相互联系才能进一步实现知识创新。不同于本书已经介绍过印象笔记、XMind 等知识管理工具建立知识关联，Notion 能通过多媒体模块把视频、音频、网页等关联起来，让用户的知识体系搭建得更加丰富、更加多元。

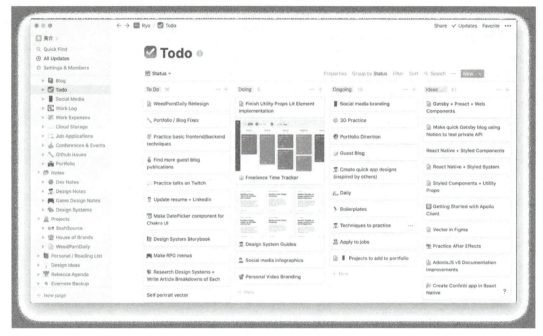

图 6-48　Notion 知识体系搭建

（3）灵活画布　每一个 Notion 页面都是一张空白的画布，用户可以在上面进行构建，或者添加不同类型的多媒体笔记，但用户不需要使用工具包中的所有工具。使用画布就像使用最简单的文本编辑器一样简单。

（4）自由转换格式　Notion 中的任何块都可以变成任何其他类型的块，以便以新的方式使用、查看该笔记而不会丢失任何信息。

4. Notability

相较于文字、图片等多媒体笔记的收集与管理，部分用户依旧习惯手写笔记，而 Notability 是由 Ginger Labs 开发的一款手写的数字笔记软件。用户通过数字手写设备就可以轻松记录笔记，更能拥有传统笔记和手绘的感觉，除此以外用户还可以直接拍照或插入图片等多种格式的文件，并为它们添加注释和手写签名。Notability 强大的检索功能可以使用户在整理笔记时，通过关键词搜索内容，或用"主题群组"和"分配器"对不同条目标引与归类。Notability

核心功能如图 6-49 所示。

图 6-49　Notability 核心功能

（1）手写笔记　类似 OneNote，用户通过手写笔（见图 6-50）可以在 Notability 手写笔记。笔触分为笔、荧光笔等多种，还可个性化设定颜色、粗细，同时 Notability 提供多种纸张主题，以及如横格、方格、点阵等各类笔记模板。除了用笔书写之外，用户也可使用文字编辑。"套索"功能可调整、删除、转换、合并手写笔记内容。

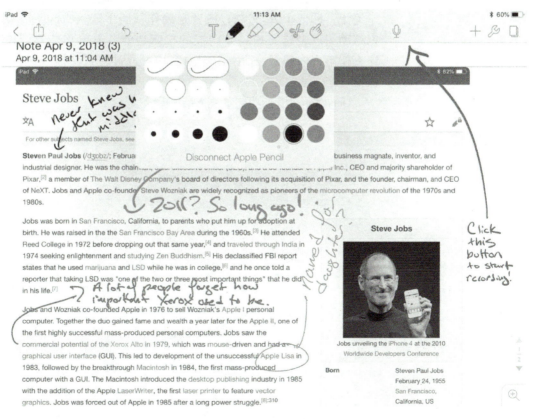

图 6-50　Notability 手写笔记

（2）音频记录与回放　Notability 的一大特色在于音频记录与回放。不同于传统的录音笔记软件，Notability 的录音与回放功能可根据录音时间与笔记变化对照，例如用户在录音时手写了对应笔记，则回放录音时，书写的笔记也会按录音时间进行定位。另外内置的语音与文字间的转换工具可以实现在 Notability 中搜索笔记中的文字。

（3）知识同步共享　不同于 OneNote 使用微软账户关联，Notability 所有的同步功能均基于 OneDrive 或 iCloud 云存储同步。Notability 的"分享"功能可创建公共链接，也可用电子邮件分享链接或导出为 PDF 分享、打印等，或导入至第三方云笔记工具。

（4）手写识别与数学表达式转换　Notability 还提供了由 MyScript 提供支持的数学表达式转换功能，它可以自动识别用户手写的数字和计算符号，并将手写的数学公式转化为可供二次编辑的文本数学公式，来帮助用户感受该技术带来的生产力提升。

5. GoodNotes

GoodNotes 由 GoodNotes Limited 开发，旨在使用手写笔在移动智能设备上进行手写笔记和注释 PDF 文档，以及将 PDF 或其他文档类型导入个人笔记本中，同时还允许用户在虚拟文件夹和自定义笔记本中管理笔记。同 Notability 这款手写笔记记录工具一样，Good Notes 也可以帮助用户以手写方式记录笔记。无论是记录课堂笔记，标记 PDF 文档，或者是制作精美手账，GoodNotes 都可以帮助用户轻松完成。而内嵌的检索功能，不单支持笔记检索，还支持笔记内搜索，所有笔记内容均可通过搜索一键直达，轻松快捷。

GoodNotes 核心功能如图 6-51 所示。

图 6-51　GoodNotes 核心功能

（1）手写笔记　无论是用手指还是笔，如图 6-52 所示，用户都可以在 GoodNotes 的数字笔记本或 PDF 文档中随意绘写，而且所有手写笔记无论怎样随意缩放，都依然清晰。相较于 Notability，GoodNotes 的一大特色在于其强大的个性化与自定义功能，例如：通过自定义笔刷颜色、粗细和样式（如钢笔、圆珠笔、毛笔、荧光笔）来激发用户的创作潜能；内置日式手账风、简约、商务、活泼等不同风格笔记封面；GoodNotes 还为用户提供丰富多样的纸张模板，如康奈尔笔记纸、清单列表、月计划表、乐谱和抽认卡等，而快速笔记功能允许用户在启动应用程序时开始速记要点。

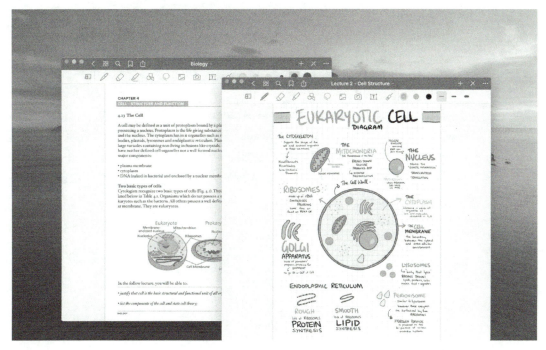

图 6-52　GoodNotes 手写笔记

（2）文稿管理　GoodNotes 强大的文稿管理功能允许用户能够创建无限多的文件夹，多层文件管理所呈现的结构会协助用户轻松存储、使用、共享笔记。如图 6-53 所示，用户不仅可以在 GoodNotes 中快速访问、标记个人笔记，还可以通过关键字轻松搜索文本甚至手写文字。用户可以为笔记添加书签，创建大纲，以整理思绪。

（3）全局检索　区别于其他手写云笔记平台，在 GoodNotes 中，核心是笔记本和外部文档的关联从而不再遗漏笔记，透过强大的光学字符识别（OCR）技术，用户可以检索到 GoodNotes 笔记内的信息，包括手写笔记、PDF 文字、文件及资料夹名称等。即使是扫描书籍、合同等纸质文件，OCR 也可以自动识别文字内容方便以后搜索，并且还能一键转换笔记中的手写文字为文本，方便复制、导出和编辑。

图 6-53　GoodNotes 文稿管理

6. Adobe Acrobat Reader

Adobe Acrobat Reader 是由 Adobe 公司开发的数字文字处理软件集，可用于阅读、编辑、合并和共享 PDF 笔记，并在笔记中添加批注和电子签名。Adobe Acrobat Reader 的核心功能如图 6-54 所示。

图 6-54　Adobe Acrobat Reader 核心功能

（1）阅读 PDF　使用 Adobe PDF 查看器应用程序打开并查看 PDF 笔记，而 Liquid Mode 获得最佳的 PDF 笔记阅读体验。PDF 笔记中的内容可重排以适应屏幕。使用 Liquid Mode 大纲索引进行快速导航与查找，在 PDF 笔记中快速搜索以找到相应文本。

（2）批注 PDF　如图 6-55 所示，在 Adobe Acrobat Reader 中打开扫描文档，以填写、签名、添加注释和共享。可以在 PDF 笔记中添加批注和注释，包括简单的附注和高亮显示，还可以通过添加文本或手绘在 PDF 文档中进行书写，也可以联机收集多人在同一文件中添加的注释，并与第三方共享笔记展开协作。

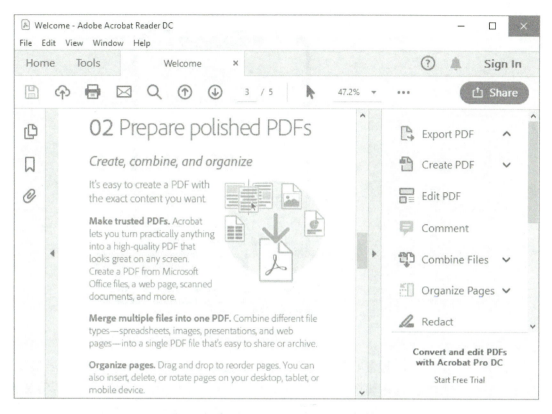

图 6-55 在 Adobe Acrobat Reader 中批注

（3）编辑 PDF 通过 PDF 编辑器功能，可修正拼写错误或添加段落，还可添加、删除或旋转图像，以填写与签署表单。使用表单填写功能轻松填写 PDF 表单，用触控笔对文档进行电子签名。

（4）共享 PDF 通过关联 OneDrive、Dropbox 等云端硬盘和联机存储账户，以访问所有笔记并存储和管理文件。除了基于云端基本的创建、编辑、合并、压缩同步和共享笔记，还可从文档或图像创建 PDF 文件。将 PDF 导出为 Word、Excel 或 PowerPoint 文件，并可通过添加密码保护 PDF 文档。

7. 扫描全能王

扫描全能王（CamScanner）是一款手机办公软件。它可以随时随地扫描、保存、归档、上传、查找、收集、管理图片笔记，并通过图像裁剪和图像增强演算法，保证扫描的内容清晰可读。和扫描仪的原理很像，"扫描全能王"通过摄像头可将纸质书籍、笔记、课程 PPT、白板等内容拍下，照片会经过智能文件切边和图像处理变成可供编辑加工的"扫描件"（见图 6-56）。而用户除了可对"扫描件"进行本地归档管理外，还可将文件上传到云存储中。

在扫描全能王的笔记管理中，通过智能 OCR 识别文字，即使

图 6-56　扫描全能王的文字识别

搜索对象是图片，用户也能输入关键词轻松定位，还能一键复制、编辑图片上的文字，扫描全能王支持导出为 Word、TXT 等易于编辑的文档。而除了单一扫描笔记外，扫描全能王还支持一键导入 PDF、图片、表格等多类型电子文档并通过标签归类，多文件夹保存，一站式保存和管理工作、学习、生活中各类资料。

对于学生，扫描全能王能够帮其扫描课堂笔记、白板、PPT，复习找资料快速又方便；线上提交纸质材料、个人证件扫描件，高清而且专业。而对于职场人，扫描全能王能帮其随时扫描手边合同、公司证件、会议 PPT 等，一键保存或分享 PDF，随时搜索、查阅。扫描全能王能轻松帮助用户识别、整理、加工图片。

8. 讯飞听见

对于音频笔记，最传统的方式是使用录音工具，先开启录音功能，然后一边交流一边速记要点，然后再利用音频播放工具反复重听对所需要的细节进行完善。而利用讯飞听见，如图 6-57 所示，一段 40min 的研讨会音频，只用 20s 就转录成比较准确的文字，进而可使用本书已介绍的其他云笔记工具进行笔记的加工与利用。

讯飞听见能够进行语音实时识别，能够一键启动录音，实时转写预览，而多语种翻译功能则能够实现语音在线实时翻译，多种语言自由切换。文字笔记是知识信息管理的重要来源，讯飞听见的快速转写功能能够实现 1h 音频最快 5min 出稿，准确度最高可达 97%。

讯飞听见用途广泛。会议一键录音，快速整理纪要；课程录音导入，提取重点内容。媒体采访，区分任务角色，快速整理出稿；心得写作，随时收集灵感，提升表达能力。总体来看，讯飞听见面向多元用户使用，对于在校师生，讯飞听见可以将教师讲课培训录音，转成文字，整理成文字材料，记录教师上课内容，课后转成文字，节省学生重听时间，且不错过任何重点知识；对于职场人，办公会议、采访访谈、取证录音、商务洽谈，一键录音，轻松记录会议内容，快速转成文字，输出会议纪要，导出并整理成新闻稿件、证据。

图 6-57　讯飞听见录音转文字

9. 火龙果写作

前文已经从笔记的获取、标引、分类与利用等方面介绍了多种云笔记软件及对应的功能，火龙果（Pitaya）写作则可以智能加工和处理笔记。火龙果写作是香侬科技旗下的一款纯净、简单、智能的写作阅读平台，也是一款专门用于加工笔记的工具。如图 6-58 所示，该软件可为用户提供最为智能的文字编写程序，以沉浸式、无干扰的一站式私人工作台理念，无缝衔接资源发现、内容阅读、内容创作及中英智能语法校对、实时翻译等服务，基于人工智能技术，提供笔记审校、翻译和改写功能。

而在具体功能实现上，火龙果写作能帮助用户快速创建笔记摘要报告，根据上下文检索相关内容，将相同含义的词组按照不同的文字重新描述，使文章更具原创性，而且还能帮助用户筛查文章内容，识别错别字，对于单个单词或词组可以翻译词组词义，搜索词组相关内容，修改字符标点，同时还可以为文章标记使用平台，并快速地将各平台的文章转换到另一个平台当中使用。

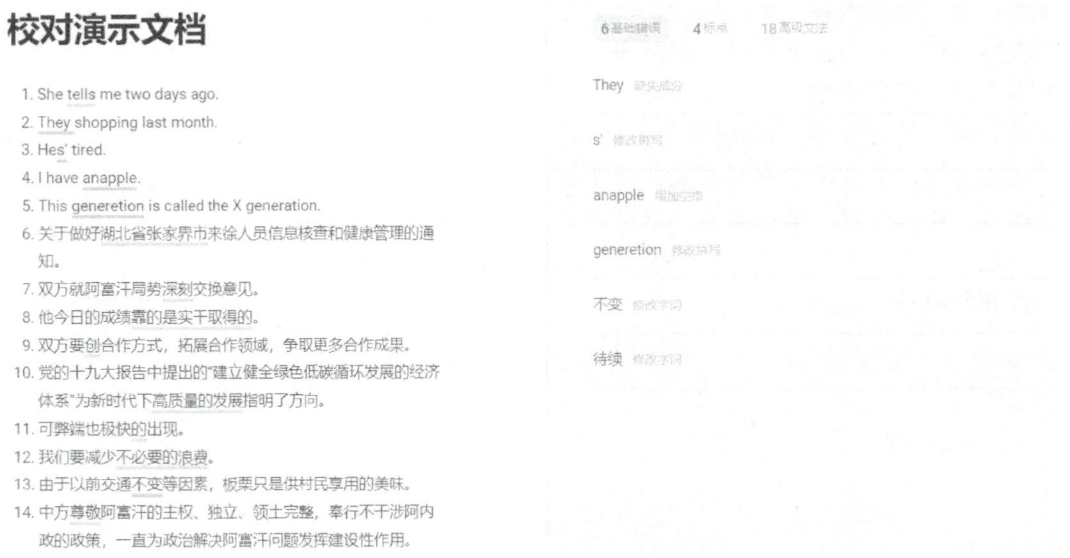

图 6-58　火龙果写作校对文档

火龙果写作基于强大的语义识别与修改功能，能实现内容的审核与校对，如辅助师生在论文写作或日常笔记记录中进行错别字检查、语法检查、事实性核查、标点格式检查等 100 多种类型检查，而且还可以对每个句子进行同义句转换改写和润色，为每个句子提供多种转换结果。火龙果软件能有效纠正中式英语表达，让英文表述更加地道。

10. 飞书

飞书（Lark）是一个由字节跳动公司开发的企业协作与管理平台，支持 Windows、Linux 等多种操作系统及网页端。飞书主打一站式无缝办公协作，支持即时通信、云笔记、云盘、邮箱、日历、视频会议、目标与关键成果（OKR）等功能。飞书平台核心功能如图 6-59 所示。

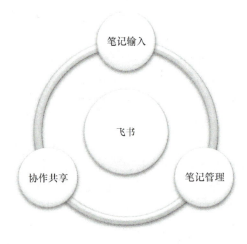

图 6-59　飞书平台核心功能

（1）笔记输入　如图 6-60 所示，飞书支持多人实时编辑在线笔记，并提供了文档、表格、多维表格、思维笔记四种文档类型。同时，飞书云笔记提供了云盘功能，支持上传本地文件。其提供的特色功能包括多人实时协同编辑。飞书支持多人、多设备同时编辑一篇在线文档，内容自动保存在云端，无须来回发送文件或手动保存，所有人看到的都是最新版。

图 6-60　飞书文档记录笔记

（2）笔记管理　飞书笔记中支持插入图片、表格、文件、视频、任务列表、投票、代码块、流程图等丰富的内容，也支持主流的 Markdown 功能。例如输入#空格，即可快速输入一级标题。多维表格是一款以表格为基础的高效率的应用，它具备表格的轻盈和业务系统的强大。相较于普通表格，多维表格有规范化、多视图的特点，能帮助用户从多个维度管理项目。思维笔记支持大纲笔记、思维导图两种视图，支持用户以结构化的方式进行思考和记录。

（3）协作共享　飞书支持在笔记里"@"协作伙伴、发表评论，对方会在飞书上收到消息提醒。飞书还支持插入丰富的内容。飞书的开放性帮助用户彻底告别零散的多套系统和割裂的协作体验，实现实时协同编辑，一切元素都可插入。飞书不仅是在线笔记软件，更是强大的创作和互动工具。

6.3.3　云笔记软件的深度应用

本书以 macOS（版本号为 Monterey 12.2.1）与 iPad OS（版

本号为 15.4）系统环境下的 OneNote（版本号为 16.58）为例演示如何使用云笔记软件。

1. 在 OneNote 中记录笔记

如图 6-61 所示，在 OneNote，用户可以直接文字输入，或者自定义一支个性化的笔，在 OneNote 中记录笔记，书写笔记。OneNote 支持将手写笔记转换为文本，也可以将录制的音频转化为笔记。对于文字笔记，用户需单击页上的任意位置，然后开始输入文本，也可以在页上所需的任意位置添加笔记，移动笔记和调整其大小；在这个过程中，OneNote 会自动保存所有工作。用户还可以使用鼠标、触控笔或手指手写笔记，选择绘图，选择一支笔，然后开始书写。

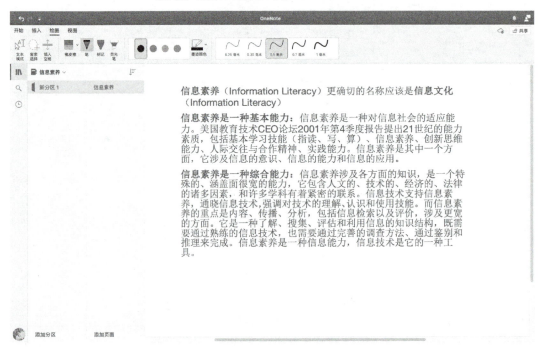

图 6-61　在 OneNote 中记录文字笔记

若要将手写笔记转换为文本，如图 6-62 所示，用户可在 OneNote 上方任务栏中导航至"绘图"页面，单击"套索选择"，现在就可以像编辑普通文本一样编辑此文本。

还可以使用 OneNote 录制音频笔记，如图 6-63 所示，用户单击页面的"插入"按钮，选择插入"音频"，OneNote 立即开始录音。若要结束录制，用户可单击"停止录制"。

2. 在 OneNote 中插入表格与图形

如图 6-64 所示，在插入表格时，功能区中将出现表格选项卡，选择表格可进一步自定义表格，例如插入或删除行或列，选择底纹和颜色以突出显示单元格，通过选择排序来以特定的顺序整理信息。

第 6 章　个人知识管理

图 6-62　在 OneNote 中使用套索选择

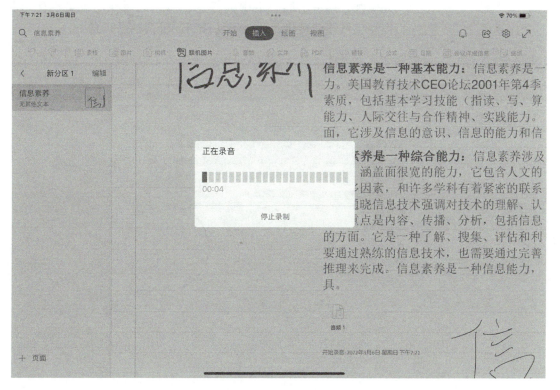

图 6-63　在 OneNote 中插入音频笔记

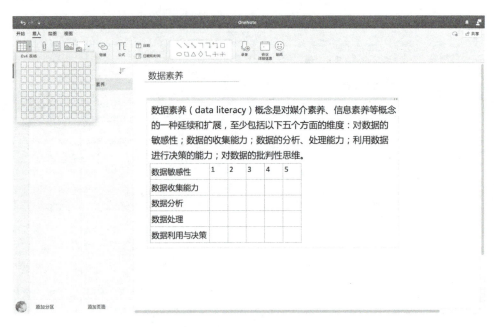

图 6-64　在 OneNote 中插入与编辑表格

如图 6-65 所示，在 OneNote 中还可以插入圆形、三角形或矩形等形状，也可以用手指触控笔或鼠标绘制形状。首先选择绘图选项卡，如果要插入形状，可选择形状，单击一个基本形状，比如椭圆，再单击笔记本中的任意位置，然后拖动也可创建形状，拖动也可移动形状，通过拖动控制便可调整形状大小。

图 6-65　在 OneNote 中插入与编辑图形

若要转化形状,如图 6-66 所示,用户可以用鼠标或触控笔"绘图",然后单击"将墨迹转换为形状"来绘制一个形状,比如圆形或者正方形,手绘形状会自动转换为线条流畅、边角清晰的形状,完成绘制后只需单击选择对象或键入文本。

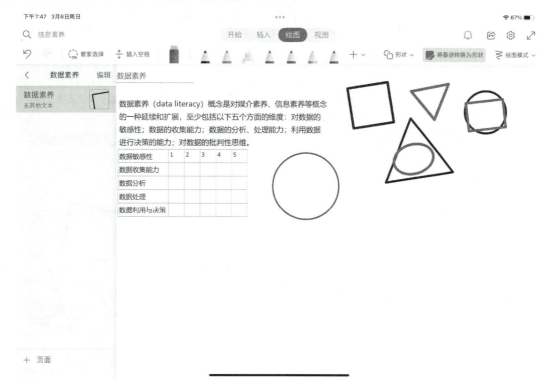

图 6-66 在 OneNote 中将墨迹转换为形状

3. 在 OneNote 中检索笔记

OneNote 可以搜索键入的任何文本、手写笔记,甚至无论笔记在什么位置,OneNote 都可以帮用户跨平台快速找到。如图 6-67 所示,若要查找笔记,用户选择放大镜或者按 <Ctrl + F> 键,然后输入搜索词或短语,不仅可以搜索存储的文本,甚至手写笔记和图片中的单词都可以被搜索到,如果需要缩小搜索范围,选择下拉箭头并选择一个选项。

个人知识管理能力已成为个人在信息社会中生存的基本技能之一,但是作为未来社会中坚建设者的学生群体,其知识管理能力现状不容乐观,多数学生缺乏个人知识管理的意识,对个人知识管理缺乏系统性和目的性,个人知识管理工具的使用能力也有待提高。

本书挑选了在文字记录、手写笔记、音频笔记、语义写作工具、知识共享平台等方面具有代表性的 10 款云笔记软件,介绍了它们在面向学生的个人知识管理中的应用,期望为当代学生的个人知识管理提供思路、方法与工具。OneNote 可以将工作日志、会议记录、文档附件全部保存到云端，工作资料触手可得；扫描全能王能扫描合同、名片，OCR 批量数字化纸质文件、备份工作资料；飞书拥有上百种预置模板，有助于轻松完成周报、总结、OKR 进度管理，多人多屏动态协同编辑，提升远距离办公的效率。在生活中，印象笔记能创建购物、电影清单，轻松安排日常生活，用图片、文字记录亲子、好友、宠物的美妙瞬间；轻松聚合微信、微博、新闻客户端和网页信息，随手捕捉每一个灵感。功能全面、界面简洁，自定义桌面工具丰富，还支持 Markdown 和思维导图的各类云笔记软件可以满足绝大多数不同需求，提升个人学习、工作效率。

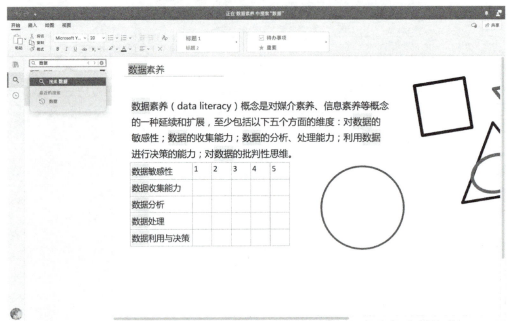

图 6-67　在 OneNote 中检索笔记

然而，即使是在校大学生这个群体，依旧存在不同专业的小群体，如人文社科专业学生或自然科学专业学生，或是本专科生与研究生。同时不同用户群体的性格特征、认知风格不一，本书并没有对其进行区别分析。虽然学生们走向社会后从事的工作类型互不相同，但知识管理工具的使用思路、方法与目的却是趋同的，只要掌握了相关的理念与原理，就能发挥它们在生产、生活中的独特作用，提升个人的知识管理能力。

> **课堂延伸**
>
> **碎片化时间**
>
> 　　碎片化（Fragmentation）一词原指在数据存储领域中，存储空间使用效率低下，结果导致功能、运行效率变低或二

第 6 章 个人知识管理

者兼而有之的现象。基于此而衍生出的碎片化时间是指在学习或工作的安排等中会有一些较为短暂且不连续的零碎空闲时间段，如乘坐地铁或公交车去上班或上学的路上的这段时间。碎片化时间可以通过不同的方式加以利用，如利用碎片化时间进行碎片化阅读等。

思考题：如何利用云笔记软件在碎片化时间进行碎片化学习？

课程思政小课堂

利用思维导图学习 2022 年《政府工作报告》

2022 年 3 月 5 日，第十三届全国人民代表大会第五次会议在北京人民大会堂开幕。国务院总理李克强做政府工作报告。李克强总理在《政府工作报告》中指出，过去一年是党和国家历史上具有里程碑意义的一年。笔者用 XMind 思维导图工具学习 2022 年《政府工作报告》的笔记如图 6-68 所示。

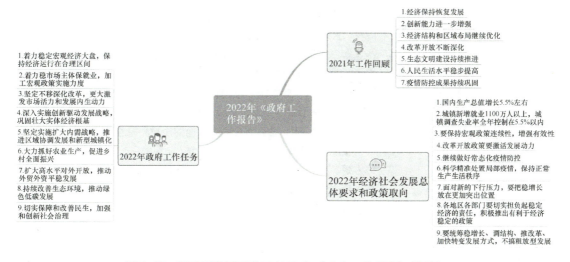

图 6-68　利用思维导图学习 2022 年《政府工作报告》的笔记

思 考 题

1. 深入了解知网研学的功能，学习知网研学插件的使用方法。借助知网研学的文献采集助手，选取本专业的研究主题在中国知网、Springer、ScienceDirect、Wiley、IEEE、EBSCO、谷歌学术等其他国内外常用数据库中检索后，思考如何将检索到的题录信息或全文保存到知网研学中。

2. 通过网络、慕课、参考书等途径深入学习思维导图的原理、绘制方法与应用,选取一篇本专业的研究文献,使用 XMind、MindLine、MindMaster 等数字化工具绘制该文献的研究思路的思维导图。

3. 通过本章对云笔记软件的学习,思考如何将自己的手机、平板计算机、笔记本计算机等智能设备"打造"成一个用户知识收集、存储、检索、共享与利用的知识生产力工具。

参 考 文 献

[1] 王赟芝,黄玉婧. 科研用户个人知识管理工具采纳影响因素研究 [J]. 图书馆学研究,2018 (18): 91 - 98.

[2] 郑文晖. Web2.0 环境下的个人知识管理研究 [J]. 现代情报,2008 (8): 213 - 215.

[3] 陈小让. 知识管理: 知识经济时代企业管理的新趋势 [J]. 图书情报导刊,1998 (6): 30 - 31.

[4] 王喜敏,黄兆良. 科技成果的资本性、商品性与知识产权保护 [J]. 科技管理研究,1999 (5): 5 - 6.

[5] 甘永成,陶舟. e - Learning、知识管理与虚拟学习社区 [J]. 电化教育研究,2006 (1): 18 - 22.

[6] 蒋亚东. 组织知识管理环境下的个人知识管理研究 [J]. 科技管理研究,2009,29 (2): 268 - 270.

[7] 翟姗姗,许鑫,夏立新. 学术博客中的用户交流与知识传播研究述评 [J]. 现代图书情报技术,2015 (Z1): 3 - 12.

[8] 王翠萍,张妍妍. 基于个人知识管理的用户信息空间模型构建 [J]. 图书情报工作,2008 (4): 54 - 56; 53.

[9] 吴秀娟,昂娟,李双利. 大学生个人知识管理能力现状调查研究: 以西北民族大学为个案 [J]. 现代教育技术,2011,21 (12): 5.

第 7 章
数据素养初探

我们置身于一个充斥着数据的社会。随着移动互联网的发展，互联网产生的数据也在爆发式增长，"大数据"已经成为很多人耳熟能详的一个词语。"大数据"的名称来自于未来学家阿尔文·托夫勒 1980 年所著的《第三次浪潮》，他在其著作里热情地将"大数据"称颂为"第三次浪潮的华彩乐章"。2008 年，谷歌诞生 10 周年，《自然》杂志推出了名为"大数据"的封面专栏。从 2009 年开始，"大数据"成为互联网行业中的热门词汇。未来将从 IT 时代发展到 DT（Data Technology）时代，数据的价值不言而喻。

在科学研究领域，关系型数据库的鼻祖吉姆·格雷提出将科学研究分为四类范式，依次为实验归纳、模型推演、仿真模拟和数据密集型科学发现。数据密集型科学发现，也就是我们现在所称的"科学大数据"。在潘教峰和张晓林所译的《第四范式：数据密集型科学发现》一书系统介绍了地球与环境科学、生命与健康科学、数字信息基础设施和数字化学术信息交流等方面基于海量数据的科研活动、过程、方法和基础设施，生动揭示了在海量数据和无处不在的网络上发展起来的与实验科学、理论推演、计算机仿真这三种科研范式相辅相成的科学研究第四范式——数据密集型科学发现，进一步探讨了这种新范式的内涵和内容，包括利用多样化工具不间断采集科研数据、建立系统化工具和设施来管理整个数据生命周期、开发基于科学研究问题的数据分析及可视化工具与方法等，并深入探讨了这种新范式对科学研究、科学教育、学术信息交流及科学家群体的长远影响。

将眼光拉回到我们日常生活领域，诸如政治、经济、教育、医疗、市场、公共安全、政府管理等方面，数据都在持续不断地被生产并且助力我们做出决策。每个人都是数据的生产者、贡献者和使用者，每个人都需要在数据时代具有一些数据素养。

7.1 数据和数据科学

7.1.1 数据的定义

在认识数据素养之前，需要对什么是数据有一个可靠的理解。

数据的英文是"data",其实这是复数形式的数据,其单数形式是"datum",释义是"a fact or piece of information",即一个事实或一条信息。那么,从字面去解释"数据",就是很多事实或信息的混合体。

韦式词典对"数据"的基本定义是:作为判断、讨论或者计算之基础的事实类信息(比如测量或统计获得的结果)。牛津高阶英语词典也提供了一个类似的定义:事实或信息,尤其是当它们用来核查、探寻事物的本质或进行决策时。事实上,韦式词典对"数据"的第三重定义更加接近"数据"的本质:能够被数字化传递或处理的数字形式信息。数据文件能够借助计算机网络进行数字化传输,能够利用计算机程序进行处理。在本书中,我们将"数据"定义为任何使用行×列二维表格结构来组织信息的计算机文件。我们平常看到的数字、符号、日期和字母等,都有可能是数据。这些数据能够用电子表格和数据库管理软件来操作,能够通过计算机网络传输。

课堂延伸

各种各样的数据

数据来源于我们生产和生活的各个方面,类型复杂多样。但是聚焦到科研、学术和文化等领域,我们可以把数据划分为以下几种类型。

(1)科学数据　科学数据是科学研究过程中产生的各种数据,广泛存在于各种科研机构、科研项目和资助机构中。世界上知名的开放获取知识库目录OpenDOAR,其数据增长速度非常快,存储着海量的科学数据。

(2)政府数据　政府数据是政府政务活动中产生的数据,自2009年美国政府启动政府数据开放活动以来,各国纷纷推出了政府数据开放项目或计划。

(3)经济与社会发展数据　经济与社会发展数据包括国民生产总值、消费物价指数、人口增长以及财政收入和预算在内的各种数据,为各级领导决策提供参考。

(4)教育数据　各种在线开放课程、开放课件、开放慕课平台等资源中蕴含着丰富的可利用的教育数据。

(5)图书馆文献数据　图书馆文献数据指由图书馆馆藏资源产生的数据,如书目数据。

(6)文化数据　文化数据包括国际知名的一些文化类数字图书馆项目,如世界数字图书馆、欧洲数字图书馆以及我国的全国文化信息资源共享工程等,每个项目都蕴含了海量的文化数据资源。

(7) 商业数据 商业数据如购物、旅行、社交网站中包含的海量商业数据，商业数据分析也是近年来数据分析领域很流行的一个方向，比如电商平台通过购物和浏览记录向用户精准推送商品，通过义乌小商品市场订单的数量预测世界杯的结果等。

思考题：请找一找你生活、学习中遇到的以上几种类型的数据并分别举例。

数据无处不在，在计算机里、在网络上、在工作中、在旅途中。只要我们还生活在这个社会中，数据就时刻存在并且发挥作用。围绕数据，人类已经做了很多数据科学的研究和应用工作，其中最为基础的就是数据的存储、传输。数据的价值在于数据上所承载的信息，信息的价值在于其消除不确定性时的成本及其直接和间接的作用，而这一系列的价值使得我们对数据予以空前的重视，数据科学也应运而生。

7.1.2 数据科学的本质

数据科学是一个巨大而抽象的概念，伴随着信息技术的逐步发展渐渐羽翼丰满。数据科学是一门研究信息感知、抽象、保存、建模、传输，以及数据之间的逻辑、数量统计、计算和转化关系的综合性质的应用科学。数据科学的本质就是表述和指导对事物认知的关系量化，把普适性的科学思维方式应用到数据上，使其成为一门窄而深、精确的、拥有完整体系的学科，这是数据科学要解决的本质问题。

我们尝试对数据科学这门学科进行解构。首先它是一门学科，是一种有序化的知识系统，具有精确性和体系性。其次，它是研究数据的科学。诸如物理学研究物质最一般的运动规律和物质基本结构，而化学主要在分子、原子层面，研究物质的组成、性质、结构与变化规律，创造新物质。数据科学则是以数据为研究对象，研究数据从产生到应用的整个生命周期。从这个意义上讲，数据科学又可以细分为专注于数据某一方面处理的多门专项学科。例如，数据存储学研究数据存储中的数据体积、存取效率、可靠性问题等，数据传输学研究传输速度、传输质量问题等。

数据科学存在于生产和生活的各个方面，在很多领域数据科学都发挥着重要作用，比如测量、人口普查、高效生产甚至是破除迷信。

> **课堂延伸**
>
> **啤酒和尿布**
>
> "啤酒与尿布"的故事产生于20世纪90年代的美国沃尔玛超市中,沃尔玛的超市管理人员分析销售数据时发现了一个令人难于理解的现象:在某些特定的情况下,"啤酒"与"尿布"两件看上去毫无关系的商品会经常出现在同一个购物篮中,这种独特的销售现象引起了管理人员的注意,经过后续调查发现,这种现象出现在年轻的父亲身上。
>
> 如果这个年轻的父亲在某一商店只能买到两种商品之一,则他很有可能会放弃购物而到另一家商店,直到找到同一商店中可以一次同时买到啤酒与尿布为止。沃尔玛发现了这一独特的现象,开始在卖场尝试将啤酒与尿布摆放在相同的区域,年轻的父亲可以同时找到这两种商品,并很快地完成购物;而沃尔玛也可以让这些客户一次购买两种商品而不是一种,从而获得了很好的商品销售收入。这就是"啤酒与尿布"故事的由来。
>
> 当然"啤酒与尿布"的故事必须具有技术方面的支持。1993年美国学者艾格拉沃(Agrawal)提出通过分析购物篮中的商品集合,从而找出商品之间关联关系的关联算法,并根据商品之间的关系,找出客户的购买行为特点。艾格拉沃从数学及计算机算法角度提出了商品关联关系的计算方法——Aprior算法。沃尔玛从20世纪90年代尝试将Aprior算法引入POS机数据分析中,并获得了成功,于是"啤酒与尿布"的故事广为流传。
>
> 思考题:生活中你还遇到过哪些"啤酒与尿布"的故事?

7.2 数据素养

7.2.1 数据素养的概念

"数据素养"这一概念最早可以追溯到2004年的"信息素养、统计素养和数据素养"一文。用于表述数据素养的术语很多,常用的有"数据素养""数据信息素养""信息和数据管理素养""科学数据素养""研究数据素养"等。联合国2014年12月发布的文件中使用了"数据素养"这一术语。本书统一表述为"数据素养"。

数据科学和数据素养

关于数据素养的定义，目前尚未形成统一认识，主要有以下几种具有代表性的定义。

"数据素养是指科学研究中收集、加工、管理、评价和利用数据的知识与能力。科学数据素养虽然与信息素养、数字素养类似，但是科学数据素养主要关注数据收集、加工、管理、评价与使用的多种能力，而非基于文献价值，强调在科研过程中研究者对数据产生、操作和使用数据集的能力。"

"数据素养是消费知识的能力、连贯性产生和批判性思考数据的能力，包括统计素养，以及理解数据集如何处理、如何生产、如何关联各种数据集和如何阐释。"

"数据素养指的是具有数据意识，具备数据基本知识与技能，能够利用数据资源发现问题、分析问题与解决问题。"

"数据素养就是对数据的'听、说、读、写'的能力，也是对数据的理解、交流、获取、运用的能力，同时也要具备批判性的思维。"

"数据素养就是数据行为主体在符合社会伦理和道德伦理的基础上，能对所面对的数据进行辩证、科学、正确的认识、操作和管理，进而使数据为我所用，以挖掘其蕴含巨大价值的能力。"

总结现有数据素养的定义发现，它们基本是以数据管理视角和数据利用视角两条线路展开。本章从大学生日常学习和科研的角度，认为大学生应该具备的数据素养是指在实际情境中具有数据意识，能基于数据提出问题，使用一定的方法对数据进行收集、整理、分析和利用，最终实现用数据进行交流的能力。

综合以上关于数据素养的定义，结合当前大数据的背景，本书认为数据素养主要包括三个组成部分：数据意识、数据能力和数据伦理。

1. 数据意识

中西方早期科学都偏向于经验主义，而现代科学发展到现在，早已不是同一个思维模式。特别是统计学的发展，完全改变了人们做科学、看科学和传播科学的方式，以及看待社会事件和管理社会的重要思考方式。传统的科学会对实验对象的记录，然后利用决定论思想思考自然与世界。而现代科学则会研究记录数据之间的关系，通过分析数据间的相关关系和出现的可能性，来发现规律。数据意识是理解现代科学的必要条件。

数据意识是人脑对数据的能动反映，是人们对于数据需求的自我意识，对数据所蕴含价值的敏感性和思维感；数据意识也是一种主动挖掘数据、利用数据的意识，它是数据素养在意识层面的体现。从认识角度来说，数据意识强调重视数据的意义与价值，要清楚数据需求包括数据类型、格式和特点等。从数据使用角度来说，数据意识是指善于利用数据，并实现以数据价值为基础的数据再利用。从法律和伦理角度来说，数据意识还包括尊重知识产权和版权，合法使用他人或机构的数据。

学生在学习和科研过程中的数据意识则至少包含了以下几个方面的内容：一是对于科研数据具有敏感度，了解科研数据的价值，也能够认识到科研数据的局限性；二是了解科研数据获取与采集的方法，同时要熟悉科研数据的来源；三是善于使用科研数据和理解数据表达的含义；四是具备数据安全意识，注重保护数据隐私。

2. 数据能力

数据能力是指对大量的数据进行组织、聚合、分析、利用并从中探索新知识、发现新规律的能力，涉及数据生命周期各个阶段的能力需求。数据都存在生命周期，会经历"生成—收集—加工—存储—发布共享—再利用"的动态循环过程，国外已有许多成熟的数据生命周期模型被应用于不同的学术场景，例如：DCC（Digital Curation Center，数字策展中心）生命周期模型，是以数据为核心的多层环状结构，涵盖数据描述、数据评估、数据存储等环节；DDI（Data Documentation Initiative，数据文件倡议）生命周期模型用于记录和管理整个生命周期中的数据，从概念化到数据发布、分析等。本书从数据生成与收集、数据处理与分析、数据存储与管理、数据共享与利用四个阶段阐述数据能力。

（1）数据生成与收集　良好的数据意识是这一阶段的能力基础。首先，学生需要认识到数据的表层价值和隐含价值，认识到数据具备有效性、可信性和敏感性等特征。其次，学生要有掌握数据相关知识的能力，不仅包括数据概念、内涵、类型、用途等基础性知识，还包括对数理统计软件的知识、对数据分析处理方法的知识等。再次，学生要具有数据生成能力，即通过实验、观测、访谈、调研、编译等方式生成数据的能力。最后，学生要掌握数据收集能力，即查找、获取数据的能力，学生应能够根据科研需求制定检索策略并在数据源中准确获取自己所需的数据，并借助一定的工具收集数据，保证数据质量。

（2）数据处理与分析　在这一阶段学生需要掌握数据分析方法和数据分析工具：前者是指利用统计等数理知识对数据进行分析获取有价值信息的能力，后者是借助软件工具、模型等对数据进行处理分析并得到可视化结果的能力。学生同时也应当具备对数据可视化结果有效性的解读能力。

（3）数据存储与管理　数据存储涉及数据安全、版本控制、保存成本、数据等级等多种事项，学生需要具备根据科研需求合理制定数据存储方案的能力。但对于高校学生而言，这一阶段要求的数据能力以具备数据安全意识为主，学生应认识到研究各阶段产出的数据都需要妥善保存,牢记数据备份"3-2-1"规则,即建立 3 个备份版本,2 个不同的存储介质,1 个异地备份。数据管理的目的在于能够从存储的数据中快速提取所需的数据,为此学生需要掌握数据分类组织和描述能力。

(4) 数据共享与利用　数据交流和表达是共享阶段的重要内容,学生需要具备在合理合法的条件下借助不同媒介将成果分享给他人的能力,同时在利用数据时也要具备规范引用他人数据的能力和借助数据支撑结论的能力。

3. 数据伦理

伦理一词最早可以追溯到希腊文"ethos",意为习性、品性等。现代汉语词典中对"伦理"的解释为"人与人相处的各种道德准则"。数据伦理属于信息伦理的范畴,但对于数据伦理的定义还未有统一的说法。Tranberg 等认为数据伦理是关于数据使用的责任,是利用数据为社会做正确的事情。英国政府将数据伦理定义为用于指导数据创建、数据分析和数据传播时的价值判断和方法。国内学者刘金亚、顾立平等认为数据伦理是描述如何正确创建、管理、共享数据的行为准则,其本质在于实现数据价值最大化。宋晶晶认为数据伦理是数据素养的重要因素,要求对数据进行正确的使用,认识数据的价值。由此可见,数据伦理是用于约束所有数据接触者的行为准则,确保数据在生命周期每个阶段中能避免有人为了自身利益而做出损害他人权益的行为,其重要性在于保护公民个人隐私、保障国家信息安全和维持"数据社会"良性运转。

大数据技术为我们的生产生活带来便利的同时也隐含着诸多风险,数据伦理问题已经成为社会关注的重点。个人隐私暴露、信息安全隐患、数据不公平、数据垄断、数据真实性等问题是数据伦理中最常涉及的几个问题,高校学生作为科研数据、社交数据等的产出者和使用者要格外注重数据伦理问题。

> **课堂延伸**
>
> **数据伦理问题典型案例**
>
> 大数据"杀熟"。大数据"杀熟"是一些无良商家利用自己所拥有的用户数据,对老用户实行差异价格的行为。商家会通过消费者使用的设备、所在地、点外卖频次等将用户分类,对设备价格高的用户设置高价,例如:有些店铺苹果手机点单价格会高于安卓手机的;通过获取地理位置信息,对住在高档小区、豪宅的人设置高价;对频繁点外卖的用户设置高价,而对偶尔点外卖的用户通过降低价格、补贴红包的形式吸引其消费。
>
> **思考题**:生活中你还遇到过哪些由数据伦理引发的问题?

7.2.2 数据素养和信息素养

从"信息素养"和"数据素养"的定义可以看出,这两者存在着紧密的联系,"信息"和"数据"本身就密不可分,但是两种素养之间又有一些差别,主要体现在以下两个方面。

1. 信息素养与数据素养的侧重点不同

首先,信息素养更侧重于信息的发现和利用,而数据素养则由于数据特殊的生命周期而更注重数据的生产、保存和管理,更偏重于技术角度。其次,信息素养的测度体系一般以度量用户搜寻信息的过程和用户反馈为主,数据素养的测度则更关注对结果的评价,即数据的准确性、数据是否得以妥善处理、数据能否得以长期保存等。

2. 信息素养和数据素养面向的受众不同

数据素养是一种查找、评价,以及高效地、符合伦理道德地使用信息(包括数据资源)的能力。"数据素养"是"信息素养"的一个子集。信息素养面向信息时代普通大众应具备的能力素养,而数据素养则更趋向于面向有科研需求的相关人员的专业技能培养,是信息素养教育进一步的提高和深化。

> **课堂延伸**
>
> "数据-信息-知识-智慧"金字塔模型如图 7-1 所示。
>
>
>
> 图 7-1 "数据-信息-知识-智慧"金字塔模型
>
> **思考题**:请从数据和信息的角度谈谈数据素养和信息素养的关系。

7.3 数据分析

数据分析初探

7.3.1 什么是数据分析

数据分析从字面上来讲就是对数据进行分析。从专业的角度来讲,数据分析是指用适当的统计方法对收集来的大量数据进行分析，将它们加以汇总、理解并消化，以求最大化地开发数据的功能，发挥数据的作用。数据分析是为了提取有用信息和形成结论而对数据加以详细研究和概括总结的过程。这里的数据也称观测值，是通过实验、测量、观察、调查等方式获取的结果，常常以数量的形式展现出来。

数据分析的目的是把隐藏在一大批看似杂乱无章的数据背后的信息集中和提炼出来，总结出研究对象的内在规律。在实际工作中，数据分析能够帮助人们进行判断和决策，以便采取适当的策略和行动。

在统计学领域，有些学者将数据分析划分为描述性数据分析、探索性数据分析和验证性数据分析。其中，探索性数据分析侧重于在数据之中发现新的特征，而验证性数据分析则侧重于验证已有假设的真伪。

从另一个角度看，描述性数据分析属于初级数据分析，常见的分析方法有对比分析法、平均分析法、交叉分析法等。而探索性数据分析以及验证性数据分析属于高级数据分析，常见的分析方法有相关分析、因子分析和回归分析等。我们日常学习和工作中涉及的数据分析主要是描述性数据分析，也就是说大家常用的是初级数据分析。

7.3.2 数据分析六阶段

数据分析过程主要包括六个既相互独立又互有联系的阶段。它们分别是：明确分析目的和思路、数据收集、数据处理、数据分析、数据展现、报告撰写等六个阶段（见图7-2）。由于数据分析所涉及的理论、方法和工具众多，本书只初步介绍数据分析的步骤和经典理论。有志于从事数据分析工作的读者，还需要系统全面地学习数据分析六阶段中的详细知识。

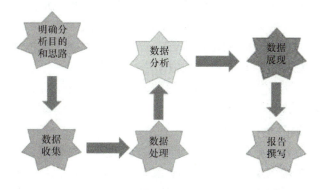

图7-2 数据分析六阶段

1. 明确分析目的和思路

在开展数据分析之前，要想想为什么要开展数据分析，以及通过这次数据分析要解决什么问题。只有明确数据分析的目的,数据分析才不会偏离方向,否则得出的数据分析结果不仅没有指导意义,而且可能会误入歧途。

分析目的明确后,就要梳理分析思路,并搭建分析框架,把分析目的分解成若干个不同的分析要点,即如何具体开展数据分析,需要从哪几个角度进行分析,采用哪些分析指标。通常开展数据分析会以管理学相关的理论为指导,结合实际分析目的,搭建分析框架。这些指导理论统称为数据分析方法论。常用的数据分析方法论有 SWOT 分析法、PEST 分析法、5W2H、时间管理、生命周期、逻辑树、金字塔、SMART 原则等。

2. 数据收集

数据收集是按照确定的数据分析框架,收集相关数据的过程,它为数据分析提供素材和依据。一般数据来源主要有以下三种。

(1) 公开出版物　可以用于收集数据的公开出版物包括《中国统计年鉴》《中国社会统计年鉴》《世界经济年鉴》《世界发展报告》等统计年鉴或报告。这些公开出版物很多也有网络数据库版本,获取数据很方便。

(2) 互联网　随着互联网的发展,网络上发布的数据越来越多,特别是搜索引擎可以帮助我们快速找到所需要的数据,例如国家及地方统计局网站、行业组织网站、政府机构网站、传播媒体网站、大型综合门户网站等都有很多数据。本书在第 4 章开放获取资源一节介绍了开放数据的获取平台,这些平台也是获取数据的有效渠道。

(3) 实际调研　如果通过以上两种方式仍不能获取满意的数据,可以尝试自行开展数据调研。调研方法有观察法、实验法、访问法、问卷调查法等。

3. 数据处理

数据处理是指对收集到的数据进行加工整理,形成适合数据分析的样式,它是数据分析前必不可少的阶段。数据处理的基本目的是从大量的、杂乱无章、难以理解的数据中,抽取并推导出对解决问题有价值、有意义的数据。

数据处理方法主要包括数据清洗、数据转化、数据提取、数据计算等处理方法。

4. 数据分析

数据分析是指用适当的分析方法及工具,对处理过的数据进行分析,提取有价值的信息,形成有效结论的过程。从技术角度看,数据分析的方法主要有以下五种。

(1) 对比分析法　所谓对比分析法就是将两个或两个以上的数据进行比较,分析它们的差异,从而揭示这些数据所代表的事物发展变化情况和规律性。通过对比分析法可以非常直观地看出事物某方面的变化或差距，并且可以准确、量化地表示出这种变化或差距是多少。对比分析法可分为静态对比和动态对比两类。

（2）分组分析法　分组分析法是根据数据分析对象的特征，按照一定的指标，把数据分析对象划分成不同的部分和类型加以研究，以揭示其内在的联系和规律性。

（3）结构分析法　结构分析法是指将总体内的各部分与总体进行对比的分析方法，如总体内各部分占总体的比例。一般某部分的比例越大，说明其重要程度越高，对总体的影响越大。

（4）平均分析法　平均分析法就是运用计算平均数的方法来反映总体在一定时间、地点条件下某一数量特征的一般水平。平均指标可用于同一现象在不同地区、不同部门或单位间的对比，还可用于同一现象在不同时间的对比。

（5）综合评价分析法　综合评价分析法的基本思想是将多个指标转化为一个能够反映综合情况的指标来进行分析评价，比如不同国家的经济实力、不同地区的社会发展水平、企业经济效益评价等，都可以用综合评价分析法进行分析。

5. 数据展现

数据展现，也称为数据可视化，是用最简单的、易于理解的形式，把数据分析的结果呈现出来，帮助数据使用者（一般是决策者）理解数据所反映的规律和特性。数据可以通过文字、表格和图形的方式来呈现，表格和图形结合起来就形成了图表。图表是对表格数据的一种图形化的展现形式，图表与人的视觉形成交互，能够快速传达事物的关联、趋势、结构等抽象信息，它是数据可视化的重要形式。常用的数据图表包括柱形图、条形图、折线图、散点图、饼图、雷达图、瀑布图、帕累托图。

在数据展现的过程中，首选图表或者图形，其次是表格，最后再考虑选用单纯的文字描述。

6. 报告撰写

数据分析报告是根据数据分析原理和方法，运用数据来反映、研究和分析某项事物的现状、原因、本质和规律，并得出结论，提出解决办法的一种分析应用文体，是对整个数据分析过程的总结和呈现。

一个完整的数据分析报告需要有以下三个部分：

（1）一个好的分析框架　数据分析报告必须结构清晰、主次分明，让阅读者正确理解报告内容，直观地看清问题和结论，从而产生思考。

（2）明确的结论　数据分析报告必须有明确的结论，数据分析的意义就在于为某一问题寻求一个科学合理的结论。如果没有结论，那么数据分析就失去了分析价值。

（3）建议或解决方案　建议或解决方案是针对面临的问题而

提出的改进方法，主要关注保持优势以及改进劣势等方面。

数据分析报告的结构包括标题页、目录、前言、正文、结论和建议、附录等六个部分。

7.4 文献计量分析

7.4.1 文献计量学概述

俄国著名思想家普列汉诺夫曾讲过：人类的社会科学能够而且也应当变为与自然科学同样严密的科学。任何一门学科的最高境界都是构造科学理论，定量化研究在此过程中是不可或缺的。早在20世纪初，人们就开始对文献进行定量化研究。1969年，英国情报学家阿伦·普里查德首次提出文献计量学（Bibliometrics）这个概念，标志着文献计量学的诞生，文献计量学逐渐发展成为一门系统独立的学科。文献计量学经历了萌芽、发展、成熟和分化阶段，现在又衍生出了专利计量学、网络计量学、政策计量学和知识计量学等分支。

文献计量学是以文献体系和文献特征为研究对象，采用数学、统计学的研究方法，研究文献的分布结构、数量关系、变化规律和定量管理，进而探讨科学技术的某些结构、特征和规律的一门学科。文献计量分析是揭示某一学术领域发展历程、研究重点和未来研究趋势的一种重要分析方法。

1. 文献计量学的常用定律

（1）普赖斯曲线——文献增长规律　美国科学学家、情报学家普赖斯通过对《科学文摘》《化学文摘》等的文献增长情况的研究，发现了科学期刊"按指数增长的规律"，科技文献每10~15年增加一倍，每年增长5%~7%。

普赖斯综合分析了大量统计资料，以科技文献量为纵轴，以年份为横轴，把各年份的科技文献量在坐标图上逐点绘制出来，然后以一条光滑的曲线连接各点，十分近似地表征了科技文献随时间增长的规律。这就是著名的普赖斯曲线。其数学公式为

$$F(t) = ae^{bt}$$

式中，t 为时间，以年为单位；$F(t)$ 为 t 时刻的科技文献量；a 为条件常数，即初始时刻（$t=0$）的科技文献量；e 为自然对数的底（$e=2.718\cdots$），可近似地取2；b 为时间常数，即持续增长率，指某一年文献的累积增加量与前一年文献累积总数的比值。

不同学科的文献增长速度是不同的。有些学科的文献量每几年翻一番，比如计算机科学、生命科学等，而有些学科的文献量可能十几年才翻一番。

(2) 普赖斯指数——文献老化规律　1971 年，普赖斯提出了一个衡量各个知识领域文献老化的数量指标，即后人所称的"普赖斯指数"。普赖斯指数是指在某一知识领域内，把对年限不超过 5 年的文献的引文数量与引文总量之比当作指数，用以量度文献的老化速度和程度。其计算公式为

$$P(普赖斯指数) = \frac{被引文献数量(小于或等于5年)}{被引文献总量} \times 100\%$$

普赖斯根据"科学引文索引"（SCI）的分析，发现科技领域前沿的那些文献的平均年龄。现在 1 年中被引用文献中的一半，其年龄不超过 5 年。为此，普赖斯把受引的文献分成两个部分：一是"有现实作用的文献"，二是"档案性文献"。前者是在其出版 5 年内被引用的文献，后者则是出版 5 年后仍被引用的文献。档案性文献数量多寡取决于学科自身性质。普赖斯指数既可用于评价某一领域的全部文献，也可用于评价某种期刊、某一机构、某一作者和某一文章。

(3) 布拉德福文献分散定律——文献分散规律　把刊载有某一学科、专业或课题论文的期刊称为相关期刊，那么科学论文在相关期刊中并非均匀分布的，而是呈现出明显的集中 - 分散现象。布拉德福文献分散定律（简称布拉德福定律）就是定量描述科学论文在相关期刊中集中 - 分散的一个规律。该定律是英国文献学家布拉德福在 1934 年首先提出的，故称为布拉德福定律。

布拉德福定律的文字表述为：如果将科学期刊按其刊载某个学科领域的论文数量，以递减顺序排列起来，那么可以把期刊分为专门面对这个学科的核心区、相关区和非相关区，各个区的文章数量相等，此时核心区、相关区、非相关区期刊数量成 $1:n:n^2$ ($n>1$) 的关系。对于布拉德福当时统计的数据来说，n 约等于 3。

由于科学高度专门化和综合化，一个学科的论文常常会出现在另一个学科的期刊上。而且，伴随着科学技术的发展和时间推移，这种相关期刊的数量越来越多，但它们与该学科的关系则越来越松弛，刊载该学科的论文数量也越来越少。最后总会出现这样的趋势：大量同学科的论文相对地集中在一定数量的期刊上，而剩余部分则依次分散在其他大量的相关期刊上。

(4) 洛特卡定律——倒数平方定律　作者是科学文献的一个重要的外部特征，通过这一特征来探讨科学家们著作的规律，揭示作者与文献数量的关系，描述科学生产率，是文献计量学研究的重要内容。

洛特卡定律是由美国学者 A. J. 洛特卡在 20 世纪 20 年代率先提出的描述科学生产率的经验规律，又称"倒数平方定律"。它描述的是作者人数与其所著论文之间的关系：写两篇论文的作者

数量约为写一篇论文的作者数量的 1/4，写三篇论文的作者数量约为写一篇论文作者数量的 1/9，写 n 篇论文的作者数量约为写一篇论文作者数量的 $1/n^2$，而写一篇论文作者的数量约占所有作者数量的 60%。该定律被认为第一次揭示了作者与文献数量之间的关系。

研究作者及其著作之间数量关系是非常有意义的，既可以揭示不同领域中文献的现状和趋势，又可以用来研究人才和成果的分布特征。例如，普赖斯就从洛特卡定律得出推论，在其代表名著《小科学，大科学》中有如下论述：在同一主题中，半数的论文由一群高生产能力作者所撰写，这一作者集合的数量约等于全部作者总数的平方根。

（5）齐普夫定律——省力法则　齐普夫定律是由美国学者 G. K. 齐普夫于 20 世纪 40 年代提出的词频分布定律。1932 年，哈佛大学的语言学专家齐普夫在研究英文单词出现的频率时，发现如果把单词出现的频率按由大到小的顺序排列，则每个单词出现的频率与它的名次的常数次幂存在简单的反比关系，这种分布规律就称为齐普夫定律。它表明在英语单词中，只有极少数的词被经常使用，而绝大多数词很少被使用。实际上，包括汉语在内的许多国家的语言都有这种特点。该定律用于统计文献中的词频，通过文献的词频分析可确定学科或行业的研究热点和研究趋势。齐普夫定律在很多领域得到了验证，包括网站的访问者数量、城镇的大小和每个国家公司的数量。

2. 文献计量分析的常用指标

文献计量指标可以对科学研究工作进行观察和评论，从而更客观、更真实地反映科学发展规律。本节主要介绍以下具有代表性的文献计量分析指标。

（1）发文数量　发文数量是衡量生产能力的重要指标，是一个绝对数指标。此指标适用于期刊、学者或者机构等，比如可以统计某期刊的发文数量，也可以统计某位学者的发文数量。

（2）被引频次　被引频次是衡量科研产出质量的重要指标。此指标适用于期刊、学者、学科、机构等，从根本上讲对学者、机构等被引频次的统计还是基于相关期刊论文被引频次的统计。一般来说，被引频次越高，科研产出的质量越高。

（3）h 指数　h 指数由美国物理学家乔治·赫希提出，其定义为：一名科学家的 h 指数是指其发表的 N_p 篇论文中有 h 篇论文每篇至少被引 h 次，而其余 $N_p - h$ 篇论文每篇被引均小于或等于 h 次，这个 h 的数值就是该科学家的 h 指数值。例如，美国密歇根州立大学计算机学教授 Anil K. Jain 在谷歌学术中的 h 指数为 196，这一数值遥遥领先，说明他本人 196 篇论文的每一篇的被引次数都至少为 196 次。从定义可以看出，h 指数主要以论文的被引频次为基础来评价学者的科研产出的影响力。一个学者的 h 指数越高，其论文的质量越高、影响力越大。除了评价学者以外，h 指数也可以用来评价机构、期刊等。

（4）影响因子　影响因子（Impact Factor，简称 IF）由美国科技信息研究所所长尤金·加菲尔德提出，是国际上通用的期刊评价指标。影响因子的计算公式为

$$影响因子 = \frac{某期刊前两年发表的论文在该年的总被引次数}{该期刊前两年发表的论文总数}$$

一般来说，期刊的影响因子越高，说明该期刊的学术影响力越大。但是不同学科的期刊影响因子不能直接横向比较，由于学科发文特点不同，期刊的影响因子差别也很大，比如生命科学、化学等学科的期刊就相对容易获得较高的影响因子。

Web of Science 平台的期刊引证报告（Journal Citation Report，JCR）定期发布期刊影响因子，为科研人员查询期刊影响力提供了便捷的工具。JCR 目前收录了 2 万多种期刊的影响因子及期刊分区情况，展示了期刊之间引用和被引用的关系。

（5）学科规范化的引文影响力　学科规范化的引文影响力（Category Normalized Citation Impact，CNCI）是 Web of Science 平台里的一个文献计量指标，一篇论文的 CNCI 值是通过其实际被引次数除以同文献类型、同出版年、同学科领域文献的期望被引次数得到的。对于一篇只划归到一个学科领域的论文来说，其 CNCI 值的计算公式为

$$\text{CNCI} = \frac{c}{e_{ftd}}$$

式中，c 为论文的总被引次数，e 为期望引用率或基线值，f 为学科领域，t 为出版年，d 为文献类型。

CNCI 值排除了学科、出版年以及文献类型对论文的影响，是衡量论文影响力的一个十分有价值的指标。如果论文的 CNCI 值为 1，则说明该论文的被引表现等于全球平均水平；CNCI 值大于 1，说明该论文的被引表现高于全球平均水平；CNCI 值小于 1，说明该论文的被引表现低于全球平均水平。

（6）即年指标　即年指标是一个反映期刊被引用速度的指标，主要表征期刊论文在当年的被引用情况。即年指标的计算公式为

$$即年指标 = \frac{期刊某年发表的论文在当年的被引用次数}{期刊当年发表的论文篇数}$$

（7）期刊规范化的引文影响力　期刊规范化的引文影响力（Journal Normalized Citation Impact，JNCI）与学科规范化的引文影响力指标类似，都是 Web of Science 平台的文献计量指标。一篇论文的 JNCI 值是该论文的实际被引频次与该论文来源期刊同出版

年、同文献类型论文的平均被引频次的比值。这个指标可以反映科研人员的论文在所发表期刊的表现如何。如果 JNCI 的值大于1，说明该论文影响力高于期刊的平均水平；如果小于1，说明该论文影响力低于期刊平均水平。

（8）自然指数 自然指数（Nature Index）是由全球顶级科研期刊《自然》发布的一项指标，主要参考指标是机构在国际最具影响力的 80 多种知名学术期刊上发表的论文的数量，然后通过一系列公式计算加权后得出的综合排名，重点反映机构发表论文的数量与质量。自然指数已发展成为国际公认的，能够衡量机构、国家和地区在自然科学领域的高质量研究产出与合作情况的重要指标，在全球范围内有很大影响力。

（9）Altmetrics Altmetrics 一词是由美国图书馆学情报学（简称图情）学者 Jason Priem 在 2010 年提出的，在图情领域一般将其翻译为"替代计量学"。上文讲到的文献计量分析指标都是传统的基于文献各种统计数据的评价指标，比如影响因子、被引频次等，但这些指标都具有滞后性，有些要过几个月甚至几年的时间才能统计得出。

Altmetrics 是一种基于社交媒体评价和互联网分析技术，利用学术文献在社交媒体中的引用和被引用数据来开展影响力分析的方法，这些社交媒体包括博客、论坛、微博、新闻网站等。

目前在一些学术数据库或学术社交网站中有两种常见的 Altmetrics 工具。

1）Altmetric。Altmetric 是美国 Digital Science 公司于 2011 年创建的 Altmetrics 工具，与 Altmetric 合作的出版商旗下的期刊上都可以看到彩虹圈标志，彩虹圈内的数字代表的是所有 Altmetric 关注来源的总分，如图 7-3 所示。Altmetric 各项关注来源的权重计分见表 7-1。

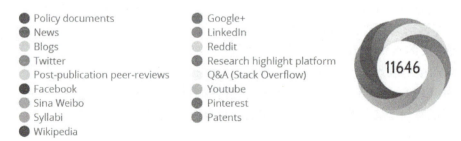

图 7-3　Altmetric 彩虹圈颜色代表的关注来源

2）PlumX Metrics。PlumX Metrics 创建于 2012 年，是美国 Plum Analytics 公司的一款产品，其建立的初衷是为评价学术影响力提供一种现代化的视角。PlumX Metrics 将指标划分为五大类，见表 7-2。PlumX Metrics 于 2017 年被爱思唯尔公司收购，其旗下的学术数据库 Scopus 收录的文章只要存在社交媒体的引用就会在文章的主页显示 PlumX Metrics 的各类统计数据，如图 7-4 所示。

表 7-1　Altmetric 各项关注来源的权重计分

News	8
Blogs	5
Policy documents	3
Patents	3
Wikipedia	3
Post – publication peer – reviews	1
Sina Weibo	1
Google +	1
F1000	1
Syllabi	1
LinkedIn	0.5
Twitter	0.25
Facebook	0.25
Reddit	0.25
Pinterest	0.25
Research highlight platform Q&A (Stack Overflow)	0.25
Youtube	0.25
Number of Mendeley readers	0
Number of Dimensions and Web of Science citations	0

表 7-2　PlumX Metrics 的五大类指标

使用率（Usage）	点击数、浏览数、下载数、图书馆馆藏数、视频播放数
捕捉（Capture）	用户收藏、书签、参考文献工具收藏等
关注（Mention）	博客转发、评论、维基百科收录、新闻
社交媒体（Social Media）	各种社交媒体的喜欢以及转发
引用（Citation）	专利引用、文摘数据库引用、政策引用

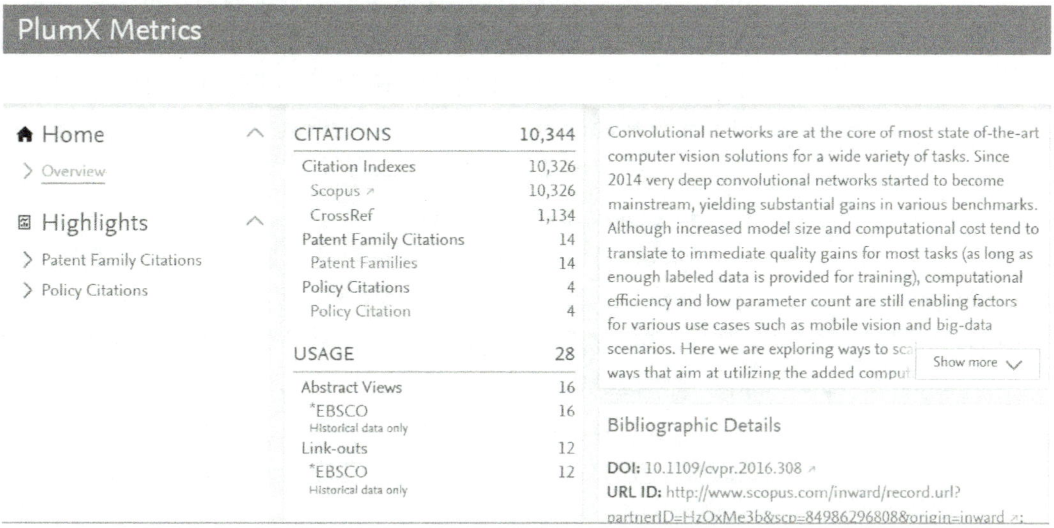

图 7-4　Scopus 里的 PlumX Metrics 统计数据

> **课堂延伸**
>
> **引文桂冠奖**
>
> 2002 年以来，信息服务公司科睿唯安每年都会基于 Web of Science 平台上的论文和引文数据，遴选诺贝尔奖奖项所涉及的生理学或医学、物理学、化学及经济学领域中全球最具影响力的顶尖人员，授予他们"引文桂冠奖"，这些获奖人员有可能成为未来的诺贝尔奖得主。迄今为止，已经有 59 位"引文桂冠奖"得主获得诺贝尔奖，"引文桂冠奖"也因此被称为诺贝尔奖的风向标。
>
> "引文桂冠奖"使用的最重要的指标是论文引用频次。以 2021 年"引文桂冠奖"的基础数据为例，截至 2020 年，Web of Science 共收录有 5200 多万篇论文，但只有 6500 多篇论文被引用了 2000 次及以上，占比 0.1%。引文桂冠奖的获奖人员就从这些被引用次数最多的论文的作者中选出。当然，高被引次数只是其中一个重要指标，"引文桂冠奖"还考虑到作者是否获得国际奖项、作者在课题领域中的学术地位、往年诺贝尔奖的"口味"以及作者的课题是否受到当下关注等因素。综合定性和定量分析，从众多科研人员中，"引文桂冠奖"锁定了潜在的诺贝尔奖获得者。

7.4.2 文献计量分析工具

近年来，随着文献计量分析工具的逐渐普及，各类软件被广泛应用于文献信息分析中，但是因为文献计量学工具种类繁多、功能多样化，所以如何在具体的工作中选取适当的文献计量学工具成为一个新的难题。根据文献计量学分析工具的功能，文献计量学分析工具可分为以单维分析为主的题录信息统计分析软件、以关联分析功能为主的社会网络分析软件、综合单维与关联分析功能的引文可视化分析软件三大类。

1. 题录信息统计分析软件

题录信息统计分析软件通过对题录数据的下载、清洗、抽取、排序和统计，切分与整合文献题录信息，实现了文献集合中不同字段的多角度描述性统计。题录信息统计分析软件的主要功能包括：单字段的频数统计与排序，词语清洗与规范操作；单字段的词语共现矩阵制作；聚类分析与多维尺度分析，实现自动化分类与文本内容挖掘。主流的题录信息统计分析软件有 Bibexcel、Bibcomb、SATI、DDA 等。

文献题录信息统计工具（Statistical Analysis Tool for Informetrics，SATI），旨在通过对期刊全文数据库题录信息的字段抽取、频次统计和共现矩阵构建，利用一般计量分析、共现分析、聚类分析、多维尺度分析、社会网络分析等数据分析方法，挖掘和呈现出美妙的可视化数据结果。通过免费、共享软件功能及开源、升级代码实现，为学术研究提供期刊文献数据统计与分析的辅助工具。

其主要功能包括：①题录格式转换，支持 WOS、CNKI、CSSCI、万方等数据库导出的 TXT、HTML、EndNote、Refworks 和 NoteExpress 等格式数据，并提供数据格式转换；②字段信息抽取，抽取题录中指定的字段信息并可选择存储为文本文档；③词条频次统计，将抽取到的字段元素进行频次统计和降序排列；④知识矩阵构建，根据设定的共现矩阵行列数，将频次降序排列表中的相应数量条目元素作为矩阵知识单元进行运算，以构建知识单元共现矩阵。

2. 社会网络分析软件

社会网络分析软件运用网络分析、图论和聚点分析等定量方法，借助可视化静态显示技术协助观测社会网络，通过可视化动态交互技术挖掘分析对象的潜在规律，研究分析单元之间的关系，提供网络化的视觉效果，展现文献内部关联。常见的社会网络分析软件有 Ucinet、i2、Pajek、Gephi 等。

3. 引文可视化分析软件

引文可视化分析软件在题录信息统计的基础上，融合了社会网络分析软件的网络分析技术与可视化功能，可以实现文献信息的单维分析和关联分析的可视化展现。此类软件简化了文献计量学统计分析的具体步骤，通过自动化方式完成文献题录的处理，使用菜单操作调节分析过程，以图形的方式展现分析单元内部关联。引文可视化分析软件侧重于引文分析功能，擅长分析文献之间的引用、共引、耦合等关系。常见的引文可视化分析软件为 CiteSpace、VOSviewer、HistCite、RefViz 等。

CiteSpace 是由美国雷德塞尔大学的陈超美博士和大连理工大学的 WISE 实验室共同研发的。CiteSpace 是一款着眼于分析科学知识中蕴含的潜在知识，在科学计量学、数据可视化背景下逐渐发展起来的一款引文可视化分析软件。通过可视化的手段来呈现科学知识的结构、规律和分布情况的可视化图形被称为"科学知识图谱"。CiteSpace 作为一款优秀的文献计量学软件，能够将文献之间的关系以科学知识图谱的形式可视化地展现在我们面前，既能帮助我们梳理过去的研究轨迹，也能使我们对未来的研究前景有一个大概的了解。

其主要功能包括快速识别经典文献、关键点文献，分析学科热点和前沿，生产地理网络合作图谱，分析学科演进的潜在动力机制，找出学科领域演进的关键路径。CiteSpace 可分析的数据库主要包括 CNKI（中国知网）、CSSCI（中文社会科学引文索引）、德温特专利索引以及 Web of Science。

CiteSpace 关键词聚类效果图如图 7-5 所示。

图 7-5 CiteSpace 关键词聚类效果图

  VOSviewer 是众多科学知识图谱软件之一，通过"网络数据"（主要是文献知识单元）的关系构建知识图谱和进行可视化分析，实现科学知识图谱的绘制，展现知识领域的结构、进化、合作等关系，其突出特点是图形展示能力强，适合大规模数据。

  其主要功能包括：①支持多类数据格式。VOSviewer 支持文献数据库、通用网络数据及文本数据的导入和分析。②提供多类视图解读。VOSviewer 提供的可视化视图包括三种：Network Visualization（聚类视图）、Overlay Visualization（标签视图）、Density Visualization（密度视图）。③其他功能，如数据清洗功能、通用词汇筛选功能、高级功能。

  VOSviewer 研究机构合作关系效果图如图 7-6 所示。

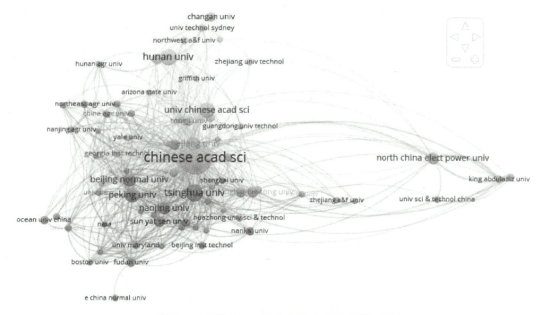

图 7-6　VOSviewer 研究机构合作关系效果图

7.5　科学数据引用

7.5.1　科学数据的概念

在 7.1 节的数据类型中我们提到了科学数据，目前，对科学数据的定义并不统一。经济合作与发展组织在《OECD 关于公共资助的科学数据获取的指导方针和原则》中认为：科学数据来源于科学研究的事实记录，如实验数据、图像等，科学数据是那些被科学团体或科学研究者所共同认为的对研究结果有用的数据。

我国科技部发布的《科学数据共享工程技术标准（数据分类与编码的基本原则与方法）》（SDS/T 2121—2004）认为：科学数据是人类在认识世界、改造世界的科技活动中所产生的原始性、基础性数据，以及按照不同需求系统加工的数据产品和相关信息。2018 年国务院发布的《科学数据管理办法》中将科学数据解释为"科学数据主要包括在自然科学、工程技术科学等领域，通过基础研究、应用研究、试验开发等产生的数据，以及通过观测监测、考察调查、检验检测等方式取得并用于科学研究活动的原始数据及其衍生数据"。

综合以上定义，科学数据应具有三方面特征：首先，在来源上，科学数据是源于客观实在的感知反映记录结果，是伴随科学研究活动过程产生的原始材料，具有客观实在性；其次，在内容和形式上，科学数据是认知主体对自然、社会、思维等客观对象认知结果的客观事实记录材料，包括定性文字、定量数据等多形式的事实原始记录和经加工整理的事实材料，具有认知实践性；最后，在功能效用上，科学数据是科学成果的基础材料，不仅具有科学证据性，还具有可重用性与价值性，能够为其他研究提供推理、讨论或计算基础。

科学数据的表现形式多种多样，包括事实或数字信息，如统计数据、实验结果、测量结果、实地观察记录、调查结果、访谈记录和图像等。按其表现形态，大致可划分为数值类、文字描述类、其他类，其中数值类包括定量数据、数据集等，文字描述类包括档案、历史、民族志等对社会或人文现象的原始描述文本等，其他类包括表格、模型、图片、音视频资料等。

7.5.2 科学数据引用行为

我们在日常写文章过程中，经常会引用他人的研究观点，这时需要我们将所引用的文章列入文后的参考文献的著录。如果引用了他人的数据，需要保护和尊重他人的知识产权，这就产生了科学数据的引用行为。科学数据引用是指通过一定的标识技术和机制描述科学数据资源、标识科学数据来源。科学数据引用类似于文献引用，作者在论文中要以参考文献、脚注或者文中注等方式，对其所引用的数据提供来源出处。

1. 科学数据引用标准

2017 年，国家标准化管理委员会通过官方网站发布《中华人民共和国国家标准公告》（2017 年第 32 号），中国科学院计算机网络信息中心主持研制的《信息技术 科学数据引用》（GB/T 35294—2017）正式发布，自 2018 年 7 月 1 日起正式实施。

《信息技术 科学数据引用》规定了科学数据引用元素描述方法、引用元素详细说明、引用格式等方面的内容，适用于科学数据传播机构、数据使用者等。其中，科学数据传播机构可根据本标准设计数据引用系统，并声明数据引用规则；数据使用者可根据本标准著录科学数据引用信息。

大数据时代，数据驱动创新发展已成为社会共识，《信息技术 科学数据引用》国家标准的正式发布，标志着科学数据可以像学术论文一样被学术同行标准化引用，将在一定程度上促进数据拥有者开放共享其数据。

2. 科学数据引用格式

《信息技术 数据科学引用》中规定了两种科学数据的引用格式。

1）科学数据通用引用格式。该标准规定科学数据通用引用格式为：

作者. 名称（版本）. 创建机构［创建机构］，创建时间. 传播机构［传播机构］，传播时间．唯一标识符；解析地址．

示例：

中国科学院华南植物园．中国热带亚热带植物学基础数据库（V2）．中国科学院华南植物园［创建机构］，2004．中国科学院计算机网络信息中心［传播机构］，2014-12-03．csdb：cn．csdb．tbotany．www；http：//citation．csdb．cn/csdb：cn，csdb．tbotany．www．

其中，"中国科学院华南植物园"是作者，"中国热带亚热带植物学基础数据库"是名称，"V2"是版本号，"中国科学院华南植物园"是创建机构，"2004"是创建时间，"中国科学院计算机网络信息中心"是传播机构，"2014-12-03"是传播时间，"csdb：cn．csdb．tbotany．www"是唯一标识符，"http：//citation．csdb．cn/csdb：cn，csdb．tbotany．www"是解析地址。

2）基于 OID 的科学数据引用格式。OID（Object Identifier）指的是对象标识符。按照 GB/T 17969.1—2015《信息技术　开放系统互连　OSI 登记机构的操作规程　第 1 部分：一般规程和国际对象标识符树的顶级弧》（ISO/IEC 9834-1）的定义，对象是指"通信和信息处理世界中的任何事物，它是可标识（可以命名）的，同时它可被注册"。OID 是与对象相关联的用来无歧义地标识对象的全局唯一的值，可保证对象在通信与信息处理中正确地被定位和管理。通俗地讲，OID 就是网络通信中对象的身份证。

基于 OID 的科学数据的 OID，由标识前缀、出版厂商代码、唯一代码三部分组成，各部分以"．"分隔，见表 7-3。

表 7-3　科学数据的 OID 组成

标识前缀	出版厂商代码	唯一代码
1.2.156.X	Y	

各部分组成内容说明如下：

标识前缀：由科学数据主管部门向国家 OID 注册中心申请获得，用于进行我国科学数据领域各类数字对象的唯一 OID 标识注册。X 标识科学数据领域代码。

出版厂商代码：由各出版厂商向科学数据主管部门申请获得，用于唯一标识该科学数据的运营责任主体。该代码应由 26 个英文字母、10 个阿拉伯数字或者符号"-"组成。Y 标识出版厂商代码。

唯一代码：各运营责任主体对所管辖的各类数据资源所进行的唯一标识。该代码应由 26 个英文字母、10 个阿拉伯数字、符号"-"或者"．"组成。

示例：

以上文"中国科学院华南植物园"的示例为例，采用 OID 表示方式，其科学数据唯一代码为"cn．csdb．tbotany．www"，则该科学数据所对应的 OID 为 1.2.156.X.Y.cn.csdb.tbotany.www。

该科学数据所在的解析服务器地址为 http://citation.csdb.cn，依据 GB/T 35299—2017《信息技术 开放系统互连 对象标识符解析系统》，则可以得到该科学数据规范的访问地址为 http://citation.csdb.cn/oid/oinfo-cn.csdb.tbotany.www.Y.X.156.2.1.oid-res.org.xml（其中 X 为科学数据领域代码，Y 为出版厂商代码）。

> **课程思政小课堂**
> **世界大国兴衰五百年**
> 　　17 世纪的世界还处于前工业社会时代，东方两大文明古国仍处于兴盛时期。进入工业时代后，欧洲开始领跑世界，中华民族饱受外敌入侵、战争之苦。然而雄狮终将苏醒，中华民族为了实现伟大复兴前赴后继，顽强奋斗。

思 考 题

1. 谈谈什么是数据素养以及数据素养的内涵。
2. 简述数据素养和信息素养的区别与联系。
3. 什么是科学数据的引用？科学数据的引用标准是什么？

参 考 文 献

[1] 高扬. 数据科学家养成手册 [M]. 北京：电子工业出版社，2017.
[2] QIN J, D'IGNAZIO J. Lessons learned from a two-year experience in science data literacy education [EB/OL]. [2021-09-27]. https://www.researchgate.net/publication/44268284_Lessons_Learned_from_a_Two-Year_Experience_in_Science_Data_Literacy_Education.
[3] GRAY J, BOUNEGRU L, CHAMBERS L. The data journalism handbook [EB/OL]. [2021-09-27]. https://datajournalism.com/read/handbook/one/understanding-data/become-data-literate-in-3-simple-steps.
[4] 孟祥保，李爱国. 国外高校图书馆科学数据素养教育研究 [J]. 大学图书馆学报，2014，32（3）：11-16.
[5] 沈婷婷. 数据素养及其对科学数据管理的影响 [J]. 图书馆论坛，2015，35（1）：68-73.
[6] 张艳梅. 用户数据素养教育视角下的图书馆科学数据管理研究 [J]. 图书与情报，2015（4）：139-141；109.
[7] 曲德强，李陈财. 当代大学生数据素养的现状分析及培养方法研究：以上海某理工科大学为例 [J]. 思想政治教育研究，2015，31（4）：97-100.

[8] 杜杏叶,李贺,李卓卓.面向知识创新的科研团队数据能力模型构建研究[J].图书情报工作,2018,62(4):28-36.

[9] Digital Curation Centre. Curation Lifecycle Model [EB/OL]. [2021-12-28]. https://www.dcc.ac.uk/guidance/curation-lifecycle-model.

[10] 古婷骅,王腾利,方舟.大数据背景下高职院校数据素养教育研究:基于广东省科技干部学院商科学生的抽样调查[J].农业图书情报学报,2021,33(1):80-91.

[11] 林子雨.大数据导论[M].北京:高等教育出版社,2020.

[12] TRANBERG P, HASSELBALCH G, OLSEN B K. Data ethics – principles and guidelines for companies, authorities & organisations [M]. Denmark: Spintype, 2018.

[13] GOV. UK. What is data ethics? [EB/OL]. [2021-12-30]. https://www.gov.uk/government/publications/data-ethics-framework.

[14] 刘金亚,顾立平,张潇月,等.开放科研数据环境下科研人员的数据伦理框架研究[J].情报理论与实践,2021,44(2):83-89.

[15] 宋晶晶.由信息伦理向数据伦理转型:溯源、驱动与路径[J].图书馆学研究,2020(3):35-39;60.

[16] 黄如花,李白杨.数据素养教育:大数据时代信息素养教育的拓展[J].图书情报知识,2016(1):21-29.

[17] 张文霖,刘夏璐,狄松.谁说菜鸟不会数据分析[M].北京:电子工业出版社,2016.

[18] 王崇德.文献计量学教程[M].天津:南开大学出版社,1990.

[19] 邱均平.文献计量学[M].北京:科学技术文献出版社,1988.

[20] 罗式胜.文献计量学引论[M].北京:书目文献出版社,1987.

[21] 严怡民,马费成.情报学基础[M].武汉:武汉大学出版社,1987.

[22] 严怡民.情报学概论[M].武汉:武汉大学出版社,1983.

[23] 李杰.CiteSpace中文指南[EB/OL].[2021-12-27]. http://cluster.ischool.drexel.edu/~cchen/citespace/manual/CiteSpaceChinese.pdf.

[24] 苗小燕,张冲.大中小学德育一体化研究的热点与发展趋势:基于CNKI数据库的CiteSpace分析[J].中国特殊教育,2018(8):85-90.

[25] 张芮.基于VOSviewer的图书馆参与决策服务及智库建设研究可视化分析[J].图书情报导刊,2018,3(9):39-45.

[26] 陈彪,谢昕,胡波.基于ESI和VOSviewer的我国环境生态学领域研究热点可视化分析[J].安全与环境工程,2021,28(4):102-109.

[27] PILAT D, FUKASAKU Y. OECD principles and guidelines for access to research data from public funding [J]. Data Science Journal, 2007, 6: 6-11.

[28] 丁文姚,李健,韩毅.我国图书情报领域期刊论文的科学数据引用特征研究[J].图书情报工作,2019,63(22):118-128.

第 8 章 学术规范和论文写作

《中华人民共和国高等教育法》第五条规定，高等教育的任务是培养具有社会责任感、创新精神和实践能力的高级专门人才，发展科学技术文化，促进社会主义现代化建设。现代科学技术高速发展的趋势，客观上要求大学生不仅要重视知识的学习，更应重视知识获取方法的训练。因为知识在不断地发展、更新，只有掌握科学研究的方法，才不会被科学技术发展的潮流所淘汰。因此，大学生参与科研活动、参与知识发现和探索的过程之中，可以积极应对社会的发展变革。大学生参与科研活动，首先要了解学术规范，在科学的规则下开展学术研究，并进行学术论文写作。

8.1 学术规范与学术不端

8.1.1 学术规范的相关概念

1. 学术研究

学术意指系统的、专门的学问。学术一词（Academia）最早源于 Akademeia（古希腊著名哲学家柏拉图及其弟子研究学问的小树林），后被引申为知识的积累。在我国，该词也出现得很早，一般将"学"和"术"分别解释，多认为"学"有理、知的含义，而"术"则偏重于用、行。例如严复认为"学主知，术主行"，梁启超也认为"学者术之体，术者学之用"。也就是说，学术是与知识相联系的概念：一方面它是人们创造知识、加工知识的结果，是知识的积累；另一方面，它是人们探索和发展、保存和应用、传播和延续知识的过程。因此，学术的本质是理论和实践的统一。

学术研究是指借助已有的理论、知识、经验，对科学问题的假设、分析、探讨和推出结论，其结果是力求符合事物客观规律，是对未知科学问题的某种程度的揭示。从学术研究的定义不难看出，学术研究的本质体现在对未知问题的创新求解和揭示上。学术研究的定义和科学研究的定义十分相近，科学研究一般是指利用科研手段和装备，为了认识客观事物的内在本质和运动规律而进行的调查研究、实验和试制等一系列的活动,为创造发明新产品和新技术提供理论依据。从概念上来说,学术研究属于科学研究的一个子集,在日常的口语表达中,经常将学术研究与科学研究画等号。

2. 学者与学术共同体

专门做学问的人,或在学术上有一定造诣的人,通常被称为学者。

学术共同体由科学共同体(Scientific Community)引申而来,这个词最早出现于 1942 年英国科学哲学家 M. 波拉尼(M. Polanyi)的《科学的自治》一文中,他认为:"今天的科学家不能孤立地实践他的使命,他必须在各种体制的结构中占据一个确定的位置……每一个人都属于专门化了的科学家的一个特定集团。科学家的这些不同集团共同形成了科学共同体……这个共同体的意见,会对每一个科学家个人的研究过程产生很深刻的影响。"

学术共同体是指一群志同道合的学者,遵守共同的道德规范,相互尊重、相互联系、相互影响,共同推动学术的发展,从而形成的群体。学术共同体既是学术活动的主体和承担者,主要担负着创造和评价学术成果的功能,也是学术规范的制定者和执行者。学术共同体成员以学术研究为志业,以学术把不同专业的研究人员联系在一起,强调学术研究人员所具有的共同信念、共同价值,遵守共同规范,以区别于一般社会群体和社会组织。

在学术共同体内,科学成为一种存在方式、一种人生态度,甚至是一种精神境界。学术的评价、学术的标准、学术上的分歧等,所有学术上的问题只有依靠学术共同体才有可能得到解决。尽管学术共同体也有可能做出错误的判断和决定,但没有别的更好的选择。权威、科学、严谨、公正的学术评价,只能来自学术共同体。学术共同体成员必须遵循学术规范,完善学术评价,坚持学术良知和学术操守。

3. 学术规范

学术规范是从事学术活动的行为规范,也是学术共同体成员必须遵循的准则,还是保证学术共同体科学、高效、公正运行的条件,它在学术活动中约定俗成地产生,并成为相对独立的规范系统。就学术知识生产主体及其行为而言,学术规范源于学术的合作、竞争、组织和互动,它为这些相互关系提供框架,通过给每个主体施加约束,来提高整个知识生产的效率和质量。学术规范化可保证知识生产活动的严肃性,提高学术共同体的社会公信力。

学术规范并非源于某种"行政化"的操作,而是源于学术共同体内部所构建的一种自觉的约束机制。学术规范要求学术研究人员依靠自律和自觉普遍遵守、严格执行。学术共同体成员必须熟悉和掌握学术研究的行为准则（即学术规范），并在实际行动中遵守这些规范。只有遵守学术规范，才能在学术共同体中得到认可；如果违反了学术规范，就要受到否定甚至严肃处理。

8.1.2　学术研究者应遵守的学术规范

学术规范的内容相当广泛，它既包括学术规范的概念定义、特点作用等基本问题的研究，也包括对学术及学术研究本质内容的一些要求和对研究成果形式上的要求。这些内容和形式的要求，可以用条文化的"规范"来概括表述。例如，学术研究必须要求独创性、批判性、质疑性，必须坚持学术自由、学术独立、学术平等、学术民主，必须强调求真致用、学术积累、学术创新，这些要求或重要的理念可以归纳成学术研究的基本规范。

凡是在实践中证明是有利于学术健康发展的传统、惯例等，都可以概括成相关的规范，以便推广、执行。目前能概括出的学术规范有学术研究程序规范、学术研究方法规范、学术论著撰写规范、学术引文规范、学术论著署名与著作方式规范、学术评价规范、学术批评规范等。这些规范都是学术共同体在长期学术活动中总结出来的经验和办法，是学术规范的重要内容。因此，完整意义上的学术规范既包含对学术活动的人文关怀，又包括对学术活动的具体要求；既涉及学术制度和学术体制，又关注学术具体运行机制；既注重学术研究本身的规范，又强调学术评价系统的科学合理；既要求严谨和求实，又倡导创新。

我国教育部科学技术委员会学风建设委员会编写的《高等学校科学技术学术规范指南》中明确指出，学术研究者在学术研究过程中须遵守五项基本准则，这也是学术研究者在学术研究过程中应牢记的学术规范基石。

（1）**遵纪守法，弘扬科学精神**　学术研究者应是先进生产力的开拓者，是科技知识和现代文明的传播者，其言行在社会上具有较大的影响力。因此，学术研究者应当模范遵守我国的法律、法规，不得有任何危害国家安全和社会稳定、损害国家荣誉和利益的行为；应积极弘扬科学精神、传播科学思想和科学方法；正确对待各种自然现象，不得参与、支持任何形式的伪科学。

（2）**严谨治学，反对浮躁作风**　学术研究者应坚持严肃、严格、严密的科学态度，要忠于真理、探求真知，自觉维护学术尊严和学者声誉，不得虚报教学科研成果，反对投机取巧、粗制滥造、低水平重复等盲目追求数量不顾质量的浮躁作风和行为。在项目设计、数据资料采集分析、公布科研成果，以及确认同事、合作者和其他人员对科研工作的直接或间接贡献等方面，必须实事求是。另外，研究人员有责任保证所搜集和发表数据的有效性和准确性。

学术研究者不应参加与本人专业领域不相干的成果鉴定、论文评阅或学位论文答辩等活动。

(3) 公开、公正，开展公平竞争　在保守国家秘密和保护知识产权的前提下，学术研究者应公开科研过程和结果相关信息，从而追求科研活动社会效益的最大化。开展公平竞争，就要求对竞争者和合作者做出的贡献给予恰当认同和评价；在评议评价他人贡献时，必须坚持客观标准，避免主观随意；不得以各种不道德和非法手段阻碍竞争对手的科研工作，包括毁坏竞争对手的研究设备或实验结果，故意延误考察和评审时间，利用职权将未公开的科研成果和信息转告他人等。

(4) 互相尊重，发扬学术民主　尊重他人的知识产权，就必须通过引证承认和尊重他人的研究成果和优先权，反对不属实的署名和侵占他人成果；就必须尊重他人对自己科研假说的证实和辩驳，对他人的质疑采取开诚布公和不偏不倚的态度；就必须要求合作者之间承担彼此尊重的义务，尊重合作者的能力、贡献和价值取向。在各种学术评价活动中，学术研究者要认真履行职责，发扬学术民主，实事求是，客观公正、不徇私情，自觉抵制不良社会风气的影响，杜绝权学、钱学交易等腐败行为。

(5) 以身作则，恪守学术规范　教师和学术研究者要向青年和学生积极倡导求真务实的学术作风，传播科学方法。要以德修身、率先垂范，用自己高尚的品德和人格力量教育和感染学生，引导学生树立良好的学术道德，帮助学生养成恪守学术规范的习惯。学术规范既有普适性又有学科的特殊性。学术研究者应遵循相应学科的不同要求和学术共同体约定俗成的专业惯例。

《高等学校科学技术学术规范指南》还详细介绍了查新和项目申请规范、项目实施规范、引文和注释规范、参考文献规范、学术成果的发表与后续工作规范、学术评价规范、学术批评规范、人及试验动物研究对象规范等内容。

8.1.3　学术不端行为的界定

学术不端的概念包括广义和狭义两种界定，但是至今未能形成统一的定义。1992 年，由美国国家科学院、国家工程院和国家医学研究院 22 位科学家组成的小组给出的学术不端行为的定义为：在申请课题、实施研究和报告结果的过程中出现的伪造、篡改或抄袭行为。也就是说，不端行为主要被限定为"伪造、篡改、抄袭"。

我国科技部 2006 年颁布的《国家科技计划实施中科研不端行为处理办法（试行）》对学术不端行为的定义是"违反科学共同体公认的科研行为准则的行为"。2007 年 1 月 16 日中国科协七届三次常委会议审议通过的《科技工作者科学道德规范（试行）》第三章对学术不端行为给了明确的定义：学术不端行为是指在科学研究和学术活动中的各种造假、抄袭、剽窃和其他违背科学共同体惯例的行为。

2007年2月26日，中国科学院发布《中国科学院关于加强科研行为规范建设的意见》将科研不端行为概括为六个方面。①在研究和学术领域内有意做出虚假的陈述，包括编造数据，篡改数据，改动原始文字记录和图片，在项目申请、成果申报以及职位申请中做虚假的陈述。②损害他人著作权，包括：侵犯他人的署名权，如将做出创造性贡献的人排除在作者名单之外，未经本人同意将其列入作者名单，将不应享有署名权的人列入作者名单，无理要求获得著者或合著者身份或排名，或未经作品原作者允许用其他手段取得该作品的著者或合著者身份。剽窃他人的学术成果，如将他人材料上的文字或概念作为自己的发表，故意省略引用他人成果的事实，使人产生为其新发现、新发明的印象，或引用时故意篡改内容、断章取义。③违反职业道德利用他人重要的学术认识、假设、学说或者研究计划，包括未经许可利用同行评议或其他方式获得的上述信息，未经授权就将上述信息发表或者透露给第三者，窃取他人的研究计划和学术思想据为己有。④研究成果发表或出版中的科学不端行为，包括：将同一研究成果提交多个出版机构出版或提交多个出版物发表；将本质上相同的研究成果改头换面发表；将基于同样的数据集或数据子集的研究成果以多篇作品出版或发表，除非各作品间有密切的承继关系。⑤故意干扰或妨碍他人的研究活动，包括故意损坏、强占或扣押他人研究活动中必需的仪器设备、文献资料、数据、软件或其他与科研有关的物品。⑥在科研活动过程中违背社会道德，包括：骗取经费、装备和其他支持条件等科研资源；滥用科研资源，用科研资源谋取不当利益，严重浪费科研资源；在个人履历表、资助申请表、职位申请表，以及公开声明中故意包含不准确或会引起误解的信息，故意隐瞒重要信息。

对于在研究计划和实施过程中非有意的错误或不足，如对实验结果的解释、判断错误，因研究水平或仪器设备等原因造成的研究结果的错误和失误，以及与科研活动无关的失误等行为，不能认定为学术不端行为。

> **课堂延伸**
>
> **学术不端行为有何危害？**
>
> 我国著名物理学家、中国科学院院士、清华大学物理学教授、曾参与多起重大学术不端问题调查的朱邦芬先生总结了科研人员从事学术不端行为的五点危害。

第一点危害是"谋财害命"。学术不端行为主要表现为学术造假，这造成大量学术资源无端浪费，这相当于"谋财"。学术造假使同行浪费许多时间验证研究结果，最后只能证伪或得不到验证，浪费他人时间相当于"害命"。

第二点危害是"逆向淘汰"。学术造假者投入了较低的成本，却往往获得较高的收益，因为造假所出的成果必然是刻意设计印证好的，比扎扎实实、反复试错得出的成果要更为容易、快捷。长此以往，造假的成果数量多且更容易发表于影响力较大的期刊；作伪的人也更容易获取经费，逐渐掌握学术话语权，"劣币驱逐良币"的现象就会发生。

第三点危害是"祸害学生"。所谓"上梁不正下梁歪"，学者造假很难隐瞒学生，而老师的一言一行对于受其指导教育的学生影响非常大。一旦造假者得利，势必会给学生形成示范效应，使后者去效仿，甚至丧失了对学术不端的伦理鉴别力。这实际上间接地祸害了学生，令其急功近利并败坏学术风气。

第四点危害是"亡科学"。如果学术造假过多，整个社会容易对科研成果、科学队伍产生严重的不信任感，科学的公信力将会大大受损。如此一来，对于科学的投入就会大大降低。科研的生产力转化就会遭遇阻碍，社会各界运用科研成果的困难也会剧增。这种连锁不良反应实际上就是变相的"亡科学"。

第五点危害是"亡天下"。每个人都应当怀有基本的道德风尚，学术诚信体现着科研领域的底线。如果学术不端行为盛行，可以推断社会各界风气都是败坏的。这意味着整个社会的道德沦丧，实际上就是"亡天下"。

8.2 学术论文的定义和特点、分类、结构

8.2.1 学术论文的定义和特点

论文是指观察问题、分析问题、解释问题、考辨史实等的文章。"学术论文"就是专门对社会科学或自然科学领域中某一问题或现象加以分析和探讨的文章。从这一意义上理解，学术论文一般也可称为科学论文或科研论文。我国国家标准 GB/T 7713—1987《科学技术报告、学位论文和学术论文的编写格式》将学术论文界定为："学术论文是某一学术课题在实验性、理论性或观

论文的一般分类与结构

测性上具有新的科学研究成果或创新见解和知识的科学记录;或是某种已知原理应用于实际中取得新进展的科学总结,用以提供学术会议上宣读,交流或讨论;或在学术刊物上发表;或用作其他用途的书面文件。学术论文应提供新的科技信息,其内容应有所发现、有所发明、有所创造、有所前进,而不是重复、模仿、抄袭前人的工作。"

据该定义可知,学术论文须侧重于一个问题或是一个现象的某一层面的探讨,要具有实验性、理论性、创新性或观测性,其内容为新发现、新成果、新见解或新进展,亦或是基于固有理论的新结论。因而,我们应该强调的是:学术论文是学术研究或学术活动的结晶,而不是一般的"学术体会"或"经验散论";学术论文是对某一学科领域科学规律的揭示,而不是某些现象的铺排、某些材料的罗列、某些观点的堆砌、某些或某一事件的描述;学术论文是对真理或事实真相的探求与追索,而不是对他人研究成果的简单重复。因而,学术论文的写作须站在一定的理论高度,俯视某一领域的发展动态,观察和分析具有一定学术价值的课题或现象,引述各种事实或理论观点论证自己的新观点、新见解、新发现,向学界展示自己的新成果。

> **课堂延伸**
>
> 思考题:以下题材属于学术论文吗?
>
> 文学作品　　阅读笔记　　课程教材　　新闻稿件
> 使用说明　　科技报告　　科普读物　　调查日志

此外,学术论文须具有"专""精""深""论""证"等基本的科学要素。"专"是指特定领域,也就是指研究范围为作者长期从事研究的领域;"精"是指研究者熟悉该领域的国内外的发展变化,通晓该领域的一切动态;"深"是指文章的内容贯穿历史,横跨不同领域,可以从纵深层面看问题;"论"是指文章能够提出一种理论假设,并基于一定的事实材料论述自己的理论观点,起到推陈出新的作用;"证"是指基于某一理论假设的文章能够运用事实材料和理论观点,证明该假设的合理性和真实性,或推断该假设的虚假性,为该理论和方法的推进奠定一定的思想基础。

8.2.2 学术论文的分类

学术论文按照不同的划分标准可以分为不同的类型。如图 8-1 所示,较为常见的分类有三种。

学术论文按照研究对象,可以划分为自然科学学术论文和社会科学学术论文。自然科学学术论文的研究对象是自然界的物质形态、结构、性质和运动规律；社会科学学术论文的研究对象是人类社会的各种现象。

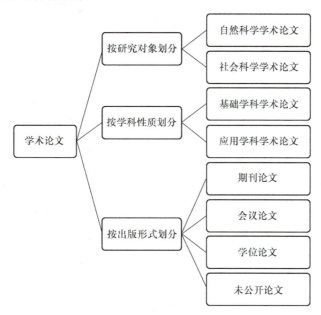

图 8-1 学术论文的常见分类

学术论文按照学科性质，可以划分为基础学科学术论文和应用学科学术论文。基础学科学术论文是研究社会基本发展规律，提供人类生存与发展基本知识的学科相关的学术论文；应用学科学术论文是指以解决社会生活、生产以及管理中的实际问题为目标所开展的相关科学研究所产生的学术论文。

学术论文按照出版形式，可以划分为期刊论文、会议论文、学位论文和未公开论文。期刊论文是指正式出版的期刊上所刊载的学术论文；会议论文是指在会议等正式场合宣读首次发表的论文；学位论文是作者为获得某种学位而撰写的研究报告或科学论文，一般分为学士论文、硕士论文、博士论文三个级别；未公开论文是作者暂未正式发表的论文。

8.2.3 学术论文的一般结构

如图 8-2 所示，学术论文的一般结构可以分为三个部分：前置部分、主体部分和后置部分。

前置部分包括标题、作者、摘要和关键词。①标题。学术论文的标题要体现写作意图和文章的主旨，力求准确、简练、醒目、新颖。例如，我国农业碳排放的区域差异与影响因素分析。有的学术论文除了正标题之外，还有副标题，副标题是为了进一步说明论文的研究对象、研究内容或研究目的等，对正标题加以补充和解说，例如：自然资源利用及其效率研究——基于粮食安全生

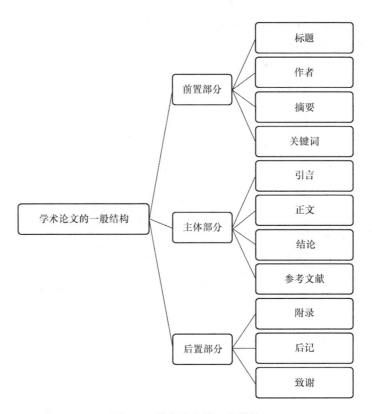

图 8-2　学术论文的一般结构

产的视角,"基于粮食安全生产的视角"就是副标题。②作者。学术论文的作者必须是对论文做出实质性贡献的人,署名顺序按照贡献程度大小来排序,所有署名的作者都要对论文负责。③摘要。学术论文的摘要是对论文内容不加注释和评论的简短陈述,其作用是使读者不阅读论文全文即能获得必要的信息,包括论文的研究背景和目的、研究对象、研究方法、研究结论等,字数少可几十字,多不超过 300 字为宜。④关键词。学术论文一般选取 3~8 个具有实质意义的、指向中心内容的词汇作为关键词,方便使用者进行检索和阅读。

　　主体部分包括引言、正文、结论和参考文献。①引言。引言又称为绪论、前言或导论,引言作为论文的开头,以简短的篇幅介绍论文的现实背景和学术背景,并引出在上述现实背景与学术背景下研究的具体问题,还可进一步点明论文的理论依据、实验基础和研究方法,简单阐述其研究内容。②正文。正文是学术论文的核心组成部分,应充分阐明论文的观点、原理、方法及具体达到预期目标的整个过程,一般包括提出问题—论点、分析问题—论据和论证、解决问题—论证方法与步骤三个部分,但是具体的陈述方式往往因不同的学科、不同的文章类型而有较大的差别。③结论。结论又称为结束语、结语,它是在理论分析和实验验证的基础上,通过严密的逻辑推理而得出的富有创造性、指导性、经验性的结果描述，它以自身的条理性、明确性、客观性反映了论文的价值，还可以进一步指出本研究的不足之处和未来的研究展望。④参考文献。参考文献是为撰写或编辑论文和著作而引用的有关文献信息资源，按照规定，在学术论文中，凡是引用前人（包括作者本人）已发表的文献中的观点、数据和材料等，都要对它们在文中出现的地方予以标明，并在文后列出参考文献。具体的参考文献著录规则详见 8.4 节。

> **课堂延伸**
>
> **参考文献的作用**
>
> 1）精练文字，节约篇幅，增加论文的信息量。
> 2）表明学科的继承性和作者对他人劳动成果的尊重。
> 3）为作者的论点提供有力的论据，反映了论文的真实性和科学性。
> 4）便于编辑、审稿专家和读者鉴别论文价值。
> 5）便于读者检索。
> 6）有助于研究人员进行信息研究和文献计量学研究。

后置部分包括附录、后记和致谢，一般出现在学位论文里，作为对论文内容的补充。后置部分并不是必要的。①附录。附录是指附在正文后面的由于篇幅过大或取材于复制品而不便编入正文的材料，或是某些重要的原始数据、数学推导、计算程序等，作为论文的补充部分。②后记。后记多用以说明论文写作经过、评价内容等，又或者是作者用后记的形式发表对某个问题的看法。③致谢。致谢是作者对曾给本研究提供过资金、设备、人力和文献资料等支持和帮助的团体和个人表示感谢的话语。

8.3　学术论文的写作

8.3.1　学术论文的写作步骤

学术论文写作，首先应找到某领域或某课题的问题所在，然后以"问题"为切入点，再一步步向前推进，最后得出令人信服的结论。做学术论文切忌贪多求全，四面开花，反倒需要单刀直入，以"问题"为中心，以宽宏的视野，层层深入地围绕中心加以分析，最后得出科学的结论。具体来说，学术论文的写作一般包括选题、收集与整理材料、撰写提纲、行文和投稿五个步骤。

（1）选题　选择课题，确立论文内容及其涵盖范围，是撰写学术论文的第一步。选择课题的好坏至关重要，直接关系着学术

论文写作的重点与要点

成果的质量、水平及其命运（能否得到重视和发表）。论文作者是否具有远见卓识，是否视角开阔，是否了解业内行情等均体现在选题上。爱因斯坦曾言：提出一个问题往往比解决一个问题更为重要。他认为解决一个问题也许仅是一个数学上或实验的技能而已，而提出一个新问题、新的可能性，则需从新的角度看待固有问题，这需要具有创造性的想象力，同时也标志着科学的真正进步。因而，选题一定要恰当，一定要慎重。选题能力综合地反映了作者的理论功底、专业素养，对该研究领域的了解程度，以及科学分析、判断及洞察问题的能力。总而言之，选题要具有新意，要大小适中，要贴近理论前沿。

（2）收集与整理材料　确定选题后，第一要务就是收集该领域的相关材料，要尽量穷尽该领域内所有的相关材料，然后列出该选题的大致发展脉络（时间先后顺序），以便了解该选题的整体发展状况，再按照内容分门别类整理出小的类别（以主体为脉络），以图为综述、批判性思考，以及找出该领域发展的症结和问题所在，进而按照发现的问题确立论文的论证内容和具体范围。这一步骤也常被称为文献综述。

（3）撰写提纲　撰写提纲是依据文献综述中发现的问题以及以此确立的内容和范围，构建论文的整体架构，以论点配置典型论据为模式写作，以便撰写论文时能够从整体上把握论文的大体走向，避免跑题和相关的写作失误。

（4）行文　依据论文提纲或整体构架，开始撰写论文。论文撰写分为初稿、修改稿和定稿三个环节。在拟写初稿环节，要按照论文提纲组织论文内容，要注意总论点与分论点之间的内在逻辑关系，要注意论点与论据之间的典型性和充分性，要注意行文组织的内在逻辑，要注意言语的严谨性和平易性。在修改文稿环节，要先从行文文字开始，注意语句是否准确而流畅，内容是否存在出入或纰漏，组织得是否合乎逻辑。在定稿环节，要严格地校读论文的语言表述，仔细审读论文的内容及其逻辑铺排，以防存在疏忽和纰漏之处。

（5）投稿　在投稿环节，要注意论文内容与期刊、杂志、报纸等要求的稿件类型是否契合，要了解期刊、杂志、报纸发表的内容范围，还要了解期刊、杂志、报纸的审稿周期与用稿的可能性等。

综观学术论文写作的步骤，其中前三条关乎论文的内容：选题不当，论文的质量也就无从谈起；材料收集和整理不充分，论文的前期工作不充分，论文也就无信度可言；论文提纲撰写不当，论文内容组织必然出现瑕疵与纰漏，甚至会出现内在逻辑矛盾，不免被人诟病。论文写作步骤的后两条关乎论文的命运，撰写过程马马虎虎，再好的内容也无法得以完美呈现，导致论文发表受阻，甚至是无处发表。可见，论文撰写步骤中的每一条都是不容忽视的。本书针对论文的选题和文献综述的写作做简要介绍，以帮助大学生开展学术论文写作。

8.3.2　论文的选题

论文的选题是论文写作的起点，是高质量论文的基础，是决定论文是否成功的关键，考验作者的学术敏感性、视角独到性、思维活跃性和方法创新性等。只有研究的课题有意义，才能获得好的影响和效果，也才能具有良好的理论意义和现实价值。

1. 选题的原则

当前，学术论文的选题应当遵循以下原则。

（1）科学性　科学性原则是指选题的科学性，即根据当前学界与社会的需要以及个人的实际情况，选择大小适中、难度相当，具备一定的可行性，便于操作的题目，如当前亟待解决的理论难题、科学上的新发现和新见解、学科上的空白点、对现有认识的纠正、对特定理论的批判、对前人理论的补充等。

（2）理论性　选题的理论性是指在学术上具有理论意义。因此，尽量选择作者所在领域内的重大课题，即学界普遍关心、正在思考、有所争议、亟待解决的理论或理论应用问题，抑或是当前特定领域开展研究的盲点。

（3）现实性　选题的现实性是指在实际工作中具有指导或启发意义，且与现实社会相关，或亟待解决的问题。因此，尽量选择与现实紧密关联的课题，即对认识世界、改造世界、指导实践、改善生活等方面具有指导性、启发性、应用性价值的课题。

（4）创新性　选题的创新性是指在理论上、内容上、方法上、方向上、研究对象上、研究视角上等与前人有所不同，能够独辟蹊径，发现新问题，采用新方法，开展新研究，解决新问题或旧有难题，得出新结论。

（5）前沿性　选题的前沿性指课题所涉及的内容、理论和研究方法，均为当前国内外学界所关注和倡导的。选题的前沿性要求作者必须洞悉某领域的今昔和源流关系，持批判性眼光看待固有问题、现有问题及其相关的成果，从而找到所应从事的科研课题。

2. 选题的来源

研究者开展选题工作主要有以下三个来源。

（1）从文献中选题　选题的问题意识来源于对文献的批判性阅读和分析，问题意识不是凭空产生的，而是基于既有的研究成果发现问题。文献是写好论文的材料，也是研究的基础，在搜索、阅读文献的过程中，能够发现一些问题，例如别人研究遗漏或不足之处，或者可能受到某些观点和方法等的启发，将这些观点和方法创造性地应用在其他领域，或者可能对某些问题产生兴趣，认为该问题值得进一步研究等。

（2）从现实中选题　在现实生活中，有许多值得探讨的问题，例如一些社会问题、自然现象、新闻时事等都可能引发思考，以这些问题作为切入点，作者结合自己的兴趣可以一步步深入探究。

（3）运用工具选题　利用数据库提供的选题工具来选题。例如，国际知名出版商科睿唯安旗下的 ESI 和爱思唯尔旗下 Scival 作为分析型数据库，可以帮助研究人员系统地、有针对性地分析国际科技文献，从而了解一些著名的科学家、研究机构（或大学）、国家（或区域）和学术期刊在某一学科领域的发展和影响，在此基础上发现新问题，提出假说，确定研究选题。

8.3.3 文献综述的写作

文献综述是在确定了选题后，在对选题所涉及的研究领域的文献进行广泛阅读和理解的基础上，对该研究领域的研究现状、新水平、新动态、新技术和新发现、发展前景等内容进行综合分析、归纳整理和评论，并提出自己的见解和研究思路而写成的一种文体。

综述的内容可以是理论研究的综述，也可以是方法的综述，还可以是各种流派和观点的综述，好的文献综述可以说是高质量学术论文的半壁江山。

1. 文献综述的基本分类

文献综述主要有叙述性综述、评论性综述和专题研究报告等类型。

叙述性综述是围绕某一问题或专题，广泛搜集相关的文献资料，对其内容进行分析、整理和综合，并以精炼、概括的语言对有关的理论、观点、数据、方法、发展概况等做综合、客观描述的信息分析。

评论性综述是在对某一问题或专题进行综合描述的基础上，从纵向或横向上做对比、分析和评论，提出作者自己的观点和见解，明确取舍的一种信息分析报告。评论性综述的主要特点是分析和评价，因此有人也将其称为分析性综述。

专题研究报告是就某一专题（一般是涉及国民经济、科研发展方向的重大课题）进行反映与评价，并提出发展对策、趋势预测。它是一种现实性、政策性和针对性很强的情报分析研究成果，最显著的特点是预测性。

2. 撰写文献综述的注意事项

文献综述既不同于读书笔记、读书报告，也不同于一般的科研论文。因此，在撰写文献综述时应注意以下问题。

(1) 搜集文献应尽量全面　掌握全面、大量的文献资料是写好综述的前提，否则，随便搜集一点资料就动手撰写是不可能写出好的综述的，甚至写出的文章根本不成为综述。

(2) 注意引用文献的代表性、可靠性和科学性　在搜集到的文献中可能有观点雷同的，有的文献在可靠性及科学性方面存在着差异，因此在引用文献时应注意选用代表性、可靠性和科学性较好的文献。

(3) 引用文献要忠实于文献内容　由于文献综述中包含作者自己的评论分析，因此在撰写中应便于使读者分清作者的观点和文献本身的内容，不能篡改文献的内容。

(4) 参考文献不能省略　有的科研论文可以将参考文献省略，但在文献综述中参考文献绝对不能省略，而且应是文中引用过的，能反映主题全貌的并且是作者直接阅读过的文献资料。

总之，一篇好的文献综述，除了反映较完整的文献资料外，还要有评论分析，并能准确地揭示主题内容。

8.4　参考文献著录规则

按照字面的意思，参考文献是指文章或著作等写作过程中参考过的文献。文献著录，即编制文献目录时对文献的特征进行分析、选择和记录的过程，目的是方便文献管理和检索利用。不同类型的文献特征项不同，但记录的特征都包括显性特征、附加特征两类。不同国家和地区制定了各自的参考文献著录标准。

我国在 1987 年就制定了文后参考文献著录规则的国家标准，对文后参考文献的著录做了明确规定，2015 年 12 月 1 日开始实施修订后的《信息与文献 参考文献著录规则》（GB/T 7714—2015）。该标准规定了各个学科、各个类型信息资源的参考文献著录项目、著录顺序、著录用符号、著录用文字、各个著录项目的著录方法以及参考文献在正文中的标注法，适用于著者、编者和编著者著录参考文献。

8.4.1　相关术语和定义

《信息与文献 参考文献著录规则》（GB/T 7714—2015）对相关的术语进行了定义，供研究人员在著录参考文献时使用。

(1) 参考文献　对一个信息资源或其中一部分进行准确和详细著录的数据，位于文末或文中的信息源。

(2) 主要责任者　主要负责创建信息资源的实体，即对信息资源的知识内容或艺术内容负主要责任的个人或团体。主要责任者包括著者、编者、学位论文撰写者、专利申请者或专利权人、报告撰写者、标准提出者、析出文献的著者等。

（3）专著　以单行本或多卷册（在限定的期限内出齐）形式出版的印刷型或非印刷型出版物，包括普通图书、古籍、学位论文、会议文集、汇编、标准、报告、多卷书、丛书等。

（4）连续出版物　通常载有年卷期号或年月日顺序号，并计划无限期连续出版发行的印刷或非印刷形式的出版物。

（5）析出文献　从整个信息资源中析出的具有独立篇名的文献。

（6）电子资源　以数字方式将图、文、声、像等信息存储在磁、光、电介质上，通过计算机、网络或相关设备使用的录有知识内容或艺术内容的信息资源，包括电子公告、电子图书、电子期刊、数据库等。

（7）顺序编码制　一种引文参考文献的标注体系，即引文采用序号标注，参考文献表按引文的序号排序。

（8）著者－出版年制　一种引文参考文献的标注体系，即引文采用著者－出版年标注，参考文献表按著者字顺和出版年排序。

（9）合订题名　由2种或2种以上的著作汇编而成的无总题名的文献中各部著作的题名。

（10）阅读型参考文献　著者为撰写或编辑论著而阅读过的信息资源，或供读者进一步阅读的信息资源。

（11）引文参考文献　著者为撰写或编辑论著而引用的信息资源。

（12）数字对象唯一标识符（Digital Object Identifier，DOI）针对数字资源的全球唯一永久性标识符，具有对资源进行永久命名标志、动态解析链接的特性。

8.4.2　部分常用文献类型的著录规则

以下选取部分常用文献类型进行著录示例，更多文献类型著录规则详见《信息与文献 参考文献著录规则》（GB/T 7714—2015）。

（1）专著　专著是以单行本或多卷册（在限定的期限内出齐）形式出版的印刷型或非印刷型出版物，包括普通图书、古籍、学位论文、会议文集、汇编、标准、报告、多卷书、丛书等。其著录格式为：

主要责任者.题名：其他题名信息［文献类型标识/文献载体标识］.其他责任者.版本项.出版地：出版者，出版年：引文页码［引用日期］.获取和访问路径.数字对象唯一标识符.

说明：根据电子资源在互联网中的实际情况，著录其获取和访问路径。获取和访问路径中不含数字对象唯一标识符时，可依原文如实著录数字对象唯一标识符，否则可省略数字对象唯一标识符。

不同专著类型的文献著录形式略有差别，示例如下：

1）普通图书。

[1] 刘炜. 数字图书馆引论［M］. 上海：上海科学技术文献出版社，2001：23-25.

[2] 库恩. 科学革命的结构：第4版［M］. 金吾伦，胡新和，译. 2版. 北京：北京大学出版社，2012.

[3] KINCHY A. Seeds, sciences, and struggle: the global politics of transgenic crops［M/OL］. Cambridge, Mass.: MIT Press, 2012: 50［2013-07-14］. http: //lib. myilibrary. com? ID=381443.

2）学位论文。

[1] 曾德强. 反应扩散神经网络几类同步控制研究［D］. 成都：四川师范大学，2021.

[2] 吴云芳. 面向中文信息处理的现代汉语并列结构研究［D/OL］. 北京：北京大学，2003［2022-05-05］. https: //wenku. baidu. com/view/5696730acf1755270722192-e453610661ed95a29. html.

3）会议文集。

[1] 中国计算机学会计算机安全专业委员会. 信息与网络安全研究新进展全国计算机安全学术交流会论文集第25卷［C］. 北京：中国科学技术大学出版社，2010.

4）标准。

[1] 全国信息与文献标准化技术委员会. 信息与文献 都柏林核心元数据元素集：GB/T 25100—2010［S］. 北京：中国标准出版社，2010：2-3.

5）报告。

[1] 夏虎. 高精度快速多维动态成像关键技术研究的中期报告［R］. 成都：电子科技大学计算机科学与工程学院，2019：8-9.

（2）专著中的析出文献 专著中的析出文献是指从整个专著中析出的具有独立篇名的文献。其著录格式为：

析出文献主要责任者. 析出文献题名［文献类型标识/文献载体标识］. 析出文献其他责任者//专著主要责任者. 专著题名：其他题名信息. 版本项. 出版地：出版者，出版年：析出文献的页码［引用日期］. 获取和访问路径. 数字对象唯一标识符.

示例：

1）普通图书中的析出文献。

[1] 程根伟. 1998年长江洪水的成因与减灾对策［M］//许厚泽，赵其国. 长江流域洪涝灾害与科技对策. 北

京：科学出版社，1999：32-36.

2）会议文集中的析出文献。

［1］ 贾东琴，柯平．面向数字素养的高校图书馆数字服务体系研究［C］//中国图书馆学会．中国图书馆学会年会论文集：2011年卷．北京：国家图书馆出版物，2011：45-52.

（3）连续出版物 连续出版物通常是指载有年卷期号或年月日顺序号，并计划无限期连续出版发行的印刷或非印刷形式的出版物。其著录格式为：

主要责任者．题名：其他题名信息［文献类型标识/文献载体标识］．年，卷（期）-年，卷（期）．出版地：出版者，出版年［引用日期］．获取和访问路径．数字对象唯一标识符．

示例：

［1］ 中国图书馆学会．图书馆学通讯［J］．1957（1）-1990（4）．北京：北京图书馆，1957-1990.

（4）连续出版物中的析出文献 连续出版物中的析出文献是指从整个连续出版物中析出的具有独立篇名的文献。常见的有期刊论文、报纸文章等。其著录格式为：

析出文献主要责任者．析出文献题名［文献类型标识/文献载体标识］．连续出版物题名：其他题名信息，年，卷（期）：页码［引用日期］．获取和访问路径．数字对象唯一标识符．

期刊论文、报纸文章的具体著录也略有差别，示例如下：

1）期刊论文。

［1］ 黄举，孙翠茹，林祥龙．基于卷积神经网络的散斑图像位移场测量方法［J］．光学学报，2021，41（20）：63-71.

2）报纸文章。

［1］ 郭志明．信息安全产业链上中下游细分图谱［N］．中国企业报，2021-08-24（004）．

说明：2021-08-24（004）对应的是出版日期（版次）。

（5）专利文献 其著录格式为：

专利申请者或所有者．专利题名：专利号［文献类型标识/文献载体标识］．公告日期或公开日期［引用日期］．获取和访问路径．数字对象唯一标识符．

示例：

［1］ 丁励．调整墨盒的表征记录材料容易的数据的储存芯片：200920151158.3［P］．2010-07-14［2022-05-01］．

（6）电子资源 电子资源属电子专著、电子专著中的析出文献、电子连续出版物、电子连续出版物中的析出文献以及电子专利的著录项目与著录格式分别按对应文献类型的有关规则处理。除此以外的电子资源按以下规则著录：

主要责任者．题名：其他题名信息［文献类型识别/文献载体标识］．出版地：出版者，出版年：引文页码（更新或修改日期）［引用日期］．获取和访问路径．数字对象唯一标识符．

示例：

［1］ 中国互联网络信息中心．第 48 次中国互联网络发展状况统计报告［R/OL］．（2021 - 09 - 15）［2021 - 12 - 26］．http：//www．cnnic．net．cn/hlwfzyj/hlwxzbg/hlwtjbg/202109/P020210915523670981527．pdf．

［2］ 国务院办公厅．国务院办公厅关于进一步释放消费潜力促进消费持续恢复的意见：国办发［2022］9 号［A/OL］．（2022 - 04 - 25）［2022 - 05 - 05］．http：//www．gov．cn/zhengce/zhengceku/2022 - 04 - 25/content_5687079．htm．

［3］ 京报网．北京冬奥会成功举办的十大亮点［EB/OL］．（2022 - 03 - 14）［2022 - 05 - 05］．https：//baijiahao．baidu．com/s？id = 1727237919363682460&wfr = spider&for = pc．

文献类型和标识代码见表 8-1。

表 8-1 文献类型和标识代码

文献类型	标识代码	文献类型	标识代码
普通图书	M	专利	P
会议录	C	数据库	DB
汇编	G	计算机程序	CP
报纸	N	电子公告	EB
期刊	J	档案	A
学位论文	D	舆图	CM
报告	R	数据集	DS
标准	S	其他	Z

电子资源载体和标识代码见表 8-2。

表 8-2 电子资源载体和标识代码

电子资源的载体类型	标识代码
磁带（Magnetic Tape）	MT
磁盘（Disk）	DK
光盘（CD ROM）	CD
联机网络（Online）	OL

作者在学术活动中应该主动配合期刊等出版物的规范化工作，认真地、自觉地执行相关的标准。另外，作者在著录参考文献时，不得将未查阅过的文献转抄入自己的参考文献目录中，不得为增加引证率而将自己（或他人）与本论题不相关的文献列入参考文

献目录。

> **课程思政小课堂**
> **知名演员不知知网事件**
>
> 2019年,某明星在网络上晒出自己的 A 大学博士后录用通知书。之后,该明星在直播中回答网友问题时,表示自己并不知道"知网"是什么,随后引发网友热议和质疑。
>
> 质疑1:其发表的论文涉嫌抄袭。
>
> 质疑2:读博期间没有在学术期刊上发文,其博士学位是如何拿到的。
>
> 事件发酵后,A 大学发布关于招募该明星为博士后的调查说明:确认该明星存在学术不端行为,同意该明星退站,责成其所在学院做出深刻检查。该明星曾经就读过的 B 大学也发布了关于该明星涉嫌学术不端等问题的调查进展情况说明,宣布撤销该明星博士学位。同时,该明星个人的演艺事业也遭到了严重冲击。
>
> **思考题**:请思考学术不端的危害性。

思 考 题

1. 大学生应该如何恪守学术规范?
2. 哪些行为属于学术不端?
3. 期刊论文写作和学位论文写作有哪些相同点和不同点?

参 考 文 献

[1] 杨启亮,邢建春,徐晔,等. 军校研究生培养的学术化与实战化辩证:对立还是统一?[J]. 学位与研究生教育,2017(7):65-68.

[2] 教育部科学技术委员会学风建设委员会. 高等学校科学技术学术规范指南[M]. 北京:中国人民大学出版社,2017.

[3] 叶继元. 学术规范通论[M]. 上海:华东师范大学出版社,2005.

[4] 印波. 科研伦理与学术规范:《高等学校预防与处理学术不端行为办法》一百问[M]. 北京:法律出版社,2018.

[5] 贾洪伟,耿芳. 学术论文写作方法论[M]. 北京:中国传媒大学出版社,2016.

[6] 王细荣,吕玉龙,李仁德. 文献信息检索与论文写作[M]. 上海:上海交通大学出版社,2015.

[7] 全国信息与文献标准化技术委员会. 信息与文献 参考文献著录规则:GB/T 7714—2015[S]. 北京:中国标准出版社,2015.